# 享受语文教育的幸福

王 玲◎著

图书在版编目（CIP）数据

享受语文教育的幸福 / 王玲著. -- 湘潭 : 湘潭大学出版社, 2023.5
ISBN 978-7-5687-1052-7

Ⅰ. ①享… Ⅱ. ①王… Ⅲ. ①小学语文课—教学研究 Ⅳ. ①G623.202

中国国家版本馆 CIP 数据核字（2023）第 060302 号

**享受语文教育的幸福**

XIANGSHOU YUWEN JIAOYU DE XINGFU

**王玲 著**

责任编辑：牛敬丹
封面设计：悟阅文化
出版发行：湘潭大学出版社
社　　址：湖南省湘潭大学工程训练大楼
电　　话：0731-58298960 0731-58298966（传真）
邮　　编：411105
网　　址：http://press.xtu.edu.cn/
印　　刷：成都市兴雅致印务有限责任公司
经　　销：湖南省新华书店
开　　本：710 mm×1000 mm 1/16
印　　张：16.25
字　　数：310 千字
版　　次：2023 年 9 月第 1 版
印　　次：2023 年 9 月第 1 次印刷
书　　号：ISBN 978-7-5687-1052-7
定　　价：78.00 元

# 享受语文教育的幸福

## （代序）

清晨，我坐在窗前批阅作业。阳光透过玻璃柔柔地洒在孩子们充满灵动的文字上，闪耀着光芒，似有精灵在快乐地舞动。倏尔，这样一段文字跃入我的眼帘：

**老师，我觉得您是天下最幸福的人，因为每天上课的时候您都笑得那么灿烂，像是传递快乐和幸福的天使。可是，每天您都那么忙，备课、上课、改作业、指导课外活动，陪我们读书交流、指导写字，还带我们开展实践活动……看起来，您又是那样的劳累和辛苦。作为老师您幸福吗?**

作为老师我幸福吗？还真没想过这个问题。

细细想来，教师的确是个劳碌的职业，尤其语文老师的工作更是繁重、琐碎，劳苦有加。慢慢品味二十几年的语文教育生活，如茶一样，初尝苦涩，细品清香，心头渐渐荡起幸福的涟漪。

语文老师的幸福，浸润在芬芳的阅读中。语文的世界就是阅读的世界。喜欢一个人、一间斗室、一盏清茶、一卷好书，坐看庭前花开花落，笑对天上云卷云舒，享受一份悠然和恬淡。更喜欢陪孩子们一起聊书，聊三国诸葛亮运筹帷幄、决胜千里的智慧，品呼兰河城苦涩而又幸福的生活，聊杨红樱充满童趣、天真的语言，聊曹文轩的典雅、纯美的文风……阅读，是润泽生命的甘霖，更是温暖心灵的春风。享受阅读，享受一份淡然的幸福。

语文老师的幸福，弥漫在诗意的课堂上。语文课堂是浪漫、感性、诗意、生机盎然的。走进语文课本就走进了一个大千世界：我们欣赏过西湖的静谧、九寨沟的神奇、庐山的秀丽、长江的磅礴壮阔；我们经历过战争的残酷，也感动于人间真情的温暖……在我的语文课堂上，风声雨声读书声声入耳，家事国事天下事事事关心。在我的语文课堂上，有掷地有声的慷慨陈词，也有皱眉凝眸的苦苦思索，有对文学大师、语文老师的顶礼膜拜，也有对书本、对权威、对老师的挑战和质疑……我深深爱着我的学生，深深爱着我的语文课堂，我快乐着孩子们的快乐，幸福着孩子们的幸福。

语文老师的幸福，流淌在真诚的表达内。语文作业，是最有人情味的作业。最喜欢批阅学生的作文和日记，那看似稚嫩的字里行间藏着一份童年的纯真，守着一个美好的梦境。透过文字，我看到孩子们远大的志向、美好的理想；分享他们旅游的快乐、家庭的幸福；分担他们少年的忧愁和心事，甚至会窥到一个一直都未曾发觉的小秘密，每日都不同，每天都有惊喜。我也喜欢把自己的想法倾注笔端，或是一句真诚的鼓励，或是一句分享的快乐，或是一句贴心的安慰，诚挚的师生情就此流淌、交融在红蓝相间的文字中。暖暖的幸福在心头氤氲……

语文教师的幸福，荡漾在快乐的实践里。语文就是生活，生活就是语文，我喜欢将语文学习和实践引向广阔的生活空间。暖春，看樱花烂漫，阅风吹麦浪；盛夏，嗅荷香满塘，听蝉鸣悦耳；金秋，望雁阵成行，赏遍野红叶；隆冬，观银装素裹，品梅影飘香。生活有多大，语文的魅力就有多大，走进自然，迈向社会，拓展了视野，丰富了经验，增长了智慧。幸福在每个孩子的脸上绽放，也蔓延到我的心上……

突然想起了荷尔德林的那句话："人，充满劳绩，仍然诗意地栖居在这块土地上。"语文教育充满劳绩，也更具幸福的诗意！于是，给孩子写下了这样一句话：静静地享受语文教育的幸福，我也会把这幸福的花香播撒到每个孩子的心里。

# 目 录

## 第一辑
### 千淘万漉虽辛苦，吹尽狂沙始到金

## 第二辑

## 操千曲而后晓声，观千剑而后识器

## 第三辑

### 问渠那得清如许，为有源头活水来



## 第四辑

### 若似月轮终皎洁，不辞冰雪为卿热

## 附　录

### 采得百花成蜜后，为谁辛苦为谁甜

# 第一辑

## 千淘万漉虽辛苦，吹尽狂沙始到金

# 语文之美，“读”放异彩

朗读能力是最基本的语文素养之一，《语文课程标准（修订版）》指出：“各个学段都要重视朗读和默读。”“有些诗文应要求学生诵读，以利于丰富积累，增强体验，培养语感。”如今，朗读作为重要的教学手段，越来越受到教师的青睐，但如何让学生读得“有感情”，读得有滋味，让语文课堂上的“读”绽放异彩？我认为应从以下几点做好努力。

**一、循序渐进，读有层次**

宋代理学大师朱熹说过：“读书之法，在于循序而渐进，熟读而精思。”将其运用到我们的阅读教学中，就是要多读，而且要做到读有层次。语文教师要按照语文教学的原则和学生的认知规律，进行步步深入、环环相扣的阅读教学设计，一步一个脚印地让学生在各个层次准确到位的朗读中形成扎实的语文能力。

一位教师在执教《尊严》一课时的朗读四步法，很值得我们借鉴：第一步，引导学生朗读哈默与杰克逊之间的对话，让学生整体感知对话的内容——请求劳动换取食物的对话过程。第二步，引导学生重点精读哈默的三句话，边读边思考每句话所蕴含的意思，让学生深入体会哈默以劳动换取食物的情感态度的变化，感受哈默由真诚地请求到恳求再到坚决的态度。第三步，创设一个情境：如果这个年轻人（哈默）就站在你身边，你想对他说什么？对学生进行说话训练，让学生走进人物内心，品读对话。第四步，分角色赏读对话，进行感情朗读，同时让学生思考：你有什么新发现？通过到位的朗读和体验，学生很容易地发现了课文通过对话来刻画人物形象的写法，加深对课文的理解。

从以上范例来看，阅读教学朗读层次训练可以从以下四个方面落实：1. 初读，读正确，整体感知课文内容；2. 精读，读流利，深刻领会课文内容；3. 品读，读出感情，体悟思想感情；4. 赏读，声情并茂，内化语言。语文教学中只有遵循循序渐进的教学原则，搭好台阶，架好梯子，善于引导，做到读有层次，层层推进，以读促思、促悟、促说、促写，才能化有形为无形，培养学生良好的阅读习惯和兴趣，提升阅读能力，从而真正提高阅读教学的时效，完成阅读教学的任务。

**二、读进文本，读出意境**

用声音再现文章所描绘的意境，是朗读的至高境界。有感情地朗读，不是读者个体的单方活动，而是读者与文本沟通、对话的过程，在指导的过程中，教师要把学生带进课文的情境之中。如在教学《天鹅的故事》时我是这样处理的：

课文的 5、6 自然段具体描写了天鹅破冰的过程，请大家默读 5、6 自然段想一想，你从哪些词语、句子可以看出老天鹅是一位“破冰勇士”？标画下来。（生默读思考）

交流：

生：从“腾空而起”和“重重地”可以看出天鹅拼尽全身的力气，用最大的力量来破冰。

生：“像石头似的让自己的胸脯和翅膀重重地扑打在冰面上。”我想天鹅一定会很疼，甚至可能会流血、骨折，但它全然不怕，真是一个勇士。

师：你用心来体会天鹅的感受。是啊，明知如此，天鹅还是义无反顾、竭尽全力地用身体破冰，真是一位勇士。

生：“经过这沉重的一击，镜子般的冰面被震得颤动起来。”我读出了天鹅是用生命来破冰的。

师：大家读懂了天鹅奋不顾身去破冰的勇气，那接下来让我们好好地读一读这段话，用朗读让大家感受到老天鹅是一位真正的“破冰勇士”。

感悟有多深，朗读就有多真。有效的朗读要求学生在不断的对话中调动个人的生活经验和知识积累，从不同的角度对文本进行不同的解读，读懂了字词句，才能收获朗读的硕果。“感悟”即“静思默想”“潜心会文”，教师要给学生感悟的扶梯，让孩子们默默读书、细细品味、静静思索，充分与文本零距离接触，与作者的心灵碰撞。这样，使文字所代表的客观事物的图像在其脑海中越来越清晰，让学生越来越深入地走进语言文字描绘的境界之中，并感悟字里行间所蕴含的思想感情，朗读起来才能入情入境。

**三、以“声”作则，读有榜样**

由于学生年龄小、阅历浅，很多时候，他们无法通过朗读表达文章蕴含的韵致或情味。“示范是最好的引领。”此时，教师的范读作用就显得尤为重要。于永正老师特别提倡教师朗读的引领、示范作用，在指导学生朗读的时候，他总是先自己范读，而后启发学生听辨其中的感情是如何读出来的，并让学生通过自己的实践体会出来、表现出来。例如他在执教《给予树》时，有这样一个片段：

师：你们不用看书，注意看我的表情，比较我读前面几句与后面几句有什么不同。注意看我的脸。（师朗读）

师：谁说说，你发现了什么？

生：你读前面几句很开心，读后面几句有些担心。

师：为什么前面几句开心，而后面几句却有些担心？

生：因为圣诞节快要到了，所以开心。但是妈妈只攒了一百美元，担心不够孩子买礼物的。

师：你说得真好！现在你们再练一练，自己也读出这种心情。

在教师以“声”作则的带动下，学生能够辨析出自己与老师在语音、语调、情感甚至表情上的差异，语感也就悟出来了。这时，教师的范读就具有更现实、更直接的指导作用，事半功倍。当然，教师的示范点拨，要根据课文的特点来确定示范时机。一般来说，当学生无法达到朗读要求或者学生的朗读出现偏差时，教师可以范读，并做相关的提问和点拨，这样必然引起学生的注意和思考，使学生对语言有所顿悟，从而加深对课文朗读的理解。另外，对一些比较难读懂的文章或古诗，可以一开始就以示范引路，这样可以降低难度，放缓坡度。

**四、巧用评价，以评促读**

读是一种能力，也是一种技巧，提高学生的朗读水平，还需要教师在教学中利用巧妙的点评来指导朗读。在朗读过程中，要适时地对学生进行朗读评议，组织学生之间互评，哪儿读得好，哪儿读得差，应该怎么读。评读不仅能提高朗读的质量，也为以后的朗读提供了规律性的方法和技巧。对于那些学生体会得好、读得好、有独到见解的地方，不要吝啬赞扬。巧妙地运用赞扬的话语就是一种朗读指导，是一种更为自然、更为巧妙的引导，让学生在无意中学习，效果更佳。

例如，当学生朗读《狼和小羊》中狼很想吃小羊，就故意找碴儿，说：“你把我喝的水弄脏了，你安的什么心？”在学生朗读后，我第一次点评：“这只狼比较温柔啊！”第二次点评：“你是一只善良的狼，虽然找碴了，却底气不足啊！”第三次点评：“你的表演能力真强，同学们，看，凶恶的狼来了。”这样使学生的“学”变得主动而有探索性。成功的欢乐是一种巨大的情绪力量，它能够使学生产生学习的强烈愿望。我相信所有的学生都喜欢听到老师的表扬，尤其是低年级的学生。如果教师能在学生的朗读上进行恰当的点评，可以大大激发学生的学习兴趣，提高朗读效果。

**五、尊重体验，读有个性**

《语文课程标准（修订版）》指出“阅读是学生个性化的行为”“要珍视学生独特的感受、情感和理解……不应以模式化的解读来代替学生的体验和思考”。朗读中所体现的情感源于学生对文本个性化的理解，因此在朗读的训练过程中，也应尊重学生的独到见解，鼓励学生读出自己的个性理解。如《半截蜡烛》教学片段：

师：请同学们轻声读一读伯诺德夫人的话（“瞧，先生们，这盏灯亮些。”），想想应该强调什么字眼？（学生各自试读）

生1：（将“亮”字重读）我觉得应该突出“亮”字，因为只有强调油灯比蜡烛亮，才有可能巧妙地把蜡烛换下来。

生2：（将“灯”字重读）我觉得应该强调“灯”，因为只有突出了“灯”，才能吹熄蜡烛。

生3：（将“瞧”字重读）强调“瞧”字是为了吸引德国军官的注意。

生4：（将“先生”重读）我觉得也可以强调“先生”，这样做可以不使德国军官起疑心，似乎有礼貌的样子。

师：同学们的朗读处理都很有意思，都有各自的理由。不过，尽管咱们的处理方式不同，但有一点其实是相同的，想想是什么？

生5：目的是相同的，都是为了保住那半截蜡烛。

生6：都是为了避免敌人的怀疑，巧妙地熄灭蜡烛。

师：说得对。只要我们的朗读处理都是围绕这一点的，那么就都是允许的。下面，请你们想着这个目标，按照自己的处理方式各自朗读这句话。

让学生读自己之想读，思自己之想思，说自己之想说，在美文的海洋中品味涵泳，自由徜徉，享受个性化朗读带来的愉悦与自由，真正奏响个性化朗读的音符，从而提高语言能力，提高语文素养，同时在语言文字的浸润熏染中成就人格，实现心智与情感的和谐生长。

语文课堂上，琅琅的书声最美。当静止的文字通过声情并茂的朗读表达出来时，文字便成了一幅幅画面、一段段音乐，它用声音感染人，它可以跨越时空，沟通文本与读者的心灵。让学生“读”得更美，绽放生命的光彩，应该是我们不断追求的境界。

（此文 2013 年 6 月发表于《小学教学·语文版》）

# 关注语言实践，提升语文素养

## ——浅谈小学语文“单元整合·群文阅读”教学模式构建

义务教育阶段《语文课程标准（修订版）》指出：“语文课程是一门学习语言文字运用的综合性、实践性课程。”“语文课程是实践性课程，应着重培养学生的语文实践能力，而培养这种能力的主要途径也应是语文实践。应该让学生多读多写，日积月累，在大量的语文实践中体会、把握运用语文的规律。”而当下语文课程教学的基本形态是教师带着学生一篇一篇讲读课文，语文课的主要活动就是听教师按照教学设计，分析、讲读课文。这种教学形态造成了语文课堂效率低下，完全违背了课标“着重培养学生的语言实践能力”的要求。

如何让语文教学回归到“学习语言文字运用与实践”这一课程本位上来？我们构建了“单元整合·群文阅读”教学模式。

### 一、“单元整合·群文阅读”教学模式的基本理念

《语文课程标准（修订版）》指出语文课程的基本理念是“全面提高学生的语文素养；正确把握语文教育的特点；倡导自主、探究、合作的学习方式；建设开放而有活力的语文课堂。”我们以此为最基本的理念框架，然后融合了“整合教学法”，在教学中以“单元”为基本的教学单位，以“整合”为基本的教学理念，以“探究”为基本的学习方式。在教学中以单元为单位，整合学习资源，整体上设计教学目标，优化学习过程，指向学生语文素养的发展。

### 二、“单元整合·群文阅读”教学模式的基本概念

什么是“单元整合”？什么是“群文阅读”？两者有什么联系呢？

“单元整合”是指：把语文教材中相同人文主题或者同题材的文章整合成一

个新的单元，打破原来单篇课文逐课讲读的方式，按照“字词过关——单篇精读——群文阅读——朗读展示——积累展示——综合实践”六种基本课型进行板块式教学。六种课型彼此关联，融合知识与能力、过程与方法、情感态度与价值观三个维度形成一个统一的整体，有助于学生对单元的知识和内容形成整体的认知，有利于学生阅读能力和语文学习习惯的培养。

“群文阅读”是指：在较短的单位时间内（一般40分钟），针对一个议题，进行多文本的阅读教学。简单说就是一节课内完成多篇文章的阅读。群文阅读最主要的教学方法是比较法，可以在整合的基础上比较，也可以引入其他的文章进行比较。通过比较，让学生更深入体会群文的人文主题，而且清晰地了解相同主题下不同体裁文章的表达特点；通过比较还能够让学生对文章的结构、作者的语言风格进行对比，从而体会群文不同风格的表达方式。群文阅读的目的就是让学生在习得语文学习方法的同时，在阅读实践中感受语言、学习语言运用。

群文阅读属于单元整合教学模式下阅读课的一种重要课型。它改变了传统教学中课外阅读资料只能在课外阅读的做法，实现课内完成大量阅读。改变了语文教学“课文平行、主题并列、知识无序”的格局，形成了以单元为板块，“单篇精读，群文并进”的递进式语文教学局面。群文阅读建立了单元内各篇文章的关联、打通了课内外文本联系的渠道，是单元整合课型实现课内大量阅读的途径。

## 三、“单元整合·群文阅读”教学模式的基本课型

### （一）整体感知，识字过关课

任务目标：整体感知单元内容，学生自主识字，扫除阅读障碍。

以预习单为依据，学生进行整单元的预习，初步了解单元内容，然后自主识字、理解词语的意思、写字。

### （二）单篇精读课

任务目标：以典型课文为例，学习阅读此类文章的方法，培养阅读能力。

叶圣陶先生早就说过，“课文只是个例子”，单元整合课就是以课文为范例，指导学生学习阅读，学习写作。

### （三）群文阅读课

任务目标：在同一议题下进行多篇文章的自主阅读，在比较中发现不同的阅读策略，不同的表达方式。

阅读方式可以依照精读课的阅读方法进行零干扰阅读，理解内容、品词析句、圈点标注、记录感受，然后全班进行交流；也可以根据教师提供的表格、问

题等相关的阅读提示，进行比较阅读。

例如：六年级下册“壮丽山川”主题单元群文阅读，让学生阅读完《桂林山水》《春》《索溪峪的“野”》三篇文章后，比较它们在描写顺序、景物特点、表达手法等方面有什么异同。通过比较阅读领悟写景类的文章不同的表达方式。

（四）朗读展示课

任务目标：通过朗读练习、展示提升朗读能力。

学生选取自己感兴趣的课文片段当堂练习，先小组内展示，再进行全班展示。

（五）积累展示课

任务目标：丰富语言积累。

积累、展示本单元主题下积累的课内外成语、诗句、片段，是积少成多、“零存整取”的过程。

（六）综合实践课

任务目标：引导学生在大量的语言实践中学语文、用语文。

涵盖练习课、口语交际课、习作课等多种课型。

## 四、“单元整合·群文阅读”教学与单篇阅读教学的区别

“单元整合·群文阅读”教学模式与传统的单篇教学有很大的区别。

（一）目标不同。单元整合教学着眼于单元的整体目标，传统单篇阅读仅局限于本篇文章的教学目标，而且单元目标更注重学生语文学习能力和学习习惯的培养。

例如：六年级下册“壮丽山川”主题单元的单元目标设定为：1. 认识本单元的生字词，会写一类字，能正确识读二类字。2. 能正确、流利地朗读课文，读出文字包含的情感。3. 理解课文内容，掌握学习写景类文章的基本方法。4. 通过学习课文，领悟写景类文章常用的表达方法，并学习运用。

（二）教学的主体不同。传统教学中教师的备课思路成为课堂教学的主要思路，很大程度上教师是教学的主体，而单元整合的教学主体是学生。教学过程主要是学生自主学习、自主阅读、自主分析，教师只是引导学生把学习成果进行交流分享，并在分享中提升语文素养。

（三）学习的形式不同。传统教学中学生是被动的，在教师的引领下进行学习，而单元整合教学中自主学习、自主感悟，合作交流是学习的主要形式。

（四）训练方式不同。传统的训练方式是以做练习题为主，而单元整合教学

是以大量的群文阅读以及其他的语文实践活动来完成。

（五）侧重不同。传统语文教学中每篇课文平均用力，而单元整合教学做到取舍有度，有精读，有略读，有群文阅读，更侧重语文学习能力的培养和专项训练。

**五、“单元整合·群文阅读”教学模式的优势**

相比传统的单篇教学，“单元整合·群文阅读”在教学上有很多优势：

（一）整合教学资源。从单元整体上把握教材、设定目标、制定整体方案，从整体上进行语文能力的综合训练，除了教学内容的整合外，同时还应该注意学习方法、学习习惯的整合，整合以后提高学生的学习效率，在学习应用中获得学习经验，让学生逐步学会学习。

（二）优化学习过程。单元整合的学习完全是学生“自主、合作、探究”的过程，学生享受的是独特的个性体验。群文阅读的学习可以分层次，第一层次：学习课文内容，实现从语言走向内容的目的；第二个层次：领悟语言，实现从内容走向语言的目的。

（三）注重语言积累。单元整合有专门的积累展示课，把语言积累作为学习语言的重要方式。

（四）强化言语实践。单元整合把阅读、口语交际与习作等融合在一起，能够真正体现读写结合，也能够体现语文学习的综合效果。

总之，“单元整合·群文阅读”教学立足学生的长远发展，以学生为主体开展丰富的语言实践活动，教学的重点是让学生通过不同的原语文材料和语言实践，形成自己的语文学习能力，有自己的学习经验，将来能够凭借这些能力和经验进行更持久的学习。

（2018年10月此文发表于《教学管理与教学研究》杂志）

# 坚持“五步”走，提升写字指导效果

《语文课程标准（修订版）》指出：“按照规范要求认真写好汉字是教学的基本要求，练字的过程也是学生性情、态度、审美趣味养成的过程。每个学段都要指导学生写好汉字。要求学生写字姿势正确，指导学生掌握基本的书写技能，养成良好的书写习惯，提高书写质量。”目前，语文教师已普遍认识到了练字的重要性，也能坚持指导学生练字，但效果并不明显。如何让练字更有实效呢？经过长期的实践和摸索，笔者总结了以下几个要点，与大家共鉴。

**一、激趣——表述语言要生动**

“兴趣是最好的老师。”小学生活泼好动，注意力容易分散，教师如果在教学中注重情境的创设，能有效激发他们对写字的热情。首先，教师的语言要生动形象。如，在教学基本笔画“扌”时，我提示学生，“扌”就像一个大英雄，宝剑（笔画“提”）斜挎在腰上，雄赳赳、气昂昂的，写得要有精神。教学“卧钩”时，也很形象地做比喻“一个可爱的孩子平躺在床上，他的头轻轻地（突出起笔要轻）枕在高枕头上，两只脚一起顽皮地向左上钩着”。边说边范写，学生们便能轻而易举地掌握笔画书写的要点了。另外，在学生写字厌烦之时，给他们讲一讲古今书法家坚持练字或其他有关汉字的趣事、典故，如王羲之“墨池”的故事、《“杏”与“否”》等这类与写字有关的故事来调动他们练字的积极性，让练字变得有趣、好玩，不再枯燥。

**二、读帖——占格位置有讲究**

读帖是指临摹者在书写前对字帖静观默察，细细体味，对范字形成清晰的印象，做到成“字”在胸，意在笔先。读帖是思考、领悟的过程。学而不思则罔，临帖时缺少读帖，缺乏思考和理解，便会流于机械地重复，甚至迷失方向，所以指导学生读帖是写好字的前提。读帖即观察田字格中的范字。一看字的结构。观察这个字是独体字还是合体字，如果是左右结构的字，属于左右均等还是左窄右宽或左宽右窄，写的时候应该注意什么，怎样才能写得工整、漂亮。二看占格。即笔画的位置，重点观察落在横中线、竖中线上的笔画，这个笔画确定了，那么整个字在田字格中的位置就确定了。三看笔画的样子。重点指导学生观察笔画的样子。如“竖”是悬针竖还是垂露竖，撇是竖撇还是斜撇。在指导观察中，如再引导学生对抽象的汉字加以联想，活化汉字，字形就会深深扎根在学生心中。如教学“林”字，我引导学生：“仔细观察‘林’字，你发现了什么？”一个学生说：“有两个木，他们是好朋友，手拉手，肩并肩，互谦互让横缩短，左边‘木’的长捺变成点。”丰富的想象、生动的比喻不仅让学生牢记了汉字的形象，还学会了自己展开想象研究汉字的写法。

**三、示范——标杆引领效果好**

教师的表率作用对学生有着特殊的影响，也是使学生直接获取感性认识的最佳方式。所以，教师的范写，是对学生习字最好的指导。范写时要一边写一边讲解，通过示范进一步让学生明确如何起笔、运笔、顿笔，如何占格，把握结构。这样学生在动笔时才能做到心中有数，学着老师的样子进行书写。个别辅导时，教师要走到学生中间去，握着学生的手写一写，使他们看到一个活生生的写字“标本”，潜移默化地受到影响。

因为学生具有很强的“向师性”和“模仿性”，教师的一举一动、一言一行都可能成为学生模仿的对象，所以除写字指导课以外，教师平时的课堂板书、作业评语都要注意示范和引领，展示给学生的是一个个规范端正、整洁漂亮的正楷字。

**四、评价——多元刺激添动力**

评价是培养学生养成良好写字习惯的一个重要环节。恰当地对学生的学习表现进行多元化评价，会极大程度地激励与促进学生不断地自我认识、自我反思、自我发展。因此，我在写字教学中十分注意运用多种评价方法让学生品尝到成功的喜悦，激发他们的习字兴趣，让兴趣把孩子们引向成功之路。具体做法有以下几种：1. 教师评价。教师在巡视的过程中及时发现学生写字时出现的问题，给予表扬或指导。好的笔画或整字画个红圈圈进行鼓励，不好的地方也用笔做好标注或再次进行范写予以提示。2. 自我评价。引导学生将自己写的字与范字相对照，或者根据笔画的要领来发现自己的优点和不足，以便再写时改进。3. 互相评价。让小伙伴之间互相进行评价和指正，以取长补短，进行自我矫正。这是孩子们特别喜欢的一种评价方式。4. 活动激趣。班级内开展丰富多彩的书写比赛活动能较大程度调动孩子写字的积极性。如开展“小书法家”评选活动，对表现突出或进步较大的孩子冠以名号、发张奖状进行表彰，树立榜样，孩子练字的兴趣会更加高涨。5. 家长评价。许多学生在练字时写得很工整，但写家庭作业时就会很随意，回归到原来的状况。对此，不妨发挥家长的作用，设计“家长评价反馈表”，由家长每天对孩子的作业进行监督和评价。家长在评价孩子时既有深情的鼓励，又有中肯的建议，能为孩子保持良好的写字习惯注入温馨的动力。

**五、循规——扎实练习技能强**

循序渐进是人们学习科学文化知识的一个普遍原则。这一原则要求按照学科的逻辑系统和人的认知能力发展顺序进行学习，从而逐步地、系统地掌握基础知识和基本技能。练字的规律亦是如此。

汉字结构以笔画为最小单位，由笔画组成独体字，由笔画和独体字演变为部首，再由部首组成合体字，这是一个由简到繁的逻辑系统。练习写字就应该遵循这个系统的顺序，一步一步地练习。但是，强调循序渐进，并非唯一顺序。因为汉字笔画、部首、结构各要素之间的关系是相互联系、相互影响的。比如，字的笔画与字的结构按顺序讲，应先练笔画，再练结构，因为笔画是结构的基础。但是，在练习笔画时，单练笔画还不行，还必须结合字的结构一起练习，因为同一种笔画在不同字的结构中有不同的表现形式，只有将笔画与具体字的结构结合起来练习，才能逐步写出合格的笔画。同时，在练习过程中还应根据练习内容确定练习的重点和难点，不能平分时间，不能盲目贪多贪快，要扎扎实实，一步一个脚印，难写的字、难练的内容就要多下功夫，以掌握书写要领、写好为原则，从而达到预期的目的。规矩练字，就是指练字要合乎法度，只有从规矩入，才能从规矩出。除了上面说的循序渐进之外，指导学生练字时还要遵循：“读帖—描红—临帖—比较—改正”这样的一个规律。引导学生静下心来慢慢读帖，意在笔先，写一个对照一个，一个比一个写得好。初学写字的人，为了便于把握字的结构和字的大小，应该在画有格子的纸上练习，充分利用格线来认识和把握方块汉字的结构特点和结构类型。练字的途径，应以摹帖、临帖方法为主，在临摹过程中逐步掌握汉字的书写技巧。写字做到“三个当堂”，即是“当堂指导、当堂书写、当堂反馈”，把生字书写指导的整个过程（读帖观察——讲解范写——描红临帖——交流讲评）都放在课堂上完成。

# 五把钥匙，打开文本解读的密码

文本解读是语文教师一项重要的教学基本功，只有深入地理解教材、精准地解读教材，把自己对教材的理解转化为教学行为，才能最大限度发挥文本的教学价值，提升学生的语文素养。所以，解读教材的精准度直接决定了一堂语文课的能效。那么，如何打开文本解读的密码呢？

**一、品读文本，寻找自己的独特理解**

很多教师在讲授公开课之前往往依赖教学参考书和网上名师的教学设计，以为这是教学设计的捷径，但往往东拼西凑后上的课不伦不类，效果甚微，非但没有走捷径，反而了绕很多弯路。

解读文本的第一步应该是纯净式阅读。先以一个普通读者的身份去阅读文本，寻找文本给自己初恋般的感觉，这种“初见”的体验往往最敏感，最可贵。然后，再反复研读文本，达到熟读成诵，才能对文章内容有更深刻的理解，涵泳出其中的道理、意蕴。于永正老师常说：“不要急于备课，先把课文读熟、读透，直到能背诵为止，再去设计教案。”亦是这个道理。读的时候静下心来，自由纯净地读，潜心思考，用自己的眼光去审视，用自己的心去感受，不掺杂任何干扰因素，反复地细读，深入地思考，就能读出自己的发现。

首先，思考要从整体上观照文章，它是按照怎样的结构、思路、顺序进行谋篇布局的，在整体的设计上有什么别出心裁的地方。然后，进行文本细读：仔细揣摩文章中的每一句话，每一个细节，甚至每一个标点，要善于“咬文嚼字”地反复品味。例如，教学六年级上册《夏日里的成长》，初读第2自然段中“邻家的小猫小狗小鸡小鸭，个把月不过来，再见面，它已经有了妈妈的一半大。”这句话，并没觉得有什么特别之处，但是读着读着就发现：按常人的表达方式，所列举的这几个事物之间应该有顿号的，“邻家的小猫、小狗、小鸡、小鸭”。那作者为什么没有用顿号呢？反复诵读琢磨就会发现，不带顿号的句子读起来更加连贯，一气呵成，更能表现出这些小动物们生长速度快。教学的时候引导学生关注这句话，他们也能从这样特别的表达中品味出夏季万物生长迅速的特点。

没有潜心的沉浸式阅读，没有独立纯粹的阅读体验，就没有这样独到细致的发现。我们对教材多一些独特的诠释，课堂就会呈现出别样的风景；我们对教材多一些深度的思考，课堂就会张扬出自己的个性，贴上自己的标签，拥有自己的教学风格。

## 二、查阅资料，借鉴不同的解读方式

个人对文本的理解往往是有限的，特别是对一些经典佳作的解读，我们应该更全面地了解作者写这篇文章时的心境，了解作品背后的一些故事，甚至要品析一些名家对文本的评价，才能更加深入地、全方位地对文本进行解读。

只有深入了解作者以及他们写文章时的背景、心境，才能真正了解作者的写作意图，还原作者的初心。教师进行教学设计的时候要适当为学生补充相关的资料，打通学生与作者的隔阂，让他们走进作者的内心。

比如六年级上册《好的故事》，这篇文章为了表达对鲁迅先生的敬意“遵照原文，未加改动”。但是，一百年前的鲁迅先生距离学生太遥远，文章对学生来说也是晦涩难懂，特别是对文章的深意更是无法理解。不仅是学生，教师读起来也很烧脑。要想读懂这篇文章，必须走进1925年鲁迅的心境。1925年是鲁迅最彷徨、最迷惘的年代，黑暗的社会动荡不安，使鲁迅在新思潮的激荡中迷失了方向。然而，他心中永远保持着对美好社会的憧憬与希望，并愿意为之努力，为之奋斗，所以才写下了这样一篇美丽、幽雅、有趣的“好的故事”。这篇文章寄托着他美好的理想与希望、信念与向往，鲁迅先生伟大的人格魅力也从而显现。若不去搜集查阅相关的资料，就无法读懂文章，更无法读懂鲁迅要表达的情愫。

不仅要了解作者，我们还要了解其他学者、名士对文章的解读和评析。这些可以帮助我们从不同的层面和角度，更全面、深入地解构文本，然后我们筛选最有价值的解读资源，辩证地去理解，才会对文章有更全新的认知。

## 三、关注要素，落实单元的教学目标

《语文课程标准（修订版）》在教学建议中指出：“阅读教学是学生、教师、教科书编者、文本之间对话的过程。”对于文学作品而言，读者要真正领悟作品的主旨，必须去了解作者。但是，从阅读教学的层面上看，我们还要去与编者对话，体察编者的编写意图。中高年级教材都是“双线组元”，每一篇文章都是在单元整体教学的视域下被赋予新的教学价值和教学目标。所以，我们在进行教材解读的时候一定关照单元语文要素，围绕语文要素的落实有针对性地进行解读。确定教学目标时，要细细品味单元页、交流平台、课后习题中蕴含的编者的想法和意图，从中获取有效信息，整体把握整组课文教学的目标和方法，特别要紧扣课后习题这一重要的课程资源，发挥其教学风向标的作用，准确定位每一课的教学目标，精准地解读每一篇文本。

比如，五年级上册《什么比猎豹的速度更快》一课，这是一篇说明文，按照常规的教学，老师们一定会把分析这篇文章的说明方法作为教学的重点。但是，此文出现在学习“阅读要有一定的速度”的策略单元中，在单元视域下本课教学的目标和重点都应确定为：学习借助关键词语提高阅读的速度。所以，解读文本一定关注单元整体目标，落实语文要素。

**四、儿童立场，遵循学生的认知规律**

法国著名儿童心理学家卢梭曾说：“儿童有他特有的观点、思想和感觉。”用成人的理解越俎代庖是非常愚蠢可笑的。我们要时刻牢记：儿童才是课堂教学的主体。在解读文本的过程中，教师要站在儿童的立场，从儿童的视角去审视文本，才能在课堂上避免“教”与“学”两张皮的尴尬境遇，取得更好的教学效果。

比如，王崧舟老师教学《好的故事》一课时，站在儿童的角度分析：这篇文章写于现代文学的初创时期，那时候文字的表达，甚至事物的名称与现在有很大不同，比如“石油”“鞭爆”“伽蓝”等词语。为了便于学生读懂文章，他分别出示了文中的词语和现代词语让学生对照着读，高效地帮助学生扫清了阅读的障碍。同样在这一课中，学生理解了“好的故事”其实是个美丽、幽雅、有趣的梦境。王老师提出了一个特别有思辨性的问题：“一般人梦中的事物是没有颜色的，为什么鲁迅先生的梦里有那么多丰富的色彩，特别是鲜艳的红色反复出现呢？”在学生的深度思考之后，便领悟到：“梦与现实总是相反的，现实中不存在这样幽雅、有趣的社会，所以，鲁迅先生才会梦到。”“日有所思，夜有所梦。在黑暗的现实生活中，鲁迅看不到这些和谐、美丽的画面，但是，他一直想看到这样的社会、这样的风景，所以会有这样的梦境。”“这样的梦境其实是鲁迅心底最美好的憧憬与希望，红色的花朵正是这美好希望的象征。”站在儿童的角度去读文本，是读不懂这层意思的，如何让儿童的思考上升到更深一层？好的问题就如同一个支架，给他们一个思考的方向，助力他们化难为易。

看待同样的问题，成人的眼光趋于理性，而儿童的思维倾于形象。教师要从儿童的视角去观察，以儿童的耳朵去倾听，以儿童的眼睛去发现，以儿童的心灵去体会，才会察悟出儿童的需要，设计出既符合儿童认知，又能引起他们深度思辨的问题，让课堂教学不仅有深度而且情趣盎然。

**五、揣摩语言，回归语文的教学方式**

语文是一门学习语言文字运用的综合性、实践性课程。语文教师一定要有强烈的语文意识，关注语言文字、学习语言运用，是语文课程独有的也是最本分的任务和责任。语文教师解读文本，必须从了解“写了什么”走向领会“怎样写的”，必须从语文的角度了解作者是怎样运用语言恰如其分地表达出自己的想法的。只有这样，才能帮助学生构建起自己鲜活的话语世界，并能在言语交际中运用自如。

例如，《桥》这一课，我们不仅要关注跌宕起伏的故事情节和老支书鲜明的人物形象，还要关注文本特有的语言形式：1. 短句多，全文 634 个字，却有 27 个自然段，最短的段落只有 7 个字。短句子形成了急促、紧张的节奏，让人在朗读时产生紧迫之感。2. 环境描写串联起整个故事。例如，“像泼。像倒。”“近一米高的洪水已经在路面上跳舞了。”“死亡在洪水的狞笑中逼近。”等，这些环境的描写读来让人有一种死神逼来的危机感，预示着后面悲剧的发生。

语言是语文教学的根本，情感、态度、价值观是从“语言”这个根上长出来的树。语文老师要时时想着从文本中寻找独特精妙的语言表达，引导学生去揣摩、领悟作者的表达，才能将语文教学回归本真。

一言以蔽之，文本解读既要从一个普通读者的视角出发，又要从语文教学专业的角度去审视，还要站在儿童的立场去思考文本的语用价值、审美价值、思维训练价值、文化传承价值，特别是关注语文要素的落实，并且在实践中不断地积累经验，厚实学养，才能在课堂演绎不一样的精彩。

# 做自己心中最美的教师

## ——教师节寄语自己和老师们

年年九月美，又到教师节！

今年教师节，大家的主话题是“双减”和“托管”。

“双减”和“托管”是国策，是国家对教育发展现实的考量，不妨学着从内心接纳现实，改变心态，做一个自己心中的最美教师。

坚守初心，无怨无悔。人生如棋，落子无悔。世事无常，我们不可能每走一步都是准确的，生命也不全是精彩和灿烂，但至少活得无悔，不留遗憾。既然当初选择教师这个职业，便随遇而安，爱上它，并接受它的不完美，在自己所能掌控的范围内做自己喜欢做的事，讲好每一堂课，享受每一本好书，善待每一个学生，站在热爱里，活成自己喜欢的模样。因为，唯有热爱，才能抵岁月漫长。

疼爱自己，活得洒脱。杨绛先生说：“岁月静好是片刻，一地鸡毛是日常，即使世界偶尔荒凉，内心也要繁花似锦。”如山的作业总能改完，如海的会议总会开完，累了歇歇，按时吃饭，好好睡觉，还要养胃、养颜和养心，老师的健康才是学生的福分！有人说，一个人最好的状态大概是，眼里写满了故事，脸上却不见风霜；认清了生活的本质，却依然热爱生活；看破了很多事，却依然选择善良。管他考试成绩，管他职称评审，只求对学生问心无愧。保持美好的心态，不叹老，不悲秋，不埋怨，每天多给自己一个微笑，自信满满，不羡慕谁，不攀附谁，不依赖谁，静悄悄地努力，然后惊艳别人，更取悦自己。

多点爱好，美丽心情。爱情不是生活的全部，工作也不是。生活不是家庭和学校的两点一线，生活应该是五彩丝线织就的地毯，这张地毯上有忙碌，更有休憩和欢愉。工作闲暇健健身、旅旅游、做瑜伽、听音乐，看一场无厘头的电影，狂笑一场或者泪流满面都是一种发泄。教室热闹，外面嘈杂，宅在家里无人问，练一手漂亮的毛笔字，读一本闲书，喝一杯清茶，修剪一下花草……哪怕是虚度光阴，坐着发呆也是一种美妙，静静享受现世安稳，岁月静好。生活美起来，心情便会美起来，心情美起来，一切都会美起来！

光辉自己，照亮别人。有人常把教师比做成园丁和蜡烛，园丁能与鲜花美美与共，确实是美的事业。但教师真要做那黑夜中默默流泪、化作灰烬的蜡烛似乎太悲情。燃烧不等于毁灭，奉献不等于牺牲。教师应该是一盏拥有火种的明灯，首先要光辉自己，释放自己的小宇宙，然后点燃学生的智慧之火，激发学生的学习热情。凭本事讲良心，既照亮别人又焕发自己的教师，那才是相映生辉，互相成全，何必非要化作灰烬？雅斯贝尔斯说：“教育，意味着一棵树摇动另一棵树，一朵云追逐另一朵云，一个灵魂唤醒另一个灵魂。”教育，也应该是用一盏灯去点亮另一盏灯，一个生命影响另一个生命，这才是教育的本质吧。

关爱家人，平安是福。我们能在教学一线忘我地冲锋陷阵，多半因为家人们强大的后盾支持，父母为我们带孩子，另一半帮我们分担家务，孩子们为我们增添生活的乐趣。他们是我们工作的动力、奋斗的源泉，一家人其乐融融，生活才幸福圆满。然而，父母易老，儿女渐大。秋风起了，和亲爱的他（她）陪父母去划船，带孩子去爬山，春看百花夏赏荷，秋看红叶冬赏雪，留住每一季如画的风景，也把握每一刻在一起的时光。韶华易逝，陪伴是最好的爱，莫等到“树欲静而风不止，子欲养而亲不待”。教书半辈子，只要身体健康家人平安，就是莫大的幸福。

教书育人是一场修行，培育学生也修炼自己。漫漫教育路，让自己心中有爱，眼里有光，脸上有笑，手中有技，培根铸魂，启智润心，不游戏课堂，不蹉跎时光，不冷落每一个灵魂，不放弃每一个孩子。往后余生，愿日日觉醒，岁岁安详，心有归途，美好一直在路上。

就这样，做一个自己心中最美的教师！

# “双减”时代，家长无为更应“有为”

## ——写给家长们的知心话

在陪伴孩子一起度过的时间里，成年人也是被治愈的。

——题记

2021年7月底，中共中央办公厅和国务院办公厅印发了《关于进一步减轻义务教育阶段学生作业负担和校外培训负担的意见》，简称“双减”。“双减”政策出台的目的是通过加强学校教育，提高学校课堂教学质量，优化作业布置，减轻学生的课余负担，从而提升学生的综合素养，消除教育“内卷”，构建良好教育生态。

“双减”，减轻了家长的精神负担和家庭的经济负担，让学科教育重新回归学校主阵地。减轻养育子女的压力对父母来说绝对是喜事一桩。但是，家长才是孩子成长的第一责任人，“双减”时代，我们真的要做“无为”的父母吗？答案毋庸置疑，对自己的孩子绝对不可以放任自流，必须更“有为”。那么，“双减”时代家长究竟该做些什么？怎么做呢？

### 一、擦亮眼睛，认清“减”与“不减”

“双减”，减的是学生的作业负担和校外培训负担，不减养育责任。孩子的成长，离不开父母的教导、家庭的熏陶。减轻学业负担，不代表减去父母的责任，与之相反，它更要考验父母的担当。有人说，“双减”政策启动，预示着“拼爹”时代的到来。这话并不是没有道理。其实，真正优秀的父母不在于学历的高低、文化的多少，而在于是否有责任意识。陪伴是责任，养育是责任，以身作则是责任。履行父母的责任，就是对孩子人生负责。“双减”，不减学习质量。“双减”，减去了作业的总量，减去了课外培训，让学习回归课堂，但同一个班级的孩子各有所长，难免出现行为和成绩上的差异。作为最了解孩子的人，家长要更专注于培养孩子的自控力、专注力和情绪管理能力，与老师携手，共同为孩子成长助力。教育孩子成长是家长和学校的“双向奔赴”。“双减”，不减孩子成长。孩子的童年只有一次，评价人生的方式绝不仅仅是赢在起跑线，能够跑完马拉松的才是高手。如今少了课外培训，我们更该利用孩子多出来的时间，做好父母的陪伴，策划合理的安排。家庭是孩子成长的主阵地，家庭教育是孩子成长中最重要的教育，真正优秀的父母，不在于为孩子报了多少班，而在于是否真正参与陪伴并助力了孩子的成长，因为孩子的成长是父母与孩子共同完成的一场修行。

**二、主动担责，做“有为”的父母**

真正“有为”的父母，才会成就孩子的成长。家长首先要做孩子的心理辅导师。家长有责任给孩子提供心灵的营养。孩子生理上的成长离不开食物、水、阳光和空气，而心理上的成长同样需要充足的养分。心理成长包括认知、情感、人格方面的逐步完善，它需要耐心的陪伴和培育。当孩子遇到烦恼的时候，我们是否能让他愿意敞开心扉，放心倾诉？当孩子遇到挫折的时候，我们是否能及时发现，给予他精神的力量？当孩子遇到问题的时候，我们是否能及时安慰、鼓励？当孩子犯错的时候，我们是否能解读他的心理密码，关怀他内心的温度？必须知道，让孩子成为身心健康的人，是比成绩更重要的事。做学习的领航者，给孩子做好榜样。在孩子学习的过程中，父母不是监督师，不是纠错师，而是领航者。我们要做的，是让自己成为孩子眼中的榜样。让孩子真正行动的方式永远是言传身教，当父母发自内心地爱上学习，不断成长，孩子自然能从中汲取充足的能量。在孩子面前放下手机，做个成长型家长，让自己不断学习、不断成长、不断拔节的榜样行动去影响孩子、改变孩子、成就孩子。特别要做好亲子阅读，一个热爱阅读的孩子，一生都能拥有精神力量的滋养。我们可以和孩子共读一本书，用父母的力量影响孩子，感染孩子，养成阅读的习惯。做习惯监督师，为孩子成长保驾护航。“双减”政策落地，孩子居家时间更加宽裕，我们该如何帮助孩子完成自控，做好管理？家长要安排好工作和其他时间，通过有效陪伴，真正提高孩子居家的质量，重新培养孩子的学习习惯，才能真正为孩子的成长保驾护航。孩子缺乏自控力和自律性，需要在持之以恒的磨合中形成真正有价值又适合孩子的习惯，这一切都需要家长的耐心，坚持监督，及时巩固。做知心好朋友，做好与孩子的沟通。沟通时候，要坚持三个“愿意”和两个“注意”：愿意用心倾听，愿意换位思考，愿意改变自己；注意沟通的语气、方式、情绪，注意不搞一言堂。当我们真正把孩子的需要放心中，就会拉近彼此距离。成为兴趣合伙人——放大孩子的特长，孩子的兴趣和需求应该由孩子自己决定，而不以父母的认知决定，父母是孩子兴趣的合伙人，而不是决定者。因此，此时我们更要注重培养孩子自我发掘的能力，并利用课余的时间培养孩子的兴趣，把兴趣发展成人生梦想，当好孩子的梦想合伙人。

**三、学会合作，师长合力共培育**

实施课后服务以后，学生在校的时间越来越长，学校成了孩子成长不可或缺的摇篮和沃土，老师成了他们学习和生活的主要陪伴者和同行者。不得不承认，老师确实是孩子们除了家长以外，世上唯一与他们没有血缘关系，但是希望他们好的人，不是亲人，胜似亲人。把孩子交给学校，交给老师，每个家长应该给予足够的尊重与信任，做好沟通与交流，在培育孩子这件艰巨而伟大的事业上形成合力，师长同心，才能其利断金。怎样才能做好与老师的沟通呢？

第一，尊重老师，肯定老师的辛劳付出。老师是教孩子明事理、修品德、学知识、长本事的人，家长不能带着怀疑的眼光去对待老师，不能把社会上一些负面的评价强加于老师。老师每天为孩子的成长付出辛劳与心血，应该得到家长的认可与肯定。所以，家长在与老师沟通的时候，一定要以尊重的姿态，以平等、友好、协商的态度与老师对话，让每一位老师感受到尊重与诚意。

第二，珍惜机会，善待每一次沟通。很多时候任课老师为了了解孩子的具体情况会主动通过家长会、家访、约家长到校、打电话、发微信等多种方式与孩子家长进行沟通。家长一定要珍惜每一次机会，积极与老师进行交流，既了解孩子在学校的情况，老师、同学对他（她）的评价，也应如实地向老师反映孩子在家里的表现。这样，家长和老师才都能客观地了解每个孩子的情况，以便对症下药，拨乱反正。家长也可以积极地主动地联系老师询问孩子的情况，询问的时候一定注意态度诚恳、思路清晰、言简意赅，不要耽误太多时间。有效的沟通能让双方对孩子的情况了然于心，便于形成合力，共同培育孩子健康成长。

第三，树立威信，不在孩子面前非议老师。“金无足赤，人无完人。”每一个老师都不是圣人，特别是青年老师可能在处理班级事务的时候经验不足，造成不愉快。这时候，家长一定切记，不要在孩子面前非议老师，说老师的坏话。背后议论他人的坏话，是危害人际关系最严重的一种行为，而家长的一言一行都对孩子有巨大影响。当家长非议老师的时候，孩子往往就会对这个老师产生不满和轻视。而孩子对老师不满，只有一个发泄口，那就是上课不再认真听讲，课后也不愿认真完成作业。孩子的成绩会因为孩子对老师的抵触敌对情绪而一落千丈。所以，聪明的父母应该适当帮老师在孩子心目中加分，即便真对老师有什么不满，也不要在孩子面前随意流露，而应该及时地私下跟老师沟通。在孩子面前树立老师的威信，让孩子“亲其师”，便能“信其道”。为孩子赢得老师，才能真正赢得孩子的未来。

“双减”政策是国之大计、家之大业，更是家长素质和孩子能力的双重考验，让我们做有担当、有作为的家长，为孩子们成就更美的明天。

## 学语文，离不开语文书

### ——与郭初阳老师商榷

近日看了郭初阳老师火爆朋友圈的一段演讲，题目是《学语文，不需要语文书》。郭老师诟病了现行语文教材中的种种不妥：信息量不足、文本区分不足、心智的匹配度不足、原汁原味不足、不尊重原著、随意删改……

郭老师讲得慷慨激昂，头头是道，赢得了不少掌声和赞誉。我很佩服郭初阳老师对语文教材以及语文教育深入的剖析和研究，但是作为一线小学语文教师，特别是作为语文教材的使用者，此观点不敢苟同。

**一、现行教育体制下，语文教学离不开语文书**

统编语文教材是国家行为，它体现了国家意志。实施基础教育必然推行统一的教材，解决教师“教什么”与“怎么教”的问题。抛开过往的语文教材不谈，目前正在使用的教材很好地体现了国家课程标准的要求。比如：整套教材的编排着眼于核心价值观进行整体规划，较之原来增加了革命领袖教育和革命传统教育、中华优秀传统文化教育、国家主权教育等，选文丰富、严谨，做到了有机渗透、润物无声。编者们从“立德树人”的高度，致力于培养学生的语言文字运用能力，提升学生的综合素养，为学好其他课程打下基础；为学生形成正确的世界观、人生观、价值观，形成良好个性和健全人格打下基础；为学生的全面发展和终身发展打下基础。语文课程对继承和弘扬中华民族优秀文化传统和革命传统，增强民族文化认同感，增强民族凝聚力和创造力具有不可替代的优势。而语文教材是语文课程的主要载体和实施工具，学语文，怎么可以没有语文书呢？

这套教材让每个老师心里很清楚“教什么”。假设没有统一的教材，那么语文教师教的内容肯定千差万别，教学方法也是五花八门，教学效果定会参差不齐，如何落实课标精神？何谈提升语文素养呢？诚然，像郭老师这样博学的研究型教师完全可以自编教材或者主编读物，根据自己的主张进行语文教学。但是，全国能有多少老师能做到自创教材？即便能自创教材，以普通教师的阅读视野和教学水平，他的选文一定会比教材的选文好吗？

**二、整本书阅读替代不了语文教材的教学价值**

郭初阳老师在演讲的最后说道：“我觉得读整本书真的很重要，因为它是一个小宇宙，元气很充足。小文章散落地合在一起后，其实并没有那种充足的元气。我们应当读一本完完整整的书。”笔者非常赞同郭老师的说法，读整本书的重要性不言而喻。但是，我们不能把阅读等同于语文学习，更不能把阅读教学等同于语文教学，这是概念的混淆。

阅读，只是语文学习的一部分，阅读的目的性和任务性远远不能和语文学习相比，语文学习还有更丰富的内涵和外延。从学习内容上说，识字、阅读、习作、口语交际、综合实践等都是语文学习的范畴；从学习的意义上来讲，方法的习得、习惯的养成、能力的培养、思维的训练……仅仅靠阅读是不足以从整体上提升学生的语文素养的。恰恰语文教材的编排更广泛地涉及学生语文综合能力的提升：现行语文教材实行了双线并进的单元整体编排，单元目标清晰，语文要素明了，从识字、阅读、写作、口语交际等各方面促进学生语文核心素养的提升，帮助学生建构语文知识体系，加大了阅读课型区分度，实现三位一体的阅读教学。而且每一项能力的训练都是遵循规律、循序渐进、螺旋上升的，加之不同的文本带给学生不同角度价值观的引导和品德的熏染，不同文体带来的不同语言风格的表达……这可能都是整本书阅读替代不了的。一本好书好比一道大菜，色味俱全，让人食欲大开，欲罢不能；而一本语文教材则如同名师大厨精心烹制的营养全面、健身养心的宴席，每道菜小巧精致、营养丰富，观之悦目、品之美味、食之养性，必颐养终身。

儿童阅读和教材学习承担着不同的功能。儿童阅读的目的是学做“人”，它是明确地指向人、指向生命、生活中的大主题，让儿童通过想象性经历、自居性经历，内在生活得以丰盈，并更有可能获得潜意识的指引。而教材学习的目的是学“知识”，教材学习在帮助儿童习得知识的过程中完成人的教育。

儿童阅读和教材学习，就像两棵并排独立的大树，根交织在一起，叶也交融在一起，但彼此都不是对方的附庸。这就意味着，我们要站在课程的高度来思考儿童阅读与语文教材的关系，要考虑双线并进、时而交织的方式来处理两者的关系，既要发挥儿童阅读的综合作用，也要遵循语文教材作为训练系统的学习线路。语文教材学习越高效，儿童阅读越丰富，儿童阅读越丰富，语文教材学习越高效。两者相互补充也相互增强，缺一不可。

**三、语文教材，一直在改进中不断完善自己**

我们的语文教材的确有些像郭老师谈到的“信息量不足”“原汁原味”不足等缺憾，但是教材的编者们是站在国家基础教育的高度来编写、审视教材的，他们考虑的是如何提升国民素质，如何为党育人、为国育才，如何让我们的教育变得更好，如何培养一代又一代具有家国情怀和文化认同，具有国际视野和竞争力的敢于担当、大有作为的新一代优秀公民。而且，无论是在编写的过程中还是在使用过程中，编者们一直在广泛地征求意见、不断地完善和修改，仅 2021 秋季版就修改了 120 余处。中小学语文统编教材总主编温儒敏说：“什么样的教材，它就有可能培养什么样的国民，所有普通的国民，对祖国历史，对祖国文化的基本了解，就是通过教材得来的。”教材的重要性不仅仅在于传授知识，也在于塑造正确的家国认同和价值观念。编者们的家国情怀、教育情怀可见一斑，让人钦佩。

郭初阳老师被誉为“语文界的新锐”，无论是他的课堂教学还是他创办的越读馆都对儿童阅读产生了不小的影响，应该说郭老师也是一位具有教育情怀的语文教师。我们有理由相信在大家的共同努力下，我们的语文教材会越变越好！

因为，我们知道：学语文真的离不开语文书！

# 也谈“大先生”

2021年4月，习近平总书记在清华大学视察时指出：“教师要成为‘大先生’，做学生为学、为事、为人的示范，促进学生成长为全面发展的人。”一时引起教育界知名人士的热议。

在我国，“先生”二字是一种尊称，是对父兄长者和教师的称呼。“大先生”更是对有德业者的尊称。《礼记·曲礼》中就有一句：“从于先生，不越路而与人言。遭先生于道，趋而进，正立拱手。”这里的先生指的就是老师，对老师要恭敬。只有人格、品德、学业上能为人表率者才能称为“大先生”。

于漪老师认为，“大先生”必须有大的视野、大的胸怀、大的格局、大的担当和大的气象，她用“思想自信”和“实践自觉”八个字指明了新时代“大先生”的自我修养。于漪老师指出，理想信念是“大先生”的灵魂，教师要扎根中国广大的教育土壤，不断凝练教育教学的原创思想，走出中国特色社会主义教育之路；改革创新是“大先生”的标志，教师要刻苦钻研，关爱学生，不断丰富学识，锤炼好立德树人的基本功。

顾明远教授指出：教师要做“大先生”，要有坚强的理想信念，心怀祖国，坚持走中国特色社会主义道路，为实现中华民族伟大复兴做出贡献；要不断提高专业水平，严谨治学，深耕科研，研究真问题；要把立德树人作为根本任务，培养肩负中华民族伟大复兴历史使命的下一代。

谢维和先生解读了“大先生”的样子，他用了三个标准，第一，应该是社会的尊者；第二，应该是心怀国之大情怀者；第三，应该是立德树人的能者。

我也在深深思考心中的“大先生”到底是什么样子的，谁是我心中的“大先生”呢？

于是，眼前浮现了一些熟悉的面孔：蔡元培、陈独秀在灾难深重的年代引领一代青年思想觉醒，鼓励他们缔造一个更加美好的时代；陶行知、徐特立一生躬耕教育，一生研究学生，为如何让学生成人、成才努力奋斗；张桂梅、陈立群等普通教师扎根基础教育一线，用爱与责任呵护贫困学子的求学梦……他们都应当称得上“大先生”。

何谓“大先生”？首先，“大先生”要大学问。大先生必有渊博的学识、宽宏的视野、高深的学问。在学校教育中，学生获取知识的途径多数从老师的教育中得来，教师站位有高度，学生的起点才会有高度；教师的视野有宽度，学生的视角才会有宽度；教师的思考有深度，学生的思考才会有深度。一位老师应该是一个知识的宝藏。古有孔子、朱熹，今有季羡林、叶澜，学富五车、著作等身，用博学和智慧惠及众生，赢得尊重，此为“大先生”。

其次，“大先生”要有大爱。“大先生”必定有仁爱之心，悲悯情怀，真正爱教育、爱学生。爱是教育的灵魂，没有爱就没有教育。汶川地震中，生死关头用自己的身体护住学生生命的谭千秋，诠释了师者大爱。十多年来忍着一身病痛，始终奔走在教学管理一线，把上千名农村女孩送出大山、送进大学，走向更广阔的人生，张桂梅用不悔的坚守诠释了师者的大爱，此为“大先生”。

再者，“大先生”要有大担当。坚守“为党育人、为国育才”的使命和担当，以“立德树人”为己任，培养品德高尚、素质全面、基础扎实、个性发展的社会主义接班人。“大先生”之大，首在胸怀，要自觉以强烈的家国情怀观照教育事业，将其升华为国家民族复兴的事业，把培养堪当民族复兴大任的时代新人铭记于心，甘当人梯、甘当学生发展铺路石。“国家需要，就是我们的使命。”受新冠疫情影响，全国小学生停课，响应国家停课不停学号召，全国教书育人楷模、清华大学附属小学校长窦桂梅主动承担起全国直播课录制任务，带着 358 名教师播出 1162 节直播课，创下 6.54 亿人次观看的记录。“家国情怀”让老师们以理想信念战胜了小我，以刚毅坚卓的意志品质跑赢了时间，此为“大先生”。

但，这样说来似乎“大先生”离我们太遥远，成为“大先生”是那些教育家们的事情。非也！只要心存大爱，胸怀祖国，不断学习，每个人都有可能成为“大先生”。即使成不了别人眼中的“大先生”，也一定会成为学生心中的“好先生”。

如何走向心中的“大先生”呢？

第一，加强学习，广泛涉猎，提升专业素养，丰盈自己的知识储备。教书育人，扎实的知识功底是基础。作为教师，知识更新要跟上时代的步伐，要着眼世界学术前沿和国家重大需求，学习新知识、新技术、新理论。紧扣时代脉搏，在自己的学科领域精耕细作、精雕细琢，坚持不懈、久久为功。

第二，热爱教育，关爱学生，滋养情怀，把助力学生成长当成毕生的事业。师者的大爱不仅体现在千钧一发之际的义无反顾，更体现在日常教育教学工作中的细致入微。大爱就是要着眼于每个孩子的全面发展、健康成长，因材施教、有教无类，用真情、真心、真诚对待每一个孩子，让每一个学生都能健康快乐地成长。积极挖掘每一个孩子的潜能，张扬每个孩子的个性，要让每一朵花都开放，不只是牡丹花；让每一只鸟儿都歌唱，不只是百灵鸟，要给每个孩子的成长搭建平台，成就每一个孩子的生命。

第三，坚守信念，立德树人，乐于奉献，培养肩负中华民族伟大复兴使命的下一代。学生正处于人生观、世界观、价值观形成的关键时期。他们的价值观正确与否，不仅关系到个人的发展，更直接关系到社会主义建设事业和中华民族的未来。教师要引领学生树立正确的人生观、世界观、价值观。我们要坚持党的教育方针，践行学为人师、行为世范的格言。“师者，所以传道授业解惑也”，“传道”是第一位的，教师既要精于授业解惑，更要以传道为己任，既是经师，更是人师。教师要不断提升自己的思政修养，树立高尚的师德师风，以身作则、为人师表，做学生为学、为事、为人的榜样，成为学生树立理想信念、刻苦学习、奉献祖国的引路人，把学生培养成德智体美劳全面发展的社会主义建设者和接班人。

教育，民族之命脉；先生，教育之魂魄。今日之学生就是未来实现中华民族伟大复兴中国梦的主力军，广大教师就是打造“梦之队”的筑梦人。国家繁荣、民族振兴、教育发展，需要千千万万个塑造学生品格、品行、品位的“大先生”。愿我们倾尽所能，向着“大先生”的目标努力前进！

## 用书籍点亮学生心灯，让阅读缤纷童年生活

### ——聊城市茌平区第二实验小学书香校园建设纪实

茌山脚下，金牛湖畔，有一座美丽的校园。这里绿树荫荫，四季如画；这里童声琅琅，书香弥漫，这里便是聊城市茌平区第二实验小学。建校以来，学校以“给学生最好的童年，给人生最坚实的起步”为办学理念，立德树人，培根铸魂，启智润心，着力培养“品德高尚、基础扎实、素质全面、个性鲜明”的阳光少年。这里是一座芬芳四溢的美丽花园，更是一个书香袅袅的醉人书苑。

**营造氛围，让书香氤氲在每一个角落**

学校充分发挥环境育人的作用，营造浓郁的书香氛围。近几年学校重新改造了教师阅览室和学生阅览室。教师阅览室50余平方米，订阅各种报刊80余种，新购进经典图书1000余册。室内环境典雅，书墨飘香，不仅成为老师们专业素养提升的加油站，更是休憩停歇的阅读港。学生阅览室近400平方米，藏书近200000册，分低年级段和高年级段两个阅读室，可容纳150名学生同时阅读。阅览室内，古典名著与时尚读物、儿童文学与天文地理、经典绘本与历史故事，种类繁多，学生自主选择喜欢的书目阅读，静静享受书籍带来的馨香与欢愉。

漫步校园，桃李路两旁的灯杆上，“学而不思则罔，思而不学则殆”“敏而好学，不耻下问”……一条条经典的《论语》语录举目可见；走进教学楼，廊道中的小小读书驿站比比皆是；每间教室内，都有图书角，这些书籍随手可以翻阅，亦可带回家品读。图书漂流，共读共赏，不怕丢弃，只愿赢得一颗热爱读书的心。

如今，不管是国槐树下、和合亭内，还是紫藤廊下，阅读的身影已遍布校园的每个角落，阅读习惯的养成渗透在每段光阴里。阅读已成为孩子们生活的一部分，对他们来说，阅读就像呼吸一样自然。

**纳入课程，与阅读有个美丽的约定**

生活需要仪式感，阅读同样如此。学校把阅读纳入校本课程，让学生每周都与阅读课有个美丽的约会。这场约会在阅览室里完成。选本喜欢的书籍，选个喜欢的姿势，正襟危坐或席地而读，零干扰、沉浸式地在书海畅游。

不仅如此，学校还开展了晨诵、午阅、晚读活动。全天候、三时段开展不同方式的阅读。每天早晨，入校后用经典诗词唤醒一日的阳光，日有所诵，诗声琅琅，诗词与童声汇成一曲动听的交响乐；午间饭后，学生在教室内阅读班级共读书目，默读品味，静心思索。偶尔也有交流、有碰撞、有心得；晚上，我们提倡亲子共读，让孩子们与爸爸妈妈一起读书，分享心动的瞬间，营造读书氛围，创建书香家庭。让书香与亲子的温馨飘在家的每一寸空间。

学校有课程，更有具体的内容。我们自主研发校本课程，学生每学期至少背诵30首，小学毕业至少背诵360首经典诗词；每学期推荐2本精读经典图书、4本泛读精品图书，小学毕业至少读72本优质图书，至少140万字的阅读量。除了整本书阅读，低学段还有绘本阅读课、中高年级还会结合语文教材进行1+X群文阅读。日有所诵，诵读出节奏韵律，让孩子喜欢阅读，感受音韵之美；群文阅读，欣赏语言之美，让孩子学会阅读不同体裁的文本，培养比较和鉴赏能力；绘本阅读和整本书阅读，则通过文字了解古今中外、文哲史地，引导孩子进行深度阅读，感受人文之美。阅读，对提升学生的核心素养有着不可替代的作用，与书籍相约，亲近阅读，亲近母语，便可培根铸魂、启智润心。

**师生共读，让书籍润泽生命共成长**

有人说，教育是一场师生共同成长的修行。所谓“教学相长”便指课堂是师生生命成长与发展的共同体。课堂是，阅读也是。教师应该是学生阅读旅程中的领航者与陪伴者。阅读对教师来讲不仅能够丰盈内心世界，而且能够提升自身的专业素养，为自己赢得职业尊严，成就自己的教育梦想。所以，学校倡导师生共读，积极培养“书香教师”，并采取了多种措施：教师购买的教育类书籍一律报销、为书香教师颁发书籍作为奖励、为书香教师提供更多的外出培训机会……为了培养教师的阅读素养，做好学生的领航者，我们也进行了很多探索、开展了很多活动：定期开展整本书主题教研；建构了好书推荐课、读书推进课、总结交流课三种整本书阅读课基本课型；每年进行整本书阅读课堂艺术评比；和本班孩子一起构建阅读“六个一”工程：精读一本好书、一份阅读交流课教学设计、一本读书笔记、一本诗词积累手账、一本《悦读·成长》、一份特色阅读材料；开展“阅读·实践青年教师读书沙龙”……

我们愿意让更多的教师做温润阅读的践行者，做学生阅读的领路人和指导者，带动更多人深耕阅读，通过阅读点亮一盏盏生命之灯。一灯照隅，万灯照国，相信我们阅读的星星之灯能光耀千家万户，点亮未来。

**立体阅读，“悦读阅美”成为生活常态**

阅读的最高境界是“悦读”，即享受阅读的乐趣，“悦”在阅中，是我们追求的目标。小学阶段阅读主体是儿童，做好阅读工程，更要有儿童立场，只有从儿童的角度出发，关注儿童需求，选择适合儿童的优质书籍，创造儿童喜欢的阅读方式，迎合儿童的口味，才能激发儿童的阅读兴趣，构建属于儿童的悦读场域。

近年来，学校开展了丰富多彩的校园读书文化活动：在每年四月份一年一度的读书节开展系列读书活动，如：清明节“致敬英雄”经典诗词朗诵会，评选最美书签，经典咏流传校园诗词唱诵比赛，评选书香班级、书香教师、书香少年、书香家庭等。我们还每年举办一届校园诗词大会，评选国学小名士；班级内还不定期开展读书交流活动，评选“最美阅读者”……各项活动的开展，激发了学生参与阅读的积极性。

为了进一步推动书香校园建设，从 2021 年 4 月开始，学校启动了核心素养视域下的立体阅读课程研究项目。立体阅读是指随着硬件终端设备的发展，从平面阅读载体进入立体数字阅读，是建立在传统阅读和现代阅读基础之上，将阅读的内容从平面的状态转变为动态的、纵向的、充满画面感的、参与式的、融入情节的、多元的阅读方式。它运用传统和现代的阅读手段将多人平面阅读成果整合起来，形成融合声音、影像和表演等多种展示方式的阅读。

“立体阅读”的内涵是大量阅读、立体运行，是“大语文观”的具体体现。所谓“立体”，一是指阅读者的多元化，学生、教师、家长全员参与阅读过程；二是指阅读空间的多维化，学生不仅要在教室进行阅读，还要在家中、图书馆、社区等进行阅读，拓宽学生的阅读空间，让阅读随时随地进行；三是指阅读形式的多样化，包括默读、朗读、吟诵、听读等多种阅读样态；四是指成果展示的多元化，包括读写绘、思维导图、讲故事、情景剧等多种表现形式；五是指阅读评价的多角度化，采用学生自评、生生互评、教师评价、家长评价四维多角度的评价，并结合学生的阅读成果展示材料进行多方位的整体评价。

通过“立体阅读”研究，我们建设了立体的校园阅读文化，构建立体阅读课程体系；拓宽了学生的阅读空间，从学校走向家庭、社区，进行全方位阅读，促进了学生阅读习惯的养成；多元的阅读方式，也让学生的阅读更贴近生活，让阅读生活化，生活阅读化；学校利用电子产品客户端打造听读课程，整本书与影视作品融合的高品质阅读课程，并通过教师的引领让学生掌握多种阅读工具和阅读策略，培养学生的阅读能力。书香流韵，厚学养德。我们将通过立体阅读全方位提升学生的核心素养。

幽幽书香，暖暖情怀。在袅袅书香的校园里，让每间教室都透着阅读的光，我们看见幸福、看见光芒。“双减”时代，我们更有理由相信：阅读能为每一个孩子播下一颗美好的种子。相信种子、相信泥土、相信岁月，借时光之手暖一树花开，让世间美好都能与阅读环环相扣。我们愿与孩子们一起，向着草长莺飞的世界出发！

# 主题阅读课随想

## ——“单元整合·群文阅读”课改手记之一

（一）

上午的第一节课我安排了主题阅读。

自己费尽心思精选的美文，今天终于发到他们手中了。感觉自己像个媒婆，牵媒拉线让他们与美文做第一次亲密接触，期待接下来有一场浓情蜜意的恋情。

看到他们俯身埋头，时而凝眉思索，时而微笑拂面，时而轻轻标注……仿佛他们面对的不是一张张纸，而是一朵朵散发馨香的花儿，任凭它的美丽与芬芳沁入心脾。放下了浮躁与轻狂，只剩下一份安静与温润，多么美好的一幅画面啊！

自己仿佛也沉浸在一片花海之中，静静地享受这份惬意与幸福，心底的满足感即将溢满胸膛，甚至插上翅膀冲上蓝天！期待中的语文课就应该是这样的场景——没有干扰，轻轻地捧卷而读，心随书动，徜徉在文字的天地，让书香渗入他们的灵魂。

韩兴娥老师说得对，“语文不是深掘一口井，而是广挖一片坑”“站在岸上教不会他们游泳，丢入海里自己就会扑腾”。如同初学话的孩子一样，放在语言环境之中，浸泡在文字里，才能让书香润泽他们的肌肤、浸透他们的骨髓、营养他们的生命。如今，总算可以给他们一片海洋，愿他们能够自由地游弋，快乐地成长！

真好！

只希望这样的课堂能多一节，再多一节……

（二）

时间轻轻流淌，转眼快到下课的时间，该分享读书收获了。

出乎意料，竟没有自己预想的那样精彩。举手愿意分享的学生寥寥无几，发言的几个也是蜻蜓点水，不尽如人意。曾以为像《春之怀古》文字中渗满诗意的文章，像《从百草园到三味书屋》这样充满童趣、自然流淌的语言，他们肯定是喜欢的。为什么出现这样尴尬的局面呢？这是个值得反思的问题。

难道是缺乏巡视指导？肯定有这个原因。我一直沉醉于学生们静心读书的氛围里，一直奉行“零干扰”的原则，希望他们能有更多收获，结果却事与愿违。是不是没有老师的督促，他们就少了深入思考的动力？

再者，是不是两篇文章学生读起来有难度？《春之怀古》文质兼美，但是表达的确深奥了些，《从百草园到三味书屋》本是初中的课文，鲁迅半白话的文章学生愿意读吗？读得懂吗？是不是我的选文太一厢情愿，忽视了孩子的认知能力和兴趣？

还有，读书的要求是不是再具体一些？比如标画关键词句，赏析片段和体味情感……给他们一副读书的拐杖是否可以有更多的收获？可是带着这么多的任务去读书，还会有读书的乐趣吗？

该不该带着功利性去读书？理解感悟、积累、运用、学习表达，当然不是阅读的目的，但是这是不是阅读过程中学生应该学会的一些技能？如何指导既能激发兴趣又能读有所得呢？

## 解开脚镣　自由舞蹈

### ——“单元整合·群文阅读”课改手记之二

今天进行了“单元整合·群文阅读”课改实验第三个环节的教学。曾以为，这是所有环节中最难操作的一个环节。但是，在实际的教学中我抛开了原来的预设，先让学生进行自主阅读，并将自己的思考、感悟、疑问做好标注，然后交流。孩子们的发言精彩纷呈，既有对课文的整体把握，也有对细节的深入剖析，居然取得了意想不到的效果。

在此撷取几位同学的精彩发言：

宗洪瑞：我谈谈对《只拣儿童多处行》一课的理解。第一自然段冰心奶奶描写孩子的语言，“……像从一个大魔术匣子里飞出一群接着一群的小天使。”这段话写出了孩子们的天真活泼、可爱无邪。

王庆哲：这段话也写出了冰心奶奶对孩子的热爱。因为她爱孩子所以才把孩子写得那么天真无邪。

邢皓天：这里我有一个疑问：冰心奶奶用那么多词句描写儿童的多，比如“闹嚷嚷”“挤出来”“一群接着一群”……为什么写多呢？

师：这个问题提得非常有价值，是啊，为什么会这样写呢？给大家三分钟的时间思考，一会儿我们交流。

刘德玺：因为题目是《只拣儿童多处行》，作者要照应题目。

王浩懿：文章结尾说“游人不解春何在，只拣儿童多处行”，写儿童多才能表现出春光烂漫。

（他们自己提出的问题自己解决了，老师不用多问。）

欣喜之余，我也在思考：为什么孩子比原来有这么多精彩的表现呢？

第一，放手给学生时间。充分让他们自主感悟，给他们自由发言、交流的机会，可以谈感悟，也可以提出疑问，只要给他们一个机会，他们将还你一个奇迹。

第二，关注学情，先学后教。遵循“先学后教，提高效率”的原则，学生能通过自主读书学会的内容，教师绝对不讲。只拿出学生不能、不会、不懂的问题进行合作探究。

第三，大胆对教材取舍。按照课程标准高年级年段目标的要求，以教材为例，一课一个训练点。只选取文章中最有价值的问题进行教学，再也不必面面俱到地将文章嚼到烂碎。尤其不必顾及考试，紧紧围绕“提升学生的语文素养”这一目标，教给学生方法、培养习惯、激发兴趣。

这样的教学有种“甩掉脚镣，自由舞蹈”的畅快感！

如何让学生在课堂也能更加欢畅地起舞？几点做法还要坚持：

一、教给学生标注的方法

a. 一支削得细细的铅笔，因为批注的字不能太大。

b. 把课文读透。

批注的内容：

①选择合适的地方。开头、结尾及一些重点段落旁边都是做批注的好地方。

②可以谈对课文内容的理解。

③可以谈对写作方法的感悟。

④抓住重点词语理解课文。

⑤一定要写出自己的真实感受。“一千个读者就有一千个哈姆雷特。”应如实写下自己读后的感受体会，所思所想。

⑥鼓励同学们质疑。如“光阴似箭，日月如梭”。这句话几乎人人会说，“梭”是什么？不理解就查词典。自己解决不了的问题，做好标记请教同学和老师。

二、教师做好巡视，及时发现问题及时指正

自主阅读并非放任自流，教师必须在巡视的过程中发现学生标注存在的问题。比如有的学生标注了一些没用的话，指导学生直接用关键词的形式标注即可；还有的学生追求标注符号花哨好看，把时间都浪费了；还有的学生关注不到文章的重点句子……这些都需要教师及时关注学情，做好指导。

课程改革任重道远，需要不断摸索、不断研究、不断改进、不断完善。

# 行在追梦的路上

语文教育于我来说，是一场美丽的梦。梦里有唐诗宋词，翰墨飘香；有风景如画，情意绵绵；更有书声琅琅，生花妙笔……如何带领学生畅游语文的奇境，我一直在追寻着。

——题记

**缘起——众里梦“她”千百度**

我从小就与教师这个职业结缘。爸爸是一名中学语文教师，小时候经常缠着他带我去上课。我喜欢看爸爸左手拿书，右手拿粉笔讲课的样子。他读书，学生也跟着读；他写字，学生也跟着写；他让谁回答问题，谁就会回答问题，仿佛他就是整个世界的领袖，那样的神圣不可侵犯。一个梦想开始在我的心里生根发芽——长大也要做一名教师。

19 岁那年，我如愿成了一名小学语文教师，欣然地走在梦想之路上，却发现教语文其实不是那么简单，我常常因为不知道怎么教而发愁。直到 2001 年第一次听全国著名特级教师于永正老师执教的《新型玻璃》，他那朴实幽默的教学风格、扎实有效的课堂效果、高超的教学智慧让我深深折服！尤其是于老“重情趣、重感悟、重积累、重迁移，重习惯”的“五重”教学理念，为我打开了一扇语文教学的窗户。于老师还告诉我们：“语文老师不是诗人，但要有诗人的气质；不是演员，但要有演员的技艺；不是画家，但要有画家的手笔……”我仿佛拨云见日，一下子茅塞顿开！“做一个像于老师那样的语文教师，像于老师那样教语文！”我开始筑造一个美丽的语文梦。

**执着——衣带渐宽终不悔**

有人说：“你的气质里藏着你读过的书，走过的路，爱过的人。”一个教师的课堂气质里更是如此。

我想，一个优秀的语文教师应该是博学的化身，应博览群书、博古通今、博闻强识。语文教学，需要“天地融合”，需要打通各学科知识间的坚实壁垒。语文老师，拒绝知识单一、拒绝自我封闭、拒绝“关起门来教语文”；语文老师，应该是语言的大师；语文老师，应诵读成景、出口成章、下笔成文。范读课文时，字正腔圆、抑扬顿挫、声情并茂，以极富感染力的语言引学生入情入境，令课堂情景交融；说起话来，语言生动、幽默风趣，表达连贯流畅、铿锵有力、掷地有声；写起文章来，更是洋洋洒洒、下笔千言、挥笔而就。语文教学，需要读写示范，需要艺术性的表达。语文教师，拒绝平淡枯燥的言说，拒绝语言干瘪词汇贫乏的表述，拒绝写文章时挤牙膏式的捉襟见肘。语文老师，还应该是学生的导师，是学生心灵的挚友，最富有人文情怀，最善于倾听学生心底的声音。语文老师，能理解学生的学习需求，能准确把握学生学习的“最近发展区”，使教学真正做到以学生为中心；善于把课程目标与学生学习实际巧妙结合，科学设置适合学生发展的阶段目标；深谙学习心理，科学履行“平等中的首席”的职责，巧妙捕捉课堂中学生语言、思维、情感生成的瞬间，灵活引领，开启学生思路，点亮学生心灯。

“操千曲而后晓声，观千剑而后识器。”语文教师的博学与智慧，来自大量的阅读和丰富的积累，通过阅读积聚“胸藏万汇凭吞吐”的能量。为此，我开始广泛涉猎语文学科专业的书籍。《教海漫记》《于永正课堂教学精粹》《名师教学艺术》……沐浴在文字的馨香中，也浸润在名师的智慧里。这种智慧砥砺着我的思想，启迪着我的灵感。同时，我努力为自己争取外出学习的机会，于永正老师是聊城市特邀的骨干教师培养专家，每学期到聊城培训一次，每次我都争抢着前往。听说山东省优质评选在泰安举行，我毅然给 8 个月的孩子断了奶，到现场聆听；耳闻山东省名师课堂展示活动在淄博举行，我立刻申请领导批准去观摩。几年来，青岛、潍坊、南京……只要听说有名师授课的地方，我都留下了足迹，不仅当面与名师零距离交流解决疑惑，还把买回来的录像课一遍遍观摩，咀英嚼华，甚至名师们的举手投足、眼神、语气我都反复揣摩。一路走来，我且行且思，网罗名师的智慧，教育思想逐渐丰盈。

“纸上得来终觉浅，绝知此事要躬行。”为了磨砺自己迅速成长，我不放过任何一次锻炼自己的机会。2002 年 4 月我参加了茌平县优质课评选，由于成绩突出被推选参加聊城市优质课的评选。机会难得，我特别珍视，从接到通知的那天起，就绷紧神经开始了“磨”的煎熬。除完成正常的教学任务外，我几乎把所有的精力都用在了备课、磨课上。星光璀璨，我挑灯夜战，为突破一个难点，曾几次累得困倒在沙发上，冻醒了，起来再战；晨光曦微，我闻鸡起舞，对着镜子说好每一句话，练好每一个动作；每次试讲我都把语文老师一一请来听课，详细记录他们的点评，再认真修改教案。还记得那一次，学校邀请我们县教研室的老师来听课指导，我竟因为过度紧张和体力不支晕倒在了讲台上。校长把我扶进办公室，心疼地说：“这孩子，太累了！”他为我倒了一碗红糖水。喝下后，我稍事休息，又站在了讲台上。在专家的引领和自己的努力下，我最终以巧妙的设计和良好的课堂驾驭能力受到评委的好评，获得了当年聊城市优质课一等奖。

毛毛虫只有经过蛹的痛苦蜕变，才会破茧成蝶。我的表现受到了时任县教研室侯文明主任的认可，他开始推荐我执教市、县的观摩课。每一次他都悉心指导，甚至亲自示范。每一次的磨炼，我都会有拔节似的成长。2007 年我被评为聊城市教学能手，2009 年在市县教研室的推荐下，我光荣地成为于永正老师的弟子，并在拜师会上执教《掌声》一课，得到了于老师的亲自指导。于老说：“教语文其实很简单，读好书、写好字、做好文，简简单单教语文，扎扎实实求发展。语文教学的目的就是提升孩子的语文素养。”于老高尚的人格魅力和卓越的教育智慧深深影响着我，我感到自己追梦的脚步越来越铿锵。

**拔节——咬定青山不放松**

我特别喜欢听名师讲课，每每听到名师的好课，我都会细致整理，存放起来，逢到赛课或执教公开课，便可拿来为自己所用。名师们深入的文本解读，新颖的教学设计，总能让我在课堂上表现得神采奕奕。照搬名师的设计让我尝到了不小的甜头，我沉浸其中有点乐此不疲。然而，那次执教公开课的经历让我彻底醒悟，断了这个念想。

2008年，我接到通知要在市小学语文教学研究年会上执教一节观摩课。幸好，刚刚在南京听过陈志明老师的《黄鹤楼送别》，他凭着巧妙的教学设计、扎实的教学基本功获得了全国苏教版教学大赛的特等奖第一名。翻开当初记得详详细细的听课实录，我心中暗暗窃喜。开始试讲了，我努力模仿着陈老师的每一句话甚至每个动作，课堂效果很不错。除了几点小毛病之外，听课的领导和老师很是满意，没有人知道我是剽窃了别人的成果。

研究会上，我继续陶醉在自己"克隆"的课堂上，尽管学生的表现不是很"配合"，但精妙的设计还是为我赢得了不少的掌声。评课环节到了，我得到了许多赞誉之词，直到一位老教师站起来，诚恳地说道："王老师独具匠心的设计、艺术性的引导、扎实的教学基本功的确是青年教师的典范。但衡量一节课好不好，我们不应只看教师的教，更要关注学生的学。在这节课中，学生一直处于被牵制的状态，学得很被动。原因有两点：一是教师太过强势，压抑了学生表现；二是纯粹模仿别人的教案，而没有参透教学设计的真正意图，导致课堂无精彩生成。"这位老师直言不讳地切中我的要害，顿时我只觉得自己的脸热辣辣的，恨不得马上将自己掩埋起来。他顿了顿又接着说道："给青年教师提点建议：模仿是一种学习，但一味地模仿永远没有出路，年轻人要敢于穿自己的鞋，踏出一条属于自己的路子来。"

台下掌声雷动。他说话的声音不大，但字字敲击在我的心上，让我惊醒。一直在疑惑，为什么每次用名师的教案却不能得心应手，收效甚微？原来是我照搬了教案，却没有悟出其中的真谛。穿了别人的鞋，走了一条稀里糊涂的路而已。

模仿是最初的学习，真正的学习者要知其然还要知其所以然，参透其中的精髓，为我所用。人，是会思考的芦苇。每一位教师都是独特的自己，放弃对别人的依赖，形成自己的独立教学风格，才能为真正的自己！痛定思痛，我在借鉴原有教案的基础上根据自己对文本的理解，重新设计了《黄鹤楼送别》一课。2010年10月我携这一课参加了《小学教学》杂志举办的全国魅力课堂大赛，获得了一等奖。以后执教的每一课，少了照搬，多了思考；少了模仿，多了创新，更为自己增添了一份自信。十年磨一剑，砺得梅花香。我先后参加了山东省优质课评选、全国魅力课堂大赛、中央教科所全国第十三届优质课大赛，均获得优异成绩，逐步形成了自己"简约、质朴、扎实、有效"的教学风格，在我们市的小语届渐有名气，多次执教县市级公开课、观摩课。

公开课的课堂让我收获了不少赞誉，但我总觉得自己的语文教学似乎缺少了些什么，特别是自己被确定为"第三期齐鲁名师建设工程培养人选"以来，总觉得自己的才学、研究与这个名誉相差甚远。我开始更多地思考如何突破自己的教学瓶颈，如何真正提升学生的语文素养。好长的一段时间里我躲进了自己做的茧房，夜难安寝，食之无味，为自己找不到突破口而惴惴不安、魂不守舍。

偶然的一次机会，我到潍坊参加韩兴娥老师海量阅读年会，亲眼见证了什么是海量阅读。韩兴娥老师的课堂没有什么匠心独运的设计，没有激情慷慨的语言，也没有任何雕琢的痕迹，平实得就像普通教师的常态课。她就是引领着孩子们“读一读这一页，大声读。”“把这段话背过。”“说一说你的感受。”“由这段话你想到了什么？”“谁有不同的看法？”如此几个问题反复出现，简单得不能再简单！可“韩师弟子”们在课堂上朗读得声情并茂，谈感悟能出口成章，辩论起来有理有据，文章写得更是妙笔生花……惊叹之余，彻底颠覆了我的语文教学观！并不是课堂教学设计的精巧，而是海量语言文字的“浸泡”与训练，让“韩师弟子”的语文素养达到常人不可企及的高度。

终于，我意识到语文的魅力不应该只展现在公开课的课堂上，更应该体现在每一节常态课中；语文教师的魅力在于教师怎样教语文，更在于教师教怎样的语文，而语文绝不仅仅是指教材。叶圣陶先生说“教材无非是个例子。”语文教师利用好教材这个例子，让学生习得语文学习的方法，培养学习语文的兴趣，引导学生进行大量的语言文字的实践，让语文课程回归“学习语言文字的综合性、实践性课程”的本位。我仿佛在混沌中苏醒，明确了自己努力的目标和方向。从2016年那个明媚的春天，我尝试从教材突围，开始了“单元整合·群文阅读”的语文教学改革实验研究。

“单元整合·群文阅读”实验研究打破教材中单篇教学的模式，按照题材或者体裁把课文进行单元重组，按照“识字过关课”“单篇精读课”“群文阅读课”“朗读展示课”“积累展示课”“综合实践课”六种基本课型完成单元的整体教学。单元整合课比原来的单篇阅读教学更注重单元知识和能力的联系，单元目标更加简明、突出，教学过程更注重学生学习方法的指导和学习习惯的培养。学生从“单篇精读课”上习得语文学习的方法，在“群文阅读”课上自主阅读，进行阅读能力的实践。单元整合教学相对原来的单篇教学，缩短了教材教学的时间，学生可以有更多的时间进行阅读、写作或其他语文实践活动，学生的语文素养在潜移默化中得到提升。

“单元整合·群文阅读”的教改实验让我对语文教学研究的视野从语文课堂扩展到语文课程上来，从如何设计一节语文课，到如何构建开放的语文课程体系，带领学生在语文课程里学习语文、享受语文。如果说单篇阅读是我们脚下耕种的一畦麦田，那么“单元整合”课程便是整片田野，田野里有麦子、也有玉米、稻谷和青菜，四季耕耘收获，学生在丰富的实践中历练能力，收获五谷杂粮，汲取多元营养。

**严谨——沉谋研虑细推敲**

研究语文教学的同时，我还尝试着做经验的积累和理论的研究。平日里我喜欢读书，尤其是教育报刊，看别人的文章多了，自己也试着写一些论文、随笔向杂志社投稿，可是几次下来都泥牛入海——杳无音信了，为此失落了很久。直到2009年我有幸成了于永正老师的弟子，何不让于老师指点迷津呢？于是我将写好的一篇文章通过电子邮箱发给于老师，希望他能给我提出点建议。

原以为于老师简单批阅几句就算了，没想到两周后我收到了于老师寄来的信件。在同事们羡慕的目光中，我打开了信封，顿时惊住了：三张纸密密麻麻写满了于老师的批注。删去了烦琐啰唆的句子、改正了不恰当的用词，小到一个标点符号都没有放过。文章的末尾还写下了一行字：“请仔细揣摩我修改的每一个地方。为什么这样改，好的文章是改出来的，你缺少打磨的工夫。文章修改后可试投杂志社。”如此精细、如此严谨。如果不是看到老师的修改，我真不知道文章中有这么多的错处。就在那一刻，我一下子明白了文章不能发表的原因，更找到了自己与名师之间的差距。

做学问来不得半点马虎，必须有刻苦钻研、精益求精的态度。我开始以更加严谨的态度对待自己的工作，渐渐学会了斟词酌句，学会了往细处探究，这封信将会是我永远的珍藏，它将时时在教育教学之路上鞭策、激励我。就这样，一路走来我边思边研边实践，不断总结提升，已经有十几篇论文公开发表。

语文教育于我来说，就是一场美丽的梦。逐梦而行，一路欢歌，沉醉其中，不知归路。且行且思，且享受语文教育带给我的幸福。

## 让“生成”成为意外的精彩

这节课我执教《半截蜡烛》。

通过自读，学生充分地领悟到保护好这支藏有情报的蜡烛对于伯诺德夫人一家的重要性。我和学生似乎与伯诺德夫人一家一起参与到这场没有硝烟却令人窒息的战斗中。

伯诺德夫人看起来镇定地“一吹”、杰克轻轻地“一端”，都没有熄灭蜡烛，“烛光摇曳，发出微弱的光，此刻，它仿佛成了屋子里最可怕的东西，伯诺德夫人的心提到了嗓子眼上……”我看到学生们有的眉头紧锁，有的咬紧嘴唇，那根系着千钧的细发，轻轻一触，灾难和厄运就会降临，后果不堪设想。杰克没有端走蜡烛，却依旧从容地搬回了木柴，默默地坐着。我不禁发问：“小杰克的计划落空了，看起来他从容不迫，心里却波澜起伏，此时，杰克心里可能会想什么？”

一位学生说：“杰克可能会想，自己是家里唯一的男子汉，却没有保护好母亲和妹妹，为此而感到深深的自责，同时他也在想新的办法熄灭蜡烛，保护情报。”

回答在预设之中，我点头默许，还没等我评价，李鲁同学“腾”地站起来：“杰克可能会想：我真想到厨房拿把菜刀，砍了这三个德国鬼子！”他的脸因为激动而涨得通红，一副疾恶如仇的样子。

学生被他突如其来的回答搞蒙了，随即一阵哄堂大笑。刚才创设的紧张气氛全被他搅没了，不满，甚至有一丝埋怨涌上我的心头。幸好接下来学生的回答在预设之中，否则我真不知该如何收场。最后，课堂也随杰奎琳成功地端走蜡烛而化险为夷。

回到办公室我反思这节课，总觉得有些遗憾。不禁想到了李鲁，他说得有错吗？杰克一家人对德国人仇恨无比，一心为把他们赶出祖国而拼死努力，而且在当时德国军官凶狠的斥责下，杰克不会有这样的想法吗？完全会有的。李鲁同学完全把自己“摆”进去了，这一点是多么可贵呀！如果当时我顺势来一个“但是……”再让他们自己去感悟，那该多好哇！他和全班同学一定会真正地感受到杰克和杰奎琳小小年纪就能面对危险沉着、镇定，毫无惧色、从容不迫地应对突变，感受到此时只能智取，而不能鲁莽行事。这样一来，学生心中的人物形象岂不更鲜明、更深刻？

学生的思维是活跃的，教师再完美的预设都不可能涵盖学生灵动的、富有生机和活力的思维之花，这就要求我们善于捕捉课堂上预设之外的“生成”，使它成为课堂上一道亮丽的风景线。

## 静待花开

窗外新植了一株海棠，听办公室的陈老师说这海棠能开多层花，花开时层层叠叠，粉瓣黄蕊，挨挨挤挤地排在花枝上，很漂亮。我是爱花的人，心想：当这一树海棠云霞般开满窗前，引来蜂嘤蝶舞，该是一幅多么生动而富有诗意的图画啊！我陷入美好的憧憬中……

日子一天天流逝，时常会看到有人来给海棠浇水，呵护有加。但两周过去了这株海棠依然没有发芽的迹象，与刚植时似乎没有什么变化。看到校外公路旁的海棠、樱花早已绽芳吐蕊、花事纷繁了，我不禁想：也许这个春天它不会开花了吧。

“老师！老师！齐翠萍把汉语拼音方案的音序、大小写转换都学会了。”正想着，明慧兴冲冲地跑到我跟前，她红扑扑的小脸真像一朵盛开的海棠花。

“也就是说，所有的汉语拼音她都掌握了？”

“是的老师！”明慧使劲地点头。

“太好了！谢谢你！”

明慧乐颠颠得像一阵春风又旋回了教室。

齐翠萍是个基础很差的孩子，刚升入四年级时，教过她的老师见她分到我们班，冲我撇撇嘴，手一摆：“你不用管她，不知道是我笨还是她笨，三年我愣没教会她汉语拼音。”

上了几节课，证实了那位老师的说法，汉语拼音她完全没有掌握，一句简单的话她都读不下来。水平不比一年级的孩子高多少。上课时她很乖巧地坐在那里，一言不发，似乎课堂与她无关。课下与她简单交流了几句，看得出她并不是智力有问题的学生。

这样的学生怎么办？别的老师三年教不会的知识这一年我能教会她吗？可是就这样放弃吗？看起来她是个挺懂事的孩子啊！“驽马十驾，功在不舍”“锲而不舍，金石可镂”。在苦苦纠结中我决定：就算是一块顽石、朽木，我也要慢慢地磨，细细地雕。随后我给她制定了详细的课外补习计划：清晨课前、午间、放学后、双休日从最简单的汉语拼音开始，循序渐进，总会有成果的。除了我之外，又安排了几名学生结成帮扶小组，同心协力对她进行“恶补”。

我们不得不承认学生在某些方面是有差异的，四年级的孩子居然一天学不会3个拼音字母，帮扶小组的同学近乎绝望地告诉我：“我们实在教不会她！”

“3个字母学不会就教2个，2个学不会就教1个，慢慢来，别着急，耐住性子。”我这样安慰学生也宽慰自己，并且提醒学生：“记得不要打击挖苦，多表扬、多鼓励。”

时间一天天过去，我们的功夫没白费，一学期下来翠萍已经掌握了汉语拼音的读写，完全能够独立识字了。为防止她寒假遗忘，我们又扩大了帮扶小组的成员，组织邻近的同学到她家里去辅导。现在她已经能读通课文了，最近几天又捷报频传：

“老师，齐翠萍把第10课的课文全背过了。”

“这次听写词语齐翠萍对了8个词。”

“齐翠萍已经背过35首古诗了。”

“齐翠萍的作文这次写了160字。”

……

尽管她还不能像别的孩子那样流利地读课文，不能像别的孩子那样顺畅地表达，也不像别的学生有这样或那样的特长，但是每天我能看到她一点点成长，听到生命拔节的律动，还有什么比进步更让人欣慰的事情呢！

我坐在铺满阳光的窗前，肆意地享受着这三月的温暖。蓦然间看到海棠的芽苞里挤出了些许的粉色……

花开花落，有早有迟，只要有和煦的阳光，花期总会在等待中与我们相遇。孩子也一样，给予她温暖的同时，再多一点耐心的守候，不焦躁、不放弃、不抛弃，她定会在某天让我们邂逅不一样的美丽。

（此文2013年5月发表于《山东教育》）

# 当学生说“我欣赏白骨精”

《三打白骨精》是学生比较熟悉的故事，所以讲课文时，我一改过去创设情境的做法，放手让学生根据文本内容，抓住关键语句去分析文中人物的性格特点。在经过积极的思考和热烈的讨论之后，学生的发言令我大吃一惊：他们不仅发现了孙悟空的神通广大、机智勇敢、考虑周全，体会到白骨精的凶残、贪婪、诡计多端，而且分析得有理有据，说得头头是道。

提到白骨精的诡计多端，按照预设我继续追问：“既然说白骨精‘诡计多端’，那么她到底用了哪些伎俩呢？”在稍许的思索之后，学生居然谈出“美人计”“苦肉计”“借尸还魂计”“挑拨离间计”……我不禁为自己的巧妙设计而沾沾自喜。

课堂接近尾声，我问学生：“故事中出现的这几个人物，你比较欣赏哪一个？”

齐彤第一个站起来回答：“我比较欣赏白骨精。”

白骨精？我不禁愕然！就是那蛇蝎心肠、作恶多端、以人为食，三次害唐僧不成，被孙悟空打死的白骨精？而孙悟空神通广大、有勇有谋、疾恶如仇，对师父忠心耿耿，是公众尤其是孩子们最喜欢的人物形象，为什么不欣赏他而欣赏白骨精？尽管现在有人把工作出色、事业有成的“白领”“骨干”“精英”简称为“白骨精”，但这充其量是一种巧合，学生也未必知晓这种说法。是因为学生对孙悟空太熟悉，有了审美疲倦，还是学生有意标新立异、哗众取宠？

“能说说你的理由吗？”我问。

“因为白骨精足智多谋，为吃唐僧肉用了美人计、苦肉计、挑拨离间计等一连串的计策，让神通广大的孙悟空也奈何不了她，打了三次才打死，所以我比较欣赏她。”

“哦，原来如此，其他同学还有欣赏白骨精的吗？”

居然又有三位同学举起手来，而且他们的看法和齐彤不谋而合，甚至周迪同学还补充了一点：“因为白骨精很执着，为吃唐僧肉屡败屡战，锲而不舍。”

说到这里，我不得不反思自己的教学，是什么导致学生欣赏甚至崇拜一个“妖孽”？在以往的教学中，我一直遵照《语文课程标准（修订版）》要求，尊重学生的独特体验和个性化理解，鼓励学生对文本多元解读，难道是太放纵他们的思维？还是在本课的预设中过多地引导学生分析了白骨精的“诡计多端”，而使学生产生了一种错误导向？当学生的个性理解遭遇到道德冲突时，我们应该怎么办？批评和否定肯定会打击学生的积极性，何况他们有自己的理由。

堵塞不如疏导，于是我说：“你敢于发表自己的见解。但是大家想一想，白骨精身怀绝技，善于变化，可是她不用计谋和法术维护正义，为民造福，却费尽心机作恶害人，这样的行为、这样的人还值得欣赏吗？”在经过思索和讨论之后，学生认识到：“拥有非凡的智慧和高超的本领的确令人钦佩，但是如果智慧和本领用在邪门歪道上，那就会受到别人的鄙视和唾弃了。”

《语文课程标准（修订版）》的教学建议指出：“重视情感、态度、价值观的正确导向，培养学生高尚的道德情操和健康的审美情趣，形成正确的价值观和积极的人生态度，是语文教学的重要任务。”如果在教学中仅仅做到“珍视学生独特的感受、体验和理解”而忽视了情感、态度、价值观的正确导向，老师就失职了。

（此文 2011 年 2 月发表于《语文报》）

## 都是字数惹的祸

本次的习作，我让学生写了三遍。都是字数惹的祸！

**第一遍，天马行空，我行我素**

习作的要求是认真观察一种小动物，写出外形及动作的特点。因为本单元所学的课文《金蝉脱壳》《变色龙》等都是极好的习作范文，在学习课文时已将表达方法渗透其中，所以并未做太多习作前的指导，只是要求学生写出自己熟悉的动物的特点，完成一篇习作，限时 40 分钟。

“老师，写多少字？”每次习作他们总是最先关注字数，字数仿佛一把牢牢的枷锁让他们厌恶不已。这样的文章对于五年级学生还不是小菜一碟，何必再用字数来束缚？

我的手一扬：“不限字数！”

“耶！”震耳欲聋的欢呼声差点掀起屋顶，似乎他们甩掉了一个多大的累赘。

“但是，一定要有细节的描写哦！”我必须得提醒一句。

“没问题！”他们得意的脸上似乎掠过一丝狡黠。我心里不免担心起来。

时间未到，孩子们已经陆续交上习作。然而 300 字的标准稿纸多数学生只写了一张，什么外形、特点，一概匆匆带过，毫无生动形象可言——我认定，这就是没有字数限制的结果。

**第二遍，亡羊补牢，为时未晚**

“没有字数的限制，你们写得也太少了吧！不够 400 字的一律重新写，字数不够，不许交！”

教室里留下一地深深的叹息……

半个小时过去了，瞧瞧这些孩子吧，有的蹙眉撇嘴做着向 400 字最后的冲刺；有的紧咬着笔杆，似乎写不够字数恨不得把笔嚼碎；更多的是像一年级小孩子似的，用食指指着数字数……唉！也确实为难这些孩子了，心里不免泛起一丝愧疚。

两张作文纸果然都写得满满当当，看来有字数要求就是有效啊！我不禁暗自窃喜。

可是，再次细细审阅学生的作文，还真不是那么回事。第一次作文的问题仅仅是描写不够具体生动，而第二遍文章则是文不对题，好多内容与中心毫无瓜葛，谋篇布局出现了严重的偏差。明显是在凑字数。

唉！都是字数惹的祸呀！

**第三遍，改邪归正，弃暗投明**

痛定思痛，我细细分析了这次习作失败的原因。除了“字数”的因素，一个很重要的原因是学生们还没有掌握到本次习作的要领和方法，而这跟我之前的零指导有很大的关系。我高估了五年级孩子的习作能力，其实他们还从未真正写过此类文章，必须有一个先扶后放的过程。就这篇文章而言，零指导是一种失职。

先把学生的习作细细翻阅一遍，找出中心突出、文题相符、谋篇恰当且描写细腻生动的几篇文章打印出来给学生赏析。或许同伴的文章更能引起孩子们的兴趣，他们对范文研究得特别专注投入。或圈点，或标画，有的孩子读到精彩之处竟情不自禁地笑出了声……见时机已到，我及时引导他们展开讨论，这些文章在谋篇布局、外形描述、生活习性等方面的描写有哪些值得借鉴的地方？

没想到他们分析起来居然也头头是道，从总分总的结构谈到前后照应，从比拟的修辞谈到细节的描写，从狗狗的萌态可爱说及溺宠的心情。原来他们也是懂得赏析的！

大肆表扬了他们的文学鉴赏力，然后告诉他们，“不必羡慕别人，只要用心，你也可以写出更好的文章。想不想试一试？”

“好！”这一次的呼声又差一点掀开屋顶。

“老师将继续把精彩的文章打印出来让大家赏析，开始动笔吧。另外，提醒大家，这次咱不谈——字数！”

台下响起了持久的掌声！

我轻声漫步在教室，看着他们表情轻松，笔走如风，想必一篇篇如花的美文正在悄然盛开……

## 多站在孩子的角度来考虑

### ——由习作命题所想到的

本次习作的主题是：《__________，我想对你说》。可以写心中的感谢、委屈、小秘密……没有倾诉对象的限制，也没有内容的拘束，是一个经典的命题，也应该是一篇比较好写的文章。

没想到，明确了写作要求之后，学生们又是挠头，又是牢骚。这个说：“老师，我没什么可写的，没有委屈，也没被误解过……”那个说：“老师，我也不知道写什么。”一脸的无奈和委屈。

“怎么会没什么可写呢？可以表达一下对父母的爱，对别人的感谢，也可以发泄一下心里的委屈和不满。写出自己的真实想法就行，快写吧！”

在我的再三催促下，他们才开始动笔。在巡视过程中居然发现很多学生根本就是仿袭课本上的例文——考试考了高分，发下来后发现有一个错题老师没发现，但是因为虚荣没有承认错误，借此机会来坦白。

难道他们真的没有其他的想法吐露吗？

回到办公室和冯老师谈起这次习作。他说班里学生写得挺好，大多数学生流露出了真情，他给学生命了两个题目：《做个小孩不容易》和《假如我是家长》。对比一下，这两个题目是从学生与家长之间普遍存在的矛盾冲突来命名的，比起《__________，我想对你说》选取的角度更小，更贴近学生的心态，更能刺激他们表达心声的欲望。看来冯老师更了解学生的心理特征和习作需求。

晚上，恰逢女儿的作业是写一篇日记，正犯愁找不到题材，我就把冯老师的两个题目推荐给她。没想到不到半个小时她就乐颠颠地跑过来，感谢我出的题目简直太好写啦！我拿过来看了，果然不错，行云流水，直抒胸臆，把她埋在心中的小烦恼、小抗议表达得淋漓尽致。

看来，这习作的命题真是一门艺术。

命题习作中，学生最困难的就是找不到合适的题材，所以会出现编造的情况。如果我们在命题的时候多站在学生的角度来思考：什么样的题目会让他们明了意图，有话可说？什么样的作前指导会更贴近他们的情感体验，使之愿意倾吐？什么样的引导能让他们感觉习作很简单，就是表达自己的心声、与别人交流想法而已？

不仅是作文命题，阅读课上也经常会出现教师抛出问题后学生一头雾水、一脸沉默、冷场尴尬的局面，归根也是由于教师的问题指向不够明确，含糊不清，才致使学生无从回答……

古人言："教不严，师之惰。"而当孩子们不能、不会的时候，我们往往会抱怨他们的愚钝无知，却很少反思自己教的方式是否正确。如果，我们能更多地站在学生的角度来考虑，把复杂的问题简单化，给理性的问题加点感性色彩，让成人的思维儿童化，抽象的思维具体化，为学生提供更丰富的学习资源，选择更合适的教学策略，相信教与学一定会变得更加轻松！

# 细节处见真章

## ——与周黎明老师的对话

今天，周黎明校长走进我们班“推门听课”。因为他是我敬慕已久的第二届齐鲁名师，被他“检阅”，心里一阵紧张。

恢复心情，开始按照原计划上课：先让学生默写昨天学过的古诗两首，再学习《练习》，让周校长听了一节最常态的课。因为刚接这个班，对学生的情况不是很了解，学生对我的授课方式也不适应，一节课下来感觉自己絮絮叨叨，讲个不停，却成效甚微。

“周校长，这节课我上得真啰唆！”课后没等他批评，我先承认自己的不足。

“是啊，怎么这么多话呢？”他的眉头微微一皱，便开始了深入地剖析和指正。

首先，肯定了这节课的优点：关注了基本知识、基本能力和基本习惯；注重学生自我评价和自我欣赏的能力培养。然后中肯地提出了建议：

“第一，要关注学生，尤其要关注学生听课的感受。比如，默写古诗的环节，为什么明明要求学生按照古诗的格式默写，却有这么多学生做不到，即使后来老师三番五次地提醒、叮嘱，仍然有学生我行我素？”

“他们精力不集中，没听清楚要求呗！”我总习惯性地把教学不成功的原因归结到学生身上。

“不是，是老师的要求不到位！”

怎么会？整个听写的过程我至少提醒了四遍！

周校长顿了顿又继续说道：“我们回忆一下，首先你要求学生默写古诗，然后学生拿出纸笔开始写，然后你说‘注意按照古诗的格式写，题目下方注明作者和朝代’。这个时候，学生的精力已经全在默写古诗上了，根本就没听到你说的内容，自然也不会按要求做。这个时候应该怎么办？这样要求学生：‘同学们，都把笔放下，听清要求——按照古诗的格式默写，题目下方注明作者和朝代。’当所有的学生都集中精力听的时候，你的要求才是有效的。否则，你后来再千叮万嘱也是无效。”

顿悟！对学生的关注不仅指对他们学习结果的注意，还有对他们学习过程，尤其是学习态度的关注，做及时有效的提醒，语言简洁、规范、指向明确。而这，需要教师明察秋毫、关注细节，更需要教育的智慧！

“第二个建议，要尊重学生。尽管在课堂上，你的笑容灿烂，评价、鼓励及时，课堂气氛看起来很融洽，但是学生回答问题的积极性却不是很高……”

“是啊，我正着急呢，这是怎么回事呢？”

“我们来刨刨根源。学生的心是很敏感的，他们能很敏锐地觉察到老师是不是真正喜欢他们，然后他们也会做出相应的反应。课堂上，你的语气还是稍微生硬了些，比如：‘把练习本拿出来’‘坐下’，尽管你压抑着自己的着急，学生们仍能感受得到老师有些着急，所以他们就不敢再举手展示自己了。如果，你能在这些要求前面加一个‘请’字，‘请你……’效果会大不一样，可以试一试。还有，不要代替学生回答，给学生一点时间他会说得很好，学会追问，而堵塞了语言，往往就会堵塞能力，堵塞兴趣。”

一语惊醒梦中人！学生不能积极参与课堂是教学中常有的事，我也试着溯本求源都无功而返，无能为力的时候就会想办法诱惑，或者逼迫学生举手回答，不知伤害了多少无辜的心灵。其实，根本原因就像周校长所言，没有放下师道尊严的架子，没有真正从心底里爱他们、呵护他们，更多的是指责和呵斥，就这样让学生渐渐疏远了自己。爱学生，就蹲下身子，平等地和他们交流；爱学生，就研究学生，以一颗童心走近他们，他们才可能走近我们，才能抵达师生和谐的境界。周校长已经到达了这样的境界，而我，还在路上……

“第三，教学中要注重培养能力的过程，不要追求形式。如，让学生默写完自主修改，这一点很好，是培养学生自我修改能力的过程，但是，效果不好。原因是没有指导学生如何修改，如何发现自己的错处。没有过程的指导，没有结果的督促，只能流于形式，效果全无。另外，还要注意一些教学中的细节，如要直接指出学生回答中的错误，不要用‘好像不太正确’这样含糊的语言，要学会做学生语言的医生，这也是语文老师的基本职责……”

听君一席话，胜读十年书！

与名师对话，聆听智慧。从听课到评课短短一个小时的时间，收获的不仅是数十年的教学智慧和思想，还有一位教育家的厚重与博爱。真正的教育者，不仅要仰望星空，心怀理想，更要脚踏实地，做好研究；不仅要对学生心存真诚，更要对教育心怀赤诚。

“要路愈远，幽行为迟”，风景在远方，鲜花在两旁，而我在路上……

## 甜甜的棒棒糖

每当看到孩子们手里拿着的五彩斑斓的棒棒糖，我眼前总会浮现出晓辉那张灿烂的笑脸。

晓辉是我班上一个略带忧郁气质的男孩子，学习成绩中等。他不太喜欢与人交流，总是安安静静地坐在自己的位置上，乖巧、安分，像一棵长在墙角的小草不为人注意，从未在班里掀起过半点波澜，以至常常让人忽略他的存在。直到有一天，他竟成了班上的焦点。

那是开学不久的一个午后，我发现班里很多孩子手里都拿着一根棒棒糖。他们叽叽喳喳地告诉我，棒棒糖是晓辉分给大家的。我朝晓辉的座位望去，果然见他手里还攥着几个棒棒糖。他抬头撞见我的目光，赶紧把糖放进抽屉里，腼腆地低下了头。奇怪，从来波澜不惊的他怎么会掀起一阵“糖果飓风”呢？我不禁心生疑惑。

下午上课时，我再次发现了晓辉的异常表现。

往日，面对我的提问他很少举手，即便举手也是象征性的，手略高于桌面，小脑袋低低地垂着，眼睛从不敢和我对视，唯恐被叫到的样子。可现在——他挺着小胸脯，把小手举得高高的，还不停地晃动着，像极了迎风招展的旗帜，生怕我看不到他似的。一双小眼睛兴奋又有点儿怯怯地望着我，那闪动的光芒中饱含着无限的渴望。我微笑着点了他的名字。

不出所料，晓辉回答得非常好，我也毫不吝啬自己的表扬。

也许是因为他平日里太默默无闻了，也许是大家被棒棒糖“收买”了，孩子们的掌声显得异常热烈、持久。他瘦小的脸上，悄悄飞起了一抹红霞，笑意也慢慢在嘴角蔓延。

看到晓辉这惊人的变化，我打心眼里高兴。可是这样的变化，缘起何因呢？

我有心解开这个谜团。

第二天习作课上，我给孩子们拟定的题目是《我渴望______》，要求只有一项：写出自己真实的渴望。

孩子们安静地书写着。巡视时，我特意在晓辉身后停了下来，希望可以洞察出一些什么。他作文本上的一段话跃入了我的眼帘：

“……我最崇拜的表哥考上了名牌大学，他说回来的时候要看到我的‘三好学生’奖状。我渴望评上‘三好学生’，可我不知道怎样才能让大家喜欢我。那天，我就给大家买了好多棒棒糖……”

孩子心里多么向往阳光的抚慰和雨露的滋养，而我一向只关注到优等生，有意无意地忽视了他。我的心不由为之一颤，隐隐感到一丝不安。

讲评课上，我特地对晓辉的作文提出了表扬，还奖励他一个小礼物——一个笑脸徽章。在同学们羡慕的目光里，我把徽章别在他的胸前，并拍拍肩膀告诉他：只要努力，每位同学都可以成为“三好学生”。他腼腆地笑了，脸颊再次飘起了红霞。走回座位时，他的小身板挺得直直的。

自那天起，我更加关注晓辉。我发现他做事特别细心，就把整理班里桌椅的任务交给了他。没想到，小家伙的责任心还挺强的，每天他来到学校做的第一件事就是整理桌椅。瞧！他眯着眼睛，认真地在桌子旁边巡视，仔细观察桌子是否排成了一条直线，一旦发现有歪斜的桌子，就会马上调整。整理后的桌子下面常常会留有一些纸屑和铅笔末，他立即会用抹布小心翼翼地擦干净。我开始在班上经常表扬他，晓辉的变化逐渐吸引了大家的注意。重组班委会时，晓辉被同学们推选为卫生委员。每当学校颁发卫生流动红旗时，我都会安排他去领奖，别提他有多高兴、多自豪了。

学期末，晓辉凭自己的努力如愿评上了“三好学生”。放假那天，我特地买了一根棒棒糖送给他，不仅表示奖励和祝贺，还要表达我对他的谢意。因为他的棒棒糖让我明白：每一个孩子都是一朵含苞待放的花蕾，只有雨露均衡、阳光普照，才会让每一朵花都绽放出生命的华彩。

（此文 2015 年 4 月发表于《小学教学》）

# 飞回来的手套

清晨，刚踏进教室的门就被闹嚷嚷的孩子们团团围住，他们叽叽喳喳、争先恐后地向我诉说着：“老师，张新同又丢了一副手套！”“老师，张新同哭了。”“这副手套是张新同刚买的，昨天晚上忘了拿，今天就没有了。”……

岂有此理！这已经是班里第四次丢东西了。我曾经像侦探一样做过一番调查，但没找出任何蛛丝马迹。无奈之下，只是叮嘱学生看好自己的东西，别再丢三落四。没想到丢窃事件再次发生了，怒火从胸膛一直燃烧到头发根。

猛然间，我的目光触到张新同蒙眬的泪眼，见她楚楚可怜的模样，心一下子软了下来，走到她跟前，轻轻地拭去她脸颊的泪水，安慰道：“同同别哭了，也许手套是你忘在家里或者掉在路上了，也有可能是有同学先借用一下，会找到的。”然后又转身对其他同学说：“同学们，这个冬天特别冷，棉手套是每个同学的必需品，如果谁还没有可以让爸爸妈妈买一副，但是请大家不要拿别人的手套，新同已经丢了两副手套了，大家看，她的小手冻得红红的，多可怜啊！拿她手套的同学戴上也不会暖和的，因为他的心比冬天更冰冷。我更相信咱们班的同学都是善良、有爱心的孩子，不会有同学‘偷’了新同的手套，只是跟她开了一个小玩笑而已。但是玩笑不宜过火，请尽快悄悄地把手套还给新同。”

“到底是谁？快还给张新同吧！”

我的话音未落，班里又开始议论纷纷了。我一直在观察着学生们的表情和眼神，70个孩子每双眼睛都澄澈无瑕，神态自若，看不出他们有什么异样。我顿了一下接着说道：“是谁并不重要，老师不想追究，因为老师相信每一位同学，在事情未调查清楚之前，老师不会怀疑任何人，即使有人偶尔犯一次错误，改正了就善莫大焉。你可以悄悄把手套放在张新同的抽屉里，也可以放在讲桌上，相信你是善良的孩子，一定会做到的，老师等着你的好消息。”

在期待中度过了一天，没有惊喜。或许，手套放在家里了吧。

第二天，手套的踪影并未出现。可能，他还没有想好吧。

第三天……我打算放弃等待，向经验丰富的王老师讨教，他没说什么，给我讲了这样一个故事：

一位博士生导师带着他的一批弟子参加社会实践，周游了许多名山胜景，拜访了许多官员和学者，现在就要回到学校了，弟子们自以为见多识广，满腹经纶。

在进学校之前，导师领着弟子在郊外的一片草地上坐了下来，准备给弟子们上最后一课。

弟子们围着导师坐下，导师问："我们现在坐在什么地方？"弟子们说："现在我们坐在郊外的旷野里。"导师又问："旷野里长着什么？"子弟们说："长满了杂草。"

导师说："现在我想知道，如何除掉这些杂草。"弟子们非常惊愕，他们没有想到老师会问这么简单的问题。

第一个弟子说："老师，只要有铲子就够了。"导师点了点头。

第二个弟子说："用火烧也是很好的一种办法。"导师微微笑了笑。

第三个弟子说："撒上石灰就会除掉所有的杂草。"

接着第四个弟子说："斩草除根，只要把根挖出来就行了。"

等弟子们都讲完了，导师站了起来，说："讨论就到这里，你们回去后，按照各自的方法除去一片杂草。一年后，再来这里相聚。"

一年后，弟子们都来了，不过原来相聚的地方已不再是杂草丛生的旷野，而是变成了一片长满谷子的庄稼地。弟子们在谷地边上坐下，等待导师到来，可是一向守信的导师始终没有来。

几年以后，导师逝世了，弟子们在整理他的文稿时，发现了导师写下的结论：要想除掉旷野里的杂草，方法只有一种，那就是在上面种上庄稼。同样，要想让灵魂纯洁，唯一的方法就是用美德去占据它。

是啊！心灵花园，思想为种，可以繁花似锦，也可杂草丛生。只有用美德占据孩子的心田，才不会让杂草蔓延。我开始留意班里的好人好事，并随时加以表扬：于召瑞同学拾金不昧，在操场捡到5元钱上交给老师；孙越放学后主动帮助同学补习功课；黄存政每天搀扶脚部受伤的邻居家小朋友上下校车……我还委托大队委将这几位同学的事迹在全校进行广播，孩子们小小的心灵被善良和真诚浸润着。

我又召开了以"冬日里的温暖"为主题的班会，重温了雷锋的故事，再一次表扬了做好事的那些同学，并借机引导："我们看起来微不足道的行为却能给周围的人带来莫大的帮助，为他们带来冬日里的温暖，这是多么美好的事情啊！也许我们不能每天都去帮助别人，但至少不去给他人带来不便和伤害，这也应该算是善良的行为。如果拿张新同手套的那位同学也懂得这些，那该多好啊！”说着，我环视教室，发现一位同学脸颊红红的，将头低垂了下去。希望的火苗在我的心头跳动……

第二天清晨，教室再一次沸腾了，张新同戴着一副漂亮手套的双手高高地向我挥舞着，兴奋地大声喊道：“老师，手套飞回来了！”灿烂的笑容洋溢在脸上，比冬天的阳光还要美。

“要想除掉旷野里的杂草，方法只有一种，那就是在上面种上庄稼。同样，要想让灵魂纯洁，唯一的方法就是用美德去占据它。”当真、善、美的东西播撒到孩子们的心田，假、恶、丑才会被挤掉。每个孩子的心里都有一亩田，每个孩子的心里都有一个梦，用它来种什么？种桃种李种春风，开尽梨花春又来。

## “欲擒故纵”记

“老师，冯宇航又没完成作业！”

“老师，王占超和纪盛洋也没有完成。”

刚一进教室，小组长们就积极地向我汇报检查作业的情况，他们一脸的愤慨和无奈。这几个孩子已是“惯犯”了，从开学到现在完成作业的次数屈指可数，尤其双休日的作业更是一塌糊涂，甚至根本就不做。好言相劝、批评教育、家校联合、恩威并施都无济于事，任何条件都占据不了他们那颗贪玩的心。我无须想象，也不用追问他干吗去了，无非就是懒、玩呗。几年来形成的恶习已很难改正了。

“唉——”我长长地叹了口气，“补！告诉他们放学前必须补完！”其实自己也知道，他哪里有时间补？难道还能留宿在学校不成？指望晚上去做更是不可能的事。我几乎对他们失去了信心。该上课了，这事暂且搁置在一边吧。

“欲擒故纵？”正讲着新课，这条成语不时蹦出我的脑海。试试吧，兴许管用。下课的时候，我严肃地对全班学生说：“同学们，现在我宣布一件事——那几个同学的作业不用补了，从今以后他们的作业我也不再过问。老师太累了，每天都跟他们几个‘苦口婆心’‘斗智斗勇’，也没起到很好的效果，老师也没信心了，组长也不必为他们操心了。今后他们的作业谁也不用收，上课老师也不会提问他们，反正他们也听不进我的话。至于他们的学习成绩，跟我们无关。下课。”说完，转身缓步走出门口。只听见教室里立刻炸开了锅，惊讶的、惋惜的、担忧的……各种声音灌进耳朵，还好，没有听见羡慕的口气。六年级的学生不傻，他知道不做作业、不被老师关注的利害，也自然明白我的“放任自流”绝非是一件值得庆幸的事。

我暗自安排班干部观察他们的动静，并督促、劝解他们必须补完作业，并按时完成其他的作业，不然成绩会一落千丈，毕业班可不能胡来。

第二天，课代表兴冲冲地交给我一叠作业：“老师，他们的作业都补完了。”

“不是说不收了吗？”我一本正经地说。

“您不收，他们可不敢不写，同学们都劝他们呢。他们这次可害怕了，就怕您真不管他们了。”

看来这一招初见成效。不着急，我要“放长线，钓大鱼”。拍拍他的肩膀说：“好，干得不错！回去把作业重新发给他们，就说，老师还在生气，不想再理他们了，学好学不好跟老师无关。除非他们两周内每次都能按质按量完成好作业，看表现吧。”

“好嘞！”课代表乐颠颠地跑回了教室。

可是，我的心情并不是很轻松。仅这一次的改变并不能说明这次的教育是成功的，说不定哪天他们的“懒虫”又开始作祟了，必须从长计议，借机彻底改变他们的陋习。

接下来，我又开始了多项“整风”行动。第一，继续安排好我的“心腹”们监督他们，不断地提醒、督促他们好好完成作业，每天把完成情况如实汇报给我。第二，做好与家长的沟通，在说明我的意图后，每天把作业内容通过短信的方式发给家长，防止他们偷工减料，在家长的监督下完成。第三，在班上故意冷落，自己坚持不看、不问他们的作业，课堂也不提问，所有表扬、批评的意思都留给“心腹”们去说。第四，在其他方面适时鼓励，肯定他们的优点，树立信心，如：×× 跑步时口号喊得特别响亮；×× 做操特别认真；×× 的书桌最整洁……不断地向他们传递良性信号，建立与我的信任度和亲密度。如此多管齐下，应该会有效果吧，我期待着……

“老师，两周时间到了，您的考验也该结束了。”我亲爱的小将们又来汇报工作了。

“那你们说说看，他们表现怎么样？”

“每次作业都能认真完成，态度比原来端正多了。这可是前所未有的转变啊！”

“嗯，谢谢你们啦！这段时间大家真是辛苦了！现在战绩辉煌，你们功不可没。”

走进教室，我郑重地表扬了三个孩子这段时间的进步，也解除了对他们的禁令。顿时，如雷的掌声在教室里回响。

教育，不言放弃，只要用心，办法总比困难多。

## 乘着朗读的翅膀

### ——《九寨沟》观课报告

在这秋雨潇潇的夜晚，我观摩了威海陈鲁美老师执教的《九寨沟》一课。课堂上不时传来孩子们琅琅的读书声，与窗外淅沥的雨声相呼应，如一曲动听的交响乐愉悦身心，心儿不禁乘着这琅琅的天籁，与优美的文字一起起舞，飞向遥远的九寨沟……

学生声情并茂的朗读，永远是课堂上最美妙的声音。陈老师借助对语言文字的品析，一次又一次引领学生动情地朗读，使语文课堂回归了语言文字的本真，弥漫着隽永的诗意和浪漫。

**一、深情范读，引人入胜**

导课的方式有很多种，而陈老师选择朗读文中描写最美的段落把学生带入迷人的九寨沟。她清澈而明媚的声音萦绕在课堂上，如小溪般汩汩流进孩子们的心田，用文字去开启、浸润他们渴求的心灵。于永正老师说：“教师的范读是最好的引领。”而当美文和美声融合在一起的时候，孩子们的思维和想象都会被激发，阅读期待也会强烈迸发，把学生引入美妙的境地。

当然，不是所有的老师都能够达到陈老师那样朗读的境界。这需要语文老师们不断地修炼、提升自己的朗读水平。多在课堂上展示、引领学生把文字变成声音，展现美好画面，表达真实情感。这将是语文课堂上一道亮丽的风景！

**二、品读词语，渐入佳境**

指导朗读课文，陈老师先从读好词语入手。她说："老师告诉大家一个小窍门，只要你把这些关键词读好了，壮观的瀑布就能展现在你的面前。"先引领学生借助想象和视频资料读出词语的意蕴，然后再指导学生读好句子。这些词语是九寨沟美景的浓缩，先以读好词语为抓手，教给学生朗读的方法和技巧，让美好的学习体验渐入佳境。

**三、读好句段，巅峰体验**

读好词语为读好句段奠定了基础，陈老师趁机不断地让学生朗读、品味句段。如"流泉飞瀑，雪峰插云多么美丽的景象啊！让我们把这美丽的景象读出来吧。""九寨沟有那么多可爱的小动物呢，让我们用朗读把小动物们请出来吧！"一次次情境的创设和激励，让学生通过朗读与文本内容亲密接触，在朗读中品味咀嚼作者运用语言的匠心，感受语言文字的美好，一次次的巅峰体验让学生深刻体味到学习语文的乐趣。

让我们永远记住："语文课，'读'占鳌头。"读，是经实践证明的最基本的语文实践活动。朗读是语文学习最强健有力的翅膀，在读中熏陶感悟，在读中潜移默化，在读中沉淀积累。让孩子们乘着朗读的翅膀，在语文的天空自由游弋吧！

# 此刻，给你们最美的祝福

## ——在2013级学生毕业典礼上的发言

尊敬的各位老师，亲爱的同学们：

大家上午好！

感谢同学们的掌声！如此响亮的掌声，反映了大家此时心中的小秘密，我猜此时大家很高兴，很激动，因为今天是周五，而且是放假的日子，对吗？好，如果我猜对了，就请你跟我一起做，请伸出你们的食指，然后再伸出中指，然后伸到前面，一起说“耶”！

好的，我猜你不仅很高兴，而且很兴奋、很开心，因为今天是一个非常特殊的日子，今天你就要小学毕业了，圆满地结束小学生活。明天你们将开始新的征程，特别是要迎来一个没有作业的假期，想想这个你们就开心得不得了，想释放一下自己的小宇宙，对不对？那为了奖励我又一次猜对了，请你们跟我一起做，来，一起伸出双手，紧握拳头，然后举过头顶，越高越好，看着你们的手，我喊123，大家使劲地张开手指，喊一声“太棒了！”声音越大越好！来——

太棒了，刚才大家给自己放了一个绚烂、美丽的烟花。满会场都是烟花，真好！我继续猜，看第3次能不能猜中。我猜，你们高兴的、兴奋的、激动的、开心的外表下，还隐藏了一种小小的情绪。来，孩子们，安静下来，让我们静下心来，听听我们自己内心的声音！

今天是一个特殊的日子，你们要毕业了。毕业意味着一场离别，这是我们最后一次在这里聚会，下午你们将背起书包，离开这个你们生活了6年的、美丽的、可爱的校园；离开你们朝夕相处的同学和老师，而这一别，不知何时再见，那种依恋，那种不舍，不时地在你心中萌动、泛起，那是你不敢碰触的最柔软的心弦，仿佛轻轻撩拨就会触及伤感。如果我猜对了，默默地点点头好吗？

生命中最美好的时光是童年，童年里最美好的6年，你们是在实验小学的校园里度过的。这个校园给了你最美好的童年，也给了你人生最坚实的起步。绿茵场上，留下了你们奋力拼搏、英姿飒爽的身影；科学会堂的舞台上似乎还飘荡着你们嘹亮的歌声；教室里的那块黑板，也记录着你们琅琅的读书声；知春园的蘑菇亭里，还回响着你们的欢声笑语，楼道里的台阶也烙印了你们深深浅浅成长的足迹……明年春天，集翠园的丁香依旧绚烂，可你们，再也嗅不到它的芬芳了；行知路上的国槐依然挺拔苍郁，而你们，再也不能享受它的绿荫了；那位站在讲台上传授你们知识、启迪你们智慧、教你们做人的老师也不再属于你们；那与你一桌用餐的好友、同榻而眠的伙伴，也将离你而去了……似乎，一切历历在目，恍如昨日，亲切、舒心、安然；一切又缥缈远去，只能镌刻于记忆。

6 年来，母校给予你们成长的沃土、赋予你们精神的滋养，你们给予了母校无限生机与活力。6 年很长，你从一个懵懂的幼童成长为知识丰富的少年；6 年很短，你总以为毕业遥遥无期，可转眼间却又面临分离，各奔东西。时光不语，岁月无声，今天，这一刻，将在你生命中书写一段难忘的记忆。老师懂得你的眷恋，体味你的不舍，能感同身受着你的依依惜别。其实，老师心里和你们一样，一样不舍得你们的离去。可是送君千里，终须一别，天下没有不散的筵席。不想，也无法留住你前行的脚步，只能送给你最后的叮咛与祝福！

孩子们，首先，老师希望你能做一个有理想、有信念的人。理想是石，敲出星星之火；理想是火，点燃熄灭的灯；理想是灯，照亮前行的路；理想是路，引你走向黎明。而信念是一种力量，它可以使人在黑暗中不停止摸索，在失败中不放弃奋斗，在挫折中不忘却追求。在它面前，天大的困难微不足道，无边的艰险不足为奇。这种力量，超乎你的想象。记住，有理想、有目标、有追求、有信念的人才能成就自己的人生。雄鹰的理想是蓝天，鱼儿的理想是大海，李贺的信念是建功立业，陆游的信念是报效祖国。同学们，想一想，你的理想信念又是什么呢？

老师想说的第二点是希望你们做一个有奋斗精神、勤勉的人。梦想与理想都不是空想。一旦确立了自己的理想和人生目标就要为此付出追求和努力。任何成功的果实，都是靠勤奋的汗水浇灌得来的。昨天大家看到了诗词大会上，刘丛赫同学摘得了桂冠，获得了本届诗词大会的冠军，但是只有丛赫同学自己知道，“宝剑锋从磨砺出，梅花香自苦寒来”，赢得冠军的背后付出的是怎样的艰辛和努力。冰心说：“成功的花，人们只惊羡她现时的明艳！然而当初她的芽儿，浸透了奋斗的泪泉，洒遍了牺牲的血雨。”

任何的梦想如果没有努力，只能算作是空想。只有我们踏踏实实走好脚下的每一步，才能够真正走出一条通往梦想的星光大道。孩子们，为了自己的梦想努力吧！

第三，我希望大家做一个坚韧不拔、勇往直前的人。在通往梦想的路上，一定会有艰难险阻，一定会荆棘密布，没有哪件事是一帆风顺的，必定都会遭遇挫折、遭遇困境、遭遇失败，但这些都不应该成为你前进路上的绊脚石，它只能助力你更加坚定、更加从容地前行。就像铸剑一样，必须经过高温的锻铸、淬水的处理，反复地磨砺，才能够更加坚韧、更加锋利，削铁如泥。每个人在成就梦想的道路上都需要一种坚持不懈的精神，需要一种“咬定青山不放松，任尔东西南北风”的执着与韧劲，需要一种“乱云飞渡仍从容”的劲头。如果，你是雄鹰，就应该不惧疾风骤雨，勇敢地朝着蓝天翱翔；如果，你是勇士，就要不畏艰难困苦，向着高峰奋力地攀登。

第四点，希望大家做一个心怀感恩、知足常乐的人。常怀感恩，才能长乐未央。此时，特别希望大家对母校、对你的老师们心怀感恩。记住，除了父母之外，老师是唯一跟你没有血缘关系却能把你当成孩子一样呵护、一样疼爱的人。老师是除了父母之外陪伴你、教育你最多的人。她的每一次微笑都是善意，每一个眼神都是关爱，每一句唠叨都是叮咛，甚至每一次批评都是深深的疼惜！老师是你最值得感激的人！毕业了，老师们无须你们送什么礼物，但你应该真诚地对老师说一句“谢谢！”表达你的尊敬，你也可以好好地拥抱一下老师，再一次感受她慈母般的胸怀；你也可以给老师写一封信，尽情表达你对他的眷恋与不舍。甚至，毕业多年，哪天你想起老师了也可以回母校看看，和老师聊聊心里话。孩子们，记住，母校是你的家，我们随时欢迎你们回家！

最后，我代表所有的老师真诚地祝福你们：

愿你有好运气，如果没有，愿你在不幸中学会慈悲；愿你被很多人爱，如果没有，愿你在寂寞中学会宽容。

愿你的生命之舟在新的岁月港湾里启航，载着对青春的憧憬和对未来的畅想，直挂云帆，乘风破浪。

愿你身体健康，笑口常开；愿你学业进步，前程似锦；愿你胸怀天下，梦想成真；愿你顺心如意，人生圆满！孩子们，我们愿意把所有的美好祝福都送给你们，祝愿你们一切都好！谢谢！

# 做幸福的点灯人

我是一名普通的小学语文教师，在教育的沃野上已经耕耘了二十多年。二十多年来，我履行教师职责，树立了崇高的教育理想和坚定的信念，以强烈的事业心和责任感投身教育事业，用扎实的学识开启学生心智，以高尚的道德情操和仁爱之心精心培育学生成长，坚持躬耕在教学第一线，积极探索教育教学规律，寻求教育真谛。教育是什么？二十多年的思索和实践让我懂得：教育是影响、是唤醒、是激励、更是点燃。我愿意做一名教育的点灯人，照亮、点燃学生的生命之灯。

**潜心钻研，把自己变成一盏明灯**

若要点燃别人的灯，首先自己要是一盏拥有火种的明灯。从教二十载，钻木成火，集腋成裘，我努力把自己变成一盏明亮的灯。

1999 年我师范毕业，被分配到一所偏远的农村小学，交通不便，遇到阴雨天气，常常步行几个小时才能到校。尽管条件艰苦，始终没有泯灭我成为一个优秀教师的梦想。因路途遥远，每周只能回家一次，学校图书室成了我青春成长的加油站，每天坚持阅读教育书籍和报刊，撰写了近百万字的读书笔记。

“纸上得来终觉浅，绝知此事要躬行。”为了提高自己的课堂教学水平，我积极报名参加各种优质课评选。每一次参赛我都绷紧了神经，一遍遍磨炼，除完成正常的教学任务外，几乎把所有的精力都用在了备课、磨课上。在不断的尝试和摸索中，我的课堂教学更加简约、朴实、灵动、高效，受到同行们的推崇。近几年执教省、市级公开课、观摩课 20 余节次；先后主持、参与了多项国家、省、市级课题研究，均取得了良好的效果；十几篇论文发表于报纸、杂志。2010 年 4 月参加全国魅力课堂大赛荣获一等奖；2011 年 2 月参加中央教科所举办的第十三届全国优质课大赛获二等奖；2007 年被评为山东省小学语文教学教研先进工作者；2013 年 6 月成为《小学教学》杂志封面人物，并专题介绍了我的成长故事和教学经验，受到读者的好评。因为业绩突出，2014 年 1 月被聊城市人民政府评为第三届水城名师；2014 年 9 月被教育部授予全国优秀教师荣誉称号；2014 年 10 月被授予聊城市师德标兵荣誉称号；2017 年 8 月被评为山东省特级教师；2018 年成为齐鲁学院名师工作站特聘教授；2019 年 8 月被认定为第三届齐鲁名师。2022 年被评为聊城市“水城最美教师”，同年被授予山东省教书育人楷模。

**启发唤醒，做学生生命的点灯人**

教育的目标是“立德树人”，树人的路径是“培根铸魂，启智润心”。在教育工作中，我坚守“为党育人，为国育才”的信念，注重培养学生的文化之根、铸就民族之魂、开启智慧之门，用真善美润泽学生的心灵，点亮学生的生命之灯。

在教学中我重视中华传统文化和红色革命传统教育，把优秀传统文化教育融入语文教学中，每天早晨组织学生进行古诗词诵读，让诗词的语言美和声律美润泽学生的心灵。作为学校语文学科主任，我还组织了两届校园诗词大会和经典咏流传诗词吟诵展示活动，让学生在经典诗词中享受国学文化之美，让祖国优秀传统文化根植在学生心中。在喜迎祖国 70 华诞之际，我又组织全校师生进行了经典诗文朗诵展示和英烈故事比赛活动，以这样的方式缅怀先烈，向英雄致敬，让学生在潜移默化中受到爱国主义教育，在他们心中烙下深深的中国印，民族魂。

班级管理中我着眼于学生核心素养的提升，注重学生的自主发展和社会参与能力的培养。每次班队课由学生自主设计内容、自主参与班级管理，通过活动探究，增强学生的自主管理和参与活动的意识，锻炼自我管理的能力，开启学生的智慧。我还特别重视让学生参与各种实践活动来培养他们健康生活、乐于交往、责任担当的素养。先后开展了“春季亲子环湖徒步”活动，让孩子们与家长一起感受徒步健身的乐趣与融融亲情；“九九重阳，温暖夕阳红”活动，让学生体验如何尊重、帮助弱势群体，学会与他们沟通、交流……丰富的活动增强了他们参与社会、服务社会的意识。落实核心素养，评价机制同样重要，我尝试改变原来以期末考试成绩作为唯一标准评价学生的方式，采用“综合素养评价”，对学生在学习态度、习惯养成、综合能力等各方面的表现进行过程性评价。评价由自我评价、小组评价、家长评价、教师评价四方面共同构成，要求学生针对评价结果进行自我反思和修正。这种评价方式受到了学生和家长们的青睐，效果显著。近几年，我班有几十名学生在国家、省、市征文大赛、剪纸大赛、书法大赛、舞蹈大赛、朗诵大赛中获奖。

几年来，我致力于小学语文课程改革，进行了“单元整合 · 群文阅读”实验研究。从教材突围，在课堂上渗透学习语文的方法，注意激发兴趣，引领学生自主学习、合作探究。把课堂还给学生，把学习的自主权还给学生，注重培养学生学习语文的能力，实现自我建构、主动发展，为学生的终身发展奠基。单元整体教学节省了语文教材教学的时间，将整本书阅读课纳入语文课程中，并开发了“好书推介课”“聊书课”等阅读交流课型。通过群文和整本书的大量阅读实践为学生开启了另一扇学习语文的大门，让语文学习阅读化、生活化。注重读写结合、双轨并行，真正让学生在大量读写中提升语文素养。

**用爱育人，做儿童成长的守护者**

教育的本质是“爱”，没有爱就没有真正的教育。爱教育，爱学生，把学生的冷暖喜忧放在心上，用爱心守护他们的健康成长，是我毕生坚守的责任。

2020 年初春，新冠疫情暴发，全国按下开学暂停键。我作为学校语文教学教研工作的负责人，一边自己参与云课堂的录制，一边还要对学校语文老师录课材料进行详细审查。一节云课堂虽然只有 20 分钟，但是从教材解读到课堂设计，再到课件的制作，到最后完成录制，每个环节都要精益求精，容不得半点差错。接到任务的每一天我都夜以继日地工作。功夫不负有心人，我讲授的课生动、有趣、高效，受到了家长、老师、学生的一致好评，其中录制的课例《迢迢牵牛星》被推送到学习强国平台。

线上学习不同于线下，如何保证学生的学习质量，让他们能够学得更高效是我常思常想的问题，每周都会召集语文老师进行线上云教研，分析原因、找出对策。每天我与孩子们同步听课，精心设计作业单，并通过钉钉平台认真严格地评改，在线上给学生们答疑解惑，争取不让一个孩子掉队。停课期间比上课还要劳累，眼睛因长期低头盯着屏幕批阅作业，颈椎病又犯了，常常眼花缭乱、头晕目眩。有一次起床时竟晕倒在床边，索性就躺在床上继续批改。我想，只要学生们在家中都能学有所获，累点也值了！躺在床上，最让我牵挂的是班里有个叫小旭的孤儿，他跟多病的奶奶一起生活，家里既没有网络，也没有智能手机，他是班里唯一不能上网课的孩子。为了让小旭也能和其他的孩子一起学习，我把一部智能手机送到小旭家里，手把手教会孩子如何听网课，还几次为他送去学习用品和图书，并帮助小旭补上落下的功课。不仅在新冠疫情防控期间，平日里我也多次给予小旭精神上和物质上的鼓励和帮助，我想用这份普普通通的关爱点亮小旭的心灯，照亮他的童年，温暖他的生命。

**执灯而行，做青年教师的引路人**

一灯照隅，万灯照国。一名教师的幸福不在于自己身上有多少光环，更重要的是在努力和奋斗中不断完善自己，把自己变成一盏灯、一束光，然后点亮他人，互相映照，彼此温暖。我愿意为更多的青年教师点亮一盏盏心灯。

2016 年我被确定为第三届齐鲁名师培养对象，恰逢我们学校新入职了一批青年教师，看着他们激情满怀却对教学茫然无措的样子，我感觉自己有责任引领他们尽快走上教育之路。2017 年我组织学校 22 名青年语文教师成立了“菁菁语文”工作室，带领他们进行教学基本功培训、解读教材、研究名师课例，进行同课异构，走进课堂把脉诊断、对症下药。每学期都有几十节的听课记录，每听完一节课都会与老师们细致分析，甚至一句一句地启发他们如何更高效地进行教学设计。功夫不负有心人，在我的努力下很快就有一批青年教师成长起来：付广云、杨平等十几位教师获得聊城市教学能手、聊城市优质课一等奖、茌平名师等荣誉称号。不仅在本校，我的足迹几乎遍布了茌平区每个乡镇，为青年教师做专题讲座、执教公开课。作为聊城市教育志愿者，我十几次到兄弟县市送课下乡，2012 年我两次担任聊城市骨干教师培训班指导教师，做语文课堂教学方面的讲座；2016 年起担任山东省“互联网 + 教师专业发展”网络研修省级专家；2017 年被评为聊城市优秀教育志愿者；2019 年 4 月到重庆市彭水县送教，并组织我班与彭水第四小学五年级 3 班组成联谊班；2020 年又成为聊城市首届领航名师工作室主持人，继续带领全市的工作室成员一起开展语文教学改革。

雅斯贝尔斯说：“教育的本质意味着，一棵树摇动另一棵树，一朵云追逐另一朵云，一个灵魂唤醒另一个灵魂。”而我，愿意和所有的同仁们一道，做一个点灯人，用一盏灯点亮一盏又一盏灯。我相信，星星之火可以燎原，我愿用更多的灯光照亮孩子们的成长之路，点亮他们的生命之光。我坚信这一定可以成为一种情怀，一种境界，一个我一生追逐的梦想。

# 第二辑

## 操千曲而后晓声，观千剑而后识器

# 童言童语学童话，童心童真品童趣

## ——《小露珠》教学设计

**一、创设情境，导入新课**

揭题板书

1. 今天这节课我们要认识一位新朋友——小露珠。

2. 板书课题：（师指导）“露”字上面的雨字头要写得扁一点，宽一点，像一把大伞盖住下面的部分。“珠”字最后一捺要写舒展。

3. 小露珠在哪呢？让我们一起喊一喊她的名字。咦，小露珠真的来了。（配乐出示露珠图片）

在秋天的傍晚或者夏季的清晨，叶子上、花朵上你会看到一颗颗的小露珠，小露珠晶莹透亮，他们像夜空璀璨的繁星，像碧波上洒满的珍珠，又像一颗颗闪光的眼睛，还眨呀眨的，多可爱的小露珠啊！见到那么多的小露珠，你想对他们说什么？

**二、自读课文，初识生字**

大家都喜欢上了小露珠，课文中的小露珠又会发生怎样美丽的故事呢？请大家打开书，自由朗读课文，遇到生字就把它圈出来，借助课文后面生字表的注音反复读一读，争取把课文读正确、读通顺。

1. 检查生字

同学们读得真认真，要想和小露珠交上朋友，首先要过词语关，文中的生字词都认识了吗？老师来考考你。

降临　钻石　俊俏　草秆　光彩熠熠

乐曲　袭来　吹奏　戴上　生机勃勃

（指导读好多音字“乐”“钻”）

2. 指导书写“戴”

要想和生字交上朋友，不但要会读，还要会写，我们一块来看一看生字里面最难写的“戴”字。“戴”字比较复杂，你有什么好办法让大家记住它吗？

把“戴”字分解开来记忆，的确是个好办法，我们一块儿来写一写（师示范写，提示关键笔画的占格位置，不仅要写正确，还要写美观）。生练习写。

**三、创设情境，品读课文**

1. 看来大家已经和生字宝宝们交上了朋友，让我们快快走进露珠的世界吧！谁来读一读课文的第一自然段？（指生读）

2. 刚出生的露珠宝宝，就像个可爱的孩子，她在草叶上、花朵上、禾苗上爬呀、滚呀，越来越大，越来越亮。多惹人喜爱啊！谁还想读？

3. 自由读 2—5 自然段了解小露珠的特点。

小露珠太可爱了，小动物们都喜欢小露珠，大清早，他们纷纷和小露珠打招呼呢。请大家自己读一读 2—5 自然段，想一想从这段话中你能发现什么。（生谈收获）

4. 指导读好对话。

（1）小露珠闪亮、透明、圆润，多美啊！我们也和小动物们一起跟她问个早吧！

谁来做小青蛙问候问候小露珠？（出示课件：青蛙打招呼的图片）

（2）大家看，见到小露珠，小青蛙特意地蹦到大荷叶上和它问好，多热情啊！请你再来说一说小青蛙的话，就像平时见到同学问候那样。（师范读，指多生读）

（3）在青蛙的眼里，小露珠像钻石那么闪亮。见过钻石吗？钻石亮晶晶的，熠熠生辉，看（出示课件）谁再来读一读，让我们感受一下小露珠的闪亮。（指多生读）

（4）这么闪亮的小露珠多美啊！爬到草秆上的小蟋蟀被她吸引了，自己练一练第三和第四自然段，像我们读小青蛙的话那样读，读出小动物们的热情和小露珠的美丽。（生练读）

指导：

①小蟋蟀慢悠悠地爬到了高高的草秆上，就为了和露珠宝宝见个面，想一想，怎么读？

②清晨，小蝴蝶扇动着轻盈的翅膀，也被花朵上珍珠那么圆润的露珠妹妹吸

引住了，也向她问个早。

小露珠美，同学们读得更美！老师都禁不住想做一颗小露珠呢！现在老师就是小露珠，你们就是其中的一种小动物，我们再来问候一下吧。（师生读对话）

（5）亲爱的小朋友们，你们为什么都喜欢小露珠呢？

动物们都喜欢小露珠，用一个词来说就是因为小露珠“美”！小露珠是大地美丽的精灵，是黑夜派往黎明的天使，她把大地装点得更美啦！

5. 品读第六自然段，感受露珠的心灵美，体会大自然的和谐美。

（1）不光动物们喜欢她，植物们也喜欢她。请大家默读第六自然段，一边读一边想，植物们为什么也喜欢小露珠呢？标画出有关的句子。

提示：默读就是不出声、不动唇、用心读。读完后画出有关的句子。

（2）谁能说说看，植物们为什么喜欢小露珠呢？谁来读一读你标出的句子？

（预设：她把所有的植物都装点得格外精神。）

真是“雨露滋润禾苗壮”，向日葵、白杨树、喇叭花本来就很美，加上小露珠的滋润和点缀，显得更加生机勃勃了。多好的小露珠啊！

（3）请大家闭上眼睛边听边想象课文描绘的画面。（师配乐范读）

大家都陶醉在这美丽的世界中了，请你也像老师一样，用你甜美的声音把自己眼前看到的美景用声音表达出来。

6. 挽留露珠，升华情感。

就这样，小露珠在草叶上、花朵上，爬着、滚着、笑着。她感到有一股热气袭来。渐渐地，太阳公公散发的热量越来越大，小露珠的身子也越来越轻了。向日葵向她点头，白杨树向她招手，喇叭花动情地吹奏着乐曲来挽留小露珠……大家多想把小露珠留住啊，如果你是向日葵、白杨树、喇叭花，你会怎么挽留露珠呢？

**四、总结质疑，延伸阅读**

1. 小露珠光彩熠熠，她给世界带来了生机和美丽，给动物和植物带来了快乐，多么美丽和谐的大自然啊！故事读到这儿，关于小露珠，你还想知道什么？（生质疑）

2. 推荐阅读：《十万个为什么》（自然篇）、《少儿百科全书》了解有关露珠的资料。

# 在情境中体验，在追问中领悟

## ——《天鹅的故事》（第二课时）教学设计

### 一、检查预习，导入新课

1. 这节课我们学习新课《天鹅的故事》（板书课题："鹅"字左右结构，两边要彼此相让，都要写得瘦窄一点）。齐读课题。

2. 大家已经预习了课文，老师来考考大家这些词语你能读准吗？（出示词语）

### 二、初读课文，整体感知

1. 谁来谈谈通过读书你对课文有哪些了解？

（抓关键点：①破冰原因②老天鹅先破冰③群天鹅齐破冰）

2. 通过交流我们了解到：寒潮来临，冰封湖面，天鹅为了生存，在一只老天鹅的感召下，用自己的身体破冰的故事。斯杰潘老人被这个场面深深感动了，他称那只率先破冰的老天鹅为——"破冰勇士"。（板书）

这节课我们就跟着斯杰潘老人一起感受天鹅破冰的壮观场面。

### 三、精读感悟，品词析句

1. 自主默读感悟

课文的 5、6 自然段具体描写了天鹅破冰的过程，请大家默读 5、6 自然段，想一想从哪些词语、句子读出了老天鹅是一位"破冰勇士"。标画下来？（生默读思考）

2. 交流读书体会

我们按照课文写作的顺序，先把目光锁定在第 5 自然段，在这段话中你标注的是哪些词句？

预设：

（1）“腾空而起”。对于天鹅来说，飞得更高，摔得更惨，伤得更重。可它还是这样去做，真是一只勇敢的天鹅。

（2）“像石头似的让自己的胸脯和翅膀重重地扑打在冰面上。”

师引导：它用自己的胸脯和翅膀，像石头似的重重撞击冰面，可能带来怎样的伤害？（内脏受伤、骨折、钻心的疼痛）是啊，明知如此，还是义无反顾、竭尽全力地用身体破冰，真是一位勇士！

（3）“经过这沉重的一击，镜子般的冰面被震得颤动起来。”

师补充：冬季的贝加尔湖非常寒冷，湖面结冰 60 厘米以上，即便是初春也有 10 多厘米厚，这样的冰层居然被震得颤动起来，这真是沉重的一击。

3. 朗读再现情景

大家读懂了天鹅勇敢、奋不顾身地去破冰，让我们好好地读一读这段话，用你的朗读让我们感受到老天鹅是一位真正的“破冰勇士”。先自己练一练。（指生读）

创设情境：

（1）尽管它知道这样的撞击会对自己的身体造成深深的伤害，可它毅然决然地用尽全力冲了下去。一起来读！

（2）这是一次沉重的一击，接着是第二次，这只个儿特别大的老天鹅……

（3）每一次的撞击都带给老天鹅钻心的疼痛，深深的伤害，可它全然不顾，第三次、第四次、第五次……这个省略号包含了老天鹅破冰的多少艰辛，它是用生命和冰面搏击啊！（指生读）

（4）这毕竟不是石头，而是血肉之躯啊！柔弱的身体怎能经得住这一次次致命的冲击，也许此时它已经……肝胆俱裂、血肉模糊，可它依然一次次冲击着。（齐读）

4. 追问天鹅精神

此时，岸边的斯杰潘老人心中挂满了一个个问号，老师就代替老人来问问心中的疑惑吧。

（1）老天鹅啊，你为什么非要破冰呢？

（2）老天鹅啊，你已经年迈了，为什么不让其他年轻的天鹅来完成这个艰巨的任务呢？

（3）老天鹅啊，你的羽毛已经血迹斑斑，再这样下去会有生命危险的，难道你不怕死吗？

多么可贵的精神！为了天鹅家族的生存，老天鹅忘记了疼痛，忘记了生命的

安危，在你的心中这是一只怎样的天鹅？（勇敢、坚强、奋不顾身、有毅力、坚持不懈、勇往直前）

5. 感受天鹅群团结一心

（1）老天鹅的精神不禁震撼了我们，也深深感染了天鹅群，谁来读一读天鹅群破冰的场面，想一想这个场景中，触动你的又是什么？

（预设：“它们干得那样齐心，那样欢快”可以看出天鹅们团结一致、齐心协力。）

（2）天鹅群齐心破冰的场面的确让我们感动，谁能把这热火朝天的场面读出来？（指生读，重点指导“劳动号子”一句）

听过劳动号子吗？人们集体劳动，需要大家齐心协力完成任务时，就会喊劳动号子，我们参加拔河比赛时，也会喊号子，还记得怎么喊的吗？

劳动号子响起来，大家的心劲就凝聚在了一起，让我们感受一下那激动人心的劳动号子。老师来读每句话的前半句，大家来读“加油”。来！

（3）看到这样的场面，你想到了哪个词？或者哪句话？“人心齐，泰山移。”这里是鹅心齐，冰面移啊！谁再读？最后一句大家一起读。

（4）这团结战斗、热火朝天的场面破除了冰面，也似乎驱散了寒流……小小的冰窟窿终于变成了大水面。（出示第 7 自然段，指生读）

（5）这次“克鲁——克里——克里”的叫声可是胜利的欢呼啊，再来读一读。

**四、升华情感，拓展延伸**

1. 天鹅和人类一样也是有感情的，他们对生命的渴求同样是那样的强烈，面对生存的挑战，他们不怕危险、勇敢面对、团结一致，他们甚至为了种族的生存不顾惜自己的生命，难怪斯杰潘老人在回忆往事的时候深情地诉说：“多么可爱的鸟儿啊！我当时离它们才三四十米，双手端着上了霰弹的猎枪，可是我却把猎枪挂到肩头，悄悄离开了湖岸。从此以后，这枝猎枪一直挂在墙上，再也没有动过。”（师范读、指生读）

2. 我想问问斯杰潘老人，天鹅近在咫尺，你为什么放下了手中的猎枪呢？从那以后您为什么不再打猎了呢？（指生回答）

3. 动物是我们的好朋友，它们也为自己的生存奋斗不息，都在谱写着一首首壮丽的生命之歌。给大家推荐这样两本书：《西顿动物故事》和《斑羚飞渡》，走进这两本书，你就会走进多姿多彩的动物世界。

# 在文字里品味爱的馨香

## ——《高尔基和他的儿子》（第二课时）教学设计

**一、回顾复习，导入新课**

1. 这节课我们继续学习《高尔基和他的儿子》，一起读课题。

2. 如果用一个字来形容高尔基和儿子之间的感情，你会用哪个字？（爱）课文是通过哪几件小事来传达这种情感的？

（板书：栽花赏花，写信教子）

3. 父子间浓浓的爱，像一汪清泉静静流淌在文章字里行间，这节课我们就一起品读文字，品味真爱。

**二、深入品悟，感受亲情**

1. 自读文本，品读父子亲情

首先，我们按照文章表达的顺序，先走进 2—5 自然段儿子栽花、父亲赏花的情景。（出示：阅读提示）

> 阅读提示：
>
> 默读 2—5 自然段，边读边想：你从哪些句子感受到儿子爱父亲？又从哪些句子感受到父亲爱儿子？分别用“（ ）[ ]”标出来，关键词语下画上“Δ”，感受深刻的地方可以在旁边写下自己的感受。

2. 汇报、交流

（1）说说看你从哪些句子读出了儿子爱父亲？

（预设：“只有 10 岁，还没有镢头那么高”“探望”“顾不上休息”“一直”这些词句可以看出高尔基的儿子很爱自己的爸爸，不顾辛劳，希望给爸爸一座美丽的花园。）

（2）从苏联到意大利几千公里，需要长途跋涉，儿子真的不累吗？可是他顾不得休息，一直忙着为爸爸栽种花草，儿子为什么要这样做呢？

（预设：①他走了，要这些花儿陪伴爸爸，爸爸就不会寂寞了；②当爸爸看到这些花儿的时候，就仿佛看到了自己；③也许这是爸爸最喜欢的花；④当花儿开放的时候，爸爸的心情就会好起来，病好得更快些。）

（3）多么懂事的孩子啊！儿子种下的不仅仅是鲜花，还留下了对爸爸的一份浓浓情意，留下了一份深深的祝福。儿子的爱，就藏在作者这细腻的动作描写中。请同学们再来读一读这段话，让我们再来感受儿子这份浓浓的爱！（指导学生朗读）

（4）师配乐朗读：春天来了，儿子种的花全都开了……孩子们，读着读着你仿佛看到了什么？听见了什么？闻到了什么？（预设：仿佛看见蜜蜂和蝴蝶在花间飞来飞去，鸟儿在枝头叽叽喳喳地鸣叫，闻到一阵阵花香芬芳馥郁。）

姹紫嫣红，芬芳怡人，蜂鸣蝶舞，让我们用声音表达这美妙的景象吧！（指生读）

（5）看到这么多美丽的花儿，你有什么感受？（预设：很愉快、惬意、感到很幸福。）

儿子种的花给高尔基带来那么多美好的体验，请大家好好读一读这段话，让每一朵花都开在我们心里，让每一缕芬芳都飘满教室。（指导朗读：语速可以慢一点，让这份美丽和芬芳慢慢沁入我们的心脾。）

（6）看到这样的景象，高尔基的感受一定更深刻。自己读一读第 5 自然段，看看你能读懂高尔基的心情吗？（预设：高尔基很高兴、很幸福。）

高兴，是文章字面的意思，谁读出了更深的意思？再读读看（预设：还有他对儿子的思念。）

你读懂了文字背后的意思。说说看，是怎么体会到的？（预设：那些盛开的花朵多像儿子红扑扑的脸庞啊！）

睹物思人，触景生情。作者用比喻句描写了高尔基对儿子的思念和爱怜。让我们一起读读这个句子。

**三、品味信件，感悟哲理**

1. 品味信中的父爱

睹物思人的父亲，用信件来表达自己的爱。请一位同学读读高尔基写给儿子信的内容，想一想，你能从信的内容品出深深父爱吗？（预设：高尔基告诉儿子

“给”永远比“拿”愉快。）

教给儿子给予的快乐，多么至高无上的父爱啊！信里没有一个“爱”字，却又处处体现“爱”。这种崇高的教育和影响是至高无上的。

2. 感悟信中的哲理

再来读读信的内容，想一想，高尔基信中哪几句话最值得我们品味，给我们启发？

预设：（1）“给”永远比“拿”愉快

文中儿子给了父亲什么？——鲜花

当父亲孤单寂寞时，看到这些花儿，他会感觉？

当一个疲惫劳累的渔民从鲜花旁经过，他会感觉？

当心情郁闷的小姑娘，闻到馥郁的芬芳，看到翩飞的蝴蝶，她会感觉？

瞧！这些花儿带给人们多少美好啊！如果儿子知道这些他该多么高兴啊！一起再来读读这句话。

（2）还有哪句话值得你品味？（预设：“要是你无论在什么时候、什么地方，留给人们的都是美好的东西，那你的生活该是多么愉快呀！”）

你曾经给过别人美好的东西吗？这里美好的东西，指的仅仅是一件具体的物品吗？还指什么？（预设：一句鼓励、祝福，一次帮助、赞美……）

说说看你还给过别人那些“美”的东西？当时你的心情怎样？

你一定理解了“‘给’永远比‘拿’愉快”这句话的意思。送人玫瑰，手留余香！让我们再来读读高尔基对儿子的谆谆教诲吧！（齐读最后两段）

**四、内化嘱托，写封回信**

1. 我们读懂了高尔基对儿子的期望，高尔基的儿子也一定读懂了，如果你是高尔基的儿子，你会怎样给父亲回信呢？先自己想一想，然后写下来吧。

（交流评价）

2. 看来大家都读懂了高尔基对儿子的这份嘱托和厚望，让我们一起牢牢地记住这句话——“给”永远比“拿”愉快！

# 品味关键词句，感受美好“慰藉”

## ——《天窗》（第二课时）教学设计

### 一、激趣导入，聚焦“慰藉”

1. 上课前老师给大家带来一组图片——大家看：青砖白瓦木板窗，小桥流水人家绕，舟行碧波上，人在画中游。美不美？这里是著名作家茅盾的故乡——浙江乌镇。茅盾在这儿度过了他美好的童年。但当他回忆童年的时候，这么多的美景他都没有写，反而将笔触落在了这小小的天窗上（出示天窗图片）。这天窗有什么魅力呢？这节课我们继续学习《天窗》。

2. 上节课我们初读了课文，谁来说说这篇文章围绕着天窗写了哪些内容？

（预设：①什么是天窗？②天窗在哪里？③为什么要开天窗？④小小的天窗是孩子们唯一的慰藉。）

3. 小小的天窗不仅可以增加小屋里的光线，它还常常是孩子们唯一的慰藉。来，一起读这句话。（出示：小小的天窗是你唯一的慰藉。）

“慰藉”是什么意思？（预设：安慰、抚慰）你是怎么知道的？（预设：查字典）遇到不懂的词查字典是学习语文很重要的方法，老师也喜欢查字典了解词语精准的解释。现代汉语词典中对于“慰”的解释是：“使人心情安适。默默地给你内心的力量，让心里产生一种满足感。”

在你伤心难过、孤独害怕的时候，曾经有什么东西给过你慰藉呢？

### 二、品读语言，渗透学法

1. 方法引领，品味关键词句

（1）小小的天窗曾多次成为孩子们唯一的慰藉，请在课文中找到这两个句子，读读相关的段落，看看分别在什么情况下天窗是孩子们唯一的慰藉。

交流并板书：夏天阵雨时　晚上休息时

（2）在关键词句中体会心情

①让我们先走进夏天阵雨来临时的情境里，我请一个同学读读第四自然段，其他同学用心听，看你能不能从文字中体会到孩子们当时的心情。（指生读）

②说说看你体会到了孩子们怎样的心情。（预设：烦闷、难过、不开心……）

③能不能具体说说怎么体会到的？（预设：小朋友顶喜欢在雨里疯跑，可是大人们不让，就感觉很烦闷，不开心。）

④“顶喜欢”是什么意思？（预设：最喜欢、特别喜欢）你喜欢下雨天吗？回忆一下下雨时，你都在干些什么事呢？（预设：踩水洼、淋雨、奔跑、蹚水，哪怕弄湿了衣服也无所谓。）

⑤瞧，你们的小表情多兴奋，多开心呐！茅盾爷爷小时候跟你们一样，来，带着你开心的心情，再来读读这句话。

出示：

> 夏天阵雨来了时，孩子们顶喜欢在雨里跑跳，仰着脸看闪电，然而大人们偏就不许，“到屋里来呀！”孩子们跟着木板窗的关闭也就被关在地洞似的屋里了。

⑥指生读、评价

这句话里交织了两种不同的情绪，你能读好这句话吗？男生读画红色的句子，女生读后面灰色的句子。

总结：你们真的读进了孩子们的心里。刚才我们从“顶喜欢”“偏就不许”这些词读出了句子中蕴含的情感。这样的词我们就称为“关键词句”，抓住关键词语我们就能读懂句子，读出情感。

2. 研读赏析，展开丰富想象

（1）天窗是怎样慰藉孩子们的呢？请大家自由读第 5 自然段，一边读，一边标出关键词语，用心体会，想象画面。

（预设：“卜落卜落跳”读出雨点很欢快；“一瞥”读出闪电速度很快；“猛厉地扫荡”说明了这世界风雨很大。）

（2）看来大家都很会找关键词了，我们还可以抓住关键词展开想象。比如，透过“猛厉地扫荡”，我们可以想象这是怎样的风，怎样的雨，怎样的雷，怎样的电，他们又是怎样扫荡了这世界的呢？

（预设：

雨：疾风骤雨、狂风暴雨、暴风骤雨、瓢泼大雨，大雨似乎要淹没一切。

风：呼呼地刮着，疯狂地摇动着树枝，似乎要把大树连根拔起。

雷：电闪雷鸣，轰隆隆的雷声震耳欲聋……）

（3）必须把掌声给你们，你们的想象太锐利了！让这个黑暗的屋子顿时丰富起来、明亮起来。（指黑板：这些难过、伤心、不满还有吗？擦除。）难怪作者说：这时候，小小的天窗是你唯一的慰藉。让我们再读读作者想象的这段话，相信你会读得更好！（指导：这句话里有四个“这”，形成了排比短语，读的时候要读出高低起伏、轻重缓急、抑扬顿挫的变化。）（师范读，指生读）

总结：刚才我们抓住关键词展开了想象，读懂了天窗带给孩子的慰藉。

三、自主研读，读写结合

1. 自读品悟，揣摩心情

（1）6、7 自然段和 4、5 自然段的构段差不多，请大家用刚才我们读书的方法，抓住关键词语体会作者的心情，借助关键词语和小茅盾一起飞跃天窗，驰骋想象。

（预设：从“被逼着”“忘不了”“偷偷地”读出孩子们不情愿、无奈，他们不想被约束，想出去看看外面的世界。）

（2）身体被束缚，心却不肯就范，那是对外面世界的向往。读着读着，感受到了孩子们内心的渴望和作者用词的精妙。黑暗的屋子束缚了孩子们的身体，小小的天窗却激发了孩子们的想象。继续分享你的读书收获。

（预设：孩子们从一颗星想象到无数闪闪烁烁的星；从一朵云想象到无数奇形怪状的云彩……）

（3）孩子的想象是丰富的，茅盾爷爷生动的文字让想象更加丰富、瑰丽、奇幻。难怪茅盾爷爷说：“这时候，小小的天窗是你唯一的慰藉。”

（4）让我们再来读读这段话。这一个词就是一处景，一句话就是一幅画，想象的天空任你驰骋，神秘的宇宙任你遨游。

出示：

你会从那小玻璃上面的一颗星，一朵云，想象到无数闪闪烁烁可爱的星，无数像山似的、马似的、巨人似的奇幻的云彩；你会从那小玻璃上面掠过一条黑影，想象到这也许是灰色的蝙蝠，也许是会唱歌的夜莺，也许是恶霸似的猫头鹰——总之，美丽而神奇的夜的世界的一切，立刻会在你的想象中展开。

2. 驰骋想象，读写结合

你们的朗读让我走进了月光下静谧的夜晚，看到了梦一般的奇幻的天窗。而这种奇幻，是想象赋予我们的。接下来，让我们也张开想象的翅膀，去发现黑夜的浪漫神奇吧。（播放轻音乐小夜曲）

你会从那小小的玻璃上面的____________，想象到这也许是____________；也许是____________；也许是____________。

**四、总结全文，升华情感**

1. 大家的想象可真丰富！你们的想象让黑夜更加奇幻多姿、浪漫神奇。难怪作者说：发明这“天窗”的大人们，是应该被感谢的。因为活泼会想的孩子们，会知道怎样从“无”中看出“有”，从“虚”中看出“实”，比任何他看到的更真切、更阔达、更复杂、更确实！是什么让孩子们从“无”看到“有”，从“虚”看到“实”呢？（预设：想象。）

2. 现在，你知道为什么茅盾对天窗情有独钟了吧，天窗是孩子们想象的翅膀，在暗黑的屋子里，透过天窗他们的想象飞跃了广阔的天空，得到了心灵的慰藉，所以，天窗成了他童年里最温暖的记忆。

# 品漫画般的文字，悟漫画外的情感

## ——《白鹅》（第二课时）教学设计

### 一、漫画导入，整体回顾

1. 出示丰子恺先生的漫画，让学生细致观察，感受其诙谐、幽默、充满生活气息的特点。

这些漫画出自我国著名漫画家、散文家丰子恺之手，他的漫画幽默诙谐，非常有趣，散发着浓浓的生活气息。不仅漫画，丰先生的散文也如此。这节课我们继续学习他的散文《白鹅》。

2. 导入新课，直奔中心

（1）上节课老师已经带领大家初读了课文，如果用文中的一句话来概括白鹅的特点，你想用哪一句话？（预设：好一个高傲的动物！）用一个词呢？（预设：高傲）“高傲”是什么意思？（预设：非常骄傲，瞧不起人，自以为是）

（2）我们把一篇文章读成了一句话，一个词，这叫把书读薄了。人可以高傲，这小小的鹅是怎么高傲的呢？这节课我们一起来研究研究。

### 二、品读课文，感受高傲

鹅的高傲主要表现在哪几个方面呢？（预设：叫声、步态和吃相。师板书）

1. 品味叫声高傲

（1）我们按照作者写作的顺序，先来研究鹅的叫声。请大家自由读第 3 自然段，边读边把描写鹅叫声的词语标出来。

交流：你标出是哪些词句？

严肃郑重　厉声呵斥　厉声叫嚣　引吭大叫

（2）再来读词，读出鹅叫声的特点。

你看我们祖国的语言文字多么丰富，一种叫声可以用这么多词语来表达，自己读读这几个词，结合他们的意思，想一想鹅的叫声有什么特点。（预设：叫声

大、严厉、像在训斥人、像生气）

（3）品读文本，读出鹅叫声的内涵。

①我们再把词语放到句子里，读一读，鹅在什么时候这样叫呢？

（指生读：“凡有生客进来，鹅必然厉声叫嚣；甚至篱笆外有人走路，它也要引吭大叫。”）

②有生客进来，鹅必然厉声叫嚣，如果鹅会说话，它这是在说什么？

③篱笆外有人走路，它也要引吭大叫，如果白鹅会说话，它一定在大喊……

④它还仅仅是一只鹅吗？更像什么？（预设：看门鹅，鹅保安）真是个看家的好手！这真是一只有趣的鹅！再来读读这段话。用你的声音把鹅的高傲表现出来。

> 鹅的叫声，音调严肃郑重，似厉声呵斥。它的旧主人告诉我：养鹅等于养狗，它也能看守门户。后来我看到果然如此：凡有生客进来，鹅必然厉声叫嚣；甚至篱笆外有人走路，它也要引吭大叫，不亚于狗的狂吠。

⑤这段话里，作者明明写白鹅，为什么还写狗呢？（预设：鹅像狗一样看家；像狗一样忠诚；像狗一样尽责看守门户。）它是丰家的守卫者，甚至比狗更厉害。这种写法叫作：对比。（板书：对比）通过对比就更加突出了鹅的特点。

总结：这样的一只白鹅，难怪作者说它：好一个高傲的动物！

2. 品读步态傲慢

（1）对比的写法在写鹅的步态中也出现了，赶快读读第4自然段，划出相关的句子，一会儿我们交流。

（生交流鹅的步态与鸭的步态相比较的句子，对比读。）

（2）（出示丰子恺的画《白鹅》）大家看，这就是丰子恺画的他们家的白鹅，瞧它，昂首挺胸，器宇轩昂，那什么样的步调才是从容的、大模大样的呢？谁来演示演示？

（3）净角的步态就是步调从容、大模大样的。再来读读这句话，把鹅走路的样子读出来。（指生读）

总结：刚才我们抓住了关键词句，在对比中读懂了鹅叫声和步态的高傲。

3. 研读吃相有趣

鹅吃相的高傲表现在哪儿呢？请大家默读第5—7自然段，一边读，一边想象文字描绘的情景，把你觉得很有趣的地方标出来，用心体会，多读几遍。

预设：

①吃的食物很讲究："它需要三样东西下饭：一样是水，一样是泥，一样是草。"

②吃食物的方式很讲究："先吃一口冷饭，再喝一口水，然后再到别处去吃一口泥和草。吃法也很讲究。但它的吃法，三眼一板，一丝不苟。"

指导：三眼一板，是京剧里面的一种节拍，跟我们音乐课上的四四拍差不多，我们一起来打一打这个节奏。这三板一眼在文中具体指什么呢？（先吃一口冷饭，再喝一口水，然后再到别处去吃一口泥和草。）它吃的三种食物不能少一样，顺序也不能打乱，这就叫三眼一板，一丝不苟。

你觉得这是一只怎样的鹅？（认真的、固执的、守规矩，甚至有点迂腐，不知变通）真是一只呆头鹅。

再读读这句话，把这鹅的呆萌样读出来。别慌哦，就三眼一板地读。

③这样从容不迫地吃饭，必须有一个在旁侍候，像饭馆里的堂倌一样。

所以，丰子恺先生称这只鹅为——"鹅老爷"。

④因此鹅吃饭时，非有一个人侍候不可，真是架子十足！

⑤每逢他吃饭的时候，狗就在一旁窥伺。（狗都怕他，只能偷偷地看）

⑥鹅老爷偶然早归，伸颈去咬狗，并且厉声叫骂，狗立刻逃往篱边，蹲着静候……

4. 对比阅读，感受对白鹅的喜爱

①老师发现这段话里既写了鹅，又写了狗，咱们对比着来读一读，男生读写鹅的部分，女生读写狗的部分。看谁读得生动。

②读得都很好，这样一对比，你发现狗与鹅有什么不同？（预设：鹅很傻，狗很机灵。鹅很高傲，狗很猥琐。）那丰先生是喜欢狗呢？还是喜欢呆呆的还架子十足的鹅呢？说说理由。

总结：这篇文章通篇没有一个词写作者对鹅的喜爱，但在一处处的对比中，在一句句生动有趣的描写中我们却感受到了这深深的喜欢。

**三、拓展延伸，升华情感**

这篇文章写于 1946 年，在此之前丰子恺一家逃难到重庆，住在重庆郊外沙坪坝的一间小屋里，当时条件非常艰苦，他的内心更是焦虑苦闷。他在原文中写道：

鹅给我的印象最深。因为它有那么庞大的身体，那么雪白的颜色，那么雄壮的叫声，那么轩昂的态度，那么高傲的脾气，和那么可笑的行为。在这荒凉岑寂的环境中，这鹅竟成了一个焦点。凄风苦雨之日，手酸意倦之时，推窗一望，死气沉沉；唯有这伟大的雪白的东西，高擎着琥珀色的喙，在雨中昂然独步，好像一个武装的守卫，使得这小屋有了保障，这院子有了主宰，这环境有了生气。

难怪文章写得像漫画一样妙趣横生，那是因为先生对白鹅情有独钟啊！让我们再来读读这句话：

好一个高傲的动物！

**四、课后链接，比较鉴赏**

请大家阅读课后的阅读链接《白公鹅》，找一找这两只鹅的相似之处。

## 夯实基础知识，提升基本素养

## ——《珍珠鸟》（第一课时）教学设计

**一、导入新课，初识珍珠鸟**

1. 板书课题

这节课我们学习新课《珍珠鸟》，看老师板书课题。“珍”“珠”两个字的部首都是王字旁，最后一笔要变成“提”，为右边的部分让出了空间。“珍”的撇比较多，下面的三个撇一个比一个长一点，“珠”字右边要注意与左边笔画间的穿插避让，这样写出来才好看。“鸟”字最后一笔横要长一点，像长树枝一样托住鸟儿。一起读课题。

2. 初识珍珠鸟

（1）见过珍珠鸟吗？瞧，这就是珍珠鸟（出示课件）珍珠鸟体长大约 10 厘米，身体呈白色或灰色，红色的嘴巴，因背部有许多珍珠似的白点儿，所以称之为“珍珠鸟”，又叫“小珍珠”。说说看，你觉得珍珠鸟怎么样？（预设：很可爱、很小、很漂亮）

（2）听得出来大家都很喜欢珍珠鸟，带着这份喜爱，再来读课题《珍珠鸟》。这节课我们就一起来认识认识著名作家冯骥才家里的小珍珠鸟。

**二、初读感知，字词过关**

1. 聊聊预习

课前预习课文了吗？谁来说说你是怎样预习的？

2. 检查识字

看来大家都有很好的预习习惯，老师先考考大家，这些生字词你都认识了吗？自己先试着读一读，一会儿我请同学来展示展示。

课件出示：

巢　拨开　垂蔓　一卷干草

猜　雏儿　细腻　神气十足

撞　愈发　索性　伏案写作

（1）指生读第一行字：巢　拨开　垂蔓　一卷干草

（重点指导读好多音字）“垂蔓”的“蔓”字是多音字，当它表示细长能缠绕的茎的时候读 wàn，比如：瓜～儿，垂蔓。当它形容像蔓草一样扩展滋生的时候就读“màn”，如“蔓延”。来，再来读两遍这个词“垂蔓”、文中还有“绿蔓”，同样读 wàn，齐读两遍。

（2）指生读第二行：猜　雏儿　细腻　神气十足

重点读好“雏儿”，加上儿化音就有了喜欢的意味，把这种可爱、喜欢读出来。文章中还有几个带儿化音的词（出示：鸟儿　蓬松的球儿　不一会儿）。

文中还有一些词虽然没有带“儿”，但是若读成儿化音，效果会更好。比如：“小家伙”“灰蓝色的毛”“珍珠似的白点”，加上儿化读读看。

（3）指生读第三行：撞　愈发　索性　伏案写作

（4）读准字音的同时，理解词语的意思。“愈发”是什么意思？我们可以根据语境猜一猜。

（出示句子：“三个月后，那愈发茂盛的绿蔓里边，发出一种尖细又娇嫩的鸣叫。”）

（5）同样的方法理解“索性”的意思。

（出示句子：“后来，完全放心了，索性用那小红嘴，‘嗒嗒’啄着我正在写字的笔尖。”）

（6）借助插图理解“伏案”的意思。

如果联系上下文还是看不出它的意思。再看看教材中有什么信息可以给我们提供帮助。（预设看插图可以知道，“伏案”就是趴在桌子上的意思。）文中的插图也是一种很重要的学习资源哦！

（生齐读词语）

**三、指导朗读，提升素养**

1. 词语都认识了，相信课文大家也能读好了，咱们先再练习读一遍课文，一会儿请同学展示。（生自由练读）

2. 指生逐段读文，教师适时指正、范读。

重点指导：

（1）真好！朋友送我一对珍珠鸟。

文章的第一句话就两个字——“真好！”，直接表达了作者的心情。想一想，怎样才能读出作者的好心情呢？

（教师范读，指生读，齐读）

（2）我把这对鸟儿放在一个用竹条编成的笼子里。

（指导学生长句子的停顿：这个句子比较长，不好读，别慌，再读一读，想一想在哪里适合停顿，停顿好了，句子就读好了。）

（3）一盆吊兰的垂蔓蒙盖在鸟笼上，珍珠鸟就像躲进幽深的丛林一样安全。

这个句子有点难读，很有挑战性。当拿不准、不好确定句子怎么停顿的时候，就多读几遍，读得多了就读好了。自己再试一试。

（教师范读，指生读，齐读）

（4）只是后背还没有生出珍珠似的白点。

（“似的”易读错）

3. 教师范读课文，学生再次练读。

**四、理清文脉，认识雏鸟**

1. 理清文脉

想一想文章写了“我”和珍珠鸟哪几个方面的内容呢？思考、交流。

预设：

（1）朋友送我一对珍珠鸟，我给它们做了一个温暖的巢。板书：做巢

（2）小珍珠鸟出生了。板书：出生

（3）小珍珠鸟和我渐渐亲近。板书：亲近

（4）小珍珠鸟在我肩膀睡熟了，我发出呼唤。板书：信赖

（师指板书）作者就是按这样的顺序，写出了他和珍珠鸟之间的故事。

2. 认识雏鸟

（1）三只珍珠鸟，你最喜欢哪一只？（预设：小珍珠鸟，因为它很可爱。）

（2）是啊，这么可爱的小珍珠鸟长什么样子呢？请大家在文中找到描写小珍珠鸟外形的句子，然后标画下来。

（3）指生读标画的句子

出示：

瞧，多么像它的母亲。红嘴、红脚、灰蓝色的毛，只是后背还没有长出珍珠似的白点。它好肥！就像一个蓬松的球儿。

指导朗读：红蓝相间的颜色，细腻的绒毛，多可爱啊！大家都来读读这段话，看谁读出小珍珠鸟的可爱。（生练读，指生读）

**五、指导书写**

1. 刚才我们读通了课文，认识了一只可爱的小珍珠鸟。接下来我们活动活动手指，写一写生字。本课左右结构的生字特别多，我们来写一个代表性的“拨”字（出示：拨）。“拨”字，左窄右宽，右边的起笔在竖中线上，撇捺要舒展，最后一笔是点，不要漏写。

2. 教师范写—生练写—展示交流

## 在朗读中品味掌声的魅力

### ——《掌声》（第二课时）教学实录

**一、回顾复习，激发阅读期待**

师：这节课我们继续学习第 21 课《掌声》，请大家齐读课题。（生齐读）上节课我们初读了课文，认识了许多词语朋友，瞧！他们来了，快和他们打声招呼吧。（出示词语，指生读词）

落下　犹豫　骤然

鞠躬　似的　忧郁

师：嗬！这几个词老师都容易读错，可你都读对了，真了不起！哪个同学再来读一读？

师：你也很棒！我们一起再来读一读这些词。

（生齐读巩固）

师：上节课我们已经初读了课文，谁来谈一谈《掌声》为我们讲述了怎样的一个故事。

生：小英是个残疾女孩，她总是默默地坐在教室的一角，一次上演讲课，她在同学们的掌声里走上了讲台，她讲得很好，同学们把掌声送给了她，后来小英变得不再忧郁。

师：是什么让小英发生了变化？

生：掌声。

师：是的，这节课让我们一起走进小英的内心，感受掌声的魅力。

**二、品读感悟，体会孤独、自卑**

师：请同学们默读课文的1—3自然段，一边读一边标画出描写小英的句子，想一想从这些句子中你读出了什么。

（生默读1—3自然段）

师：我请一位同学读一读标画的句子。

生："在我上小学的时候，班里有个叫小英的同学，她总是默默地坐在教室的一角。因为小时候生病，一条腿落下了残疾，她不愿意让人看到她走路的样子。"

师：读得非常流利，从这两句话中你仿佛看到了什么？

生：我仿佛看到了小英腿有残疾，走起路来不好看，她不愿意让人看到她走路的样子，担心别人笑话她。

师：是啊，你读懂了小英内心深处的想法——"她不愿意让人看到她走路的样子"。（师重读"不愿意"）请你再读读这个句子，读出小英内心的担心。

生："因为小时候生病，她不愿意让人看到她走路的样子。"（强调了"不愿意"）

师：谁还想读？

生："因为小时候生病，她不愿意让人看到她走路的样子。"

师：我们听出了小英内心的担心。因为她不愿意让人看到她走路的样子，所以她总是——

生：默默地坐在教室的一角。

师：从“她总是默默地坐在教室的一角”（屏幕出示）我们可以想象小英在学校里的生活：课堂上同学们都积极、踊跃地回答老师的问题，可是小英呢？

生：默默地坐在教室的一角。

师：下课了同学们都在一起交谈、游戏，可是小英呢？

生：默默地坐在教室的一角。

师：课外活动别的同学都去参加自己喜欢的活动，可是小英……

生：默默地坐在教室的一角。

师：是啊，小英是这样的一个孩子，想一想，我们应该怎么读这段话呢？自己先练一练。

指生读第一自然段。（生语速稍快）

师：想象一下，“小英总是默默地坐在教室的一角”，她每天早早地来到教室悄悄地坐在那里，每天又是最后一个默默地离开，她孤零零的，再读一读这句话。

生读。（语速缓慢下来，有很大进步）

师：我觉得你读懂了小英的内心。读书就应该这样，一边读一边抓住关键词想象书中描写的情景，把自己的理解和感受融入你的朗读里，这就叫“有感情地朗读”。

师：我们接着交流，你还画出了哪些句子？

生：“一天上演讲课……小英立刻把头低了下去。”

师：说说你的想法。

生：我从“立刻”这个词感受到小英当时非常紧张、害羞。

师：其他同学也可以谈谈自己的看法。

生：我觉得英子根本不想上台讲故事，因为她不想让同学们看见她走路的样子。

生：我感觉到英子这时十分紧张，她怕自己讲不好，又担心同学们会嘲笑她，所以立刻把头低了下去。

师：你们真是小英的知己啊！

生：我还标画了“小英犹豫了一会……小英的眼圈红了。”这句话，我从“犹豫”这个词读出了小英当时不想上台讲故事的心情。

师：“犹豫”是什么意思？

生：拿不定主意。

师：小英在犹豫什么呢？

生1：她在想要不要上讲台。

生2：她在想自己一瘸一拐地走上去大家会笑话的。

师：既然这样，那就默默地坐在那里吧。

生3：不行，因为大家在轮流讲故事，都得去，不去老师会批评的。

生4：老师是新来的，不能让新老师生气。

师：是啊，去也不是，不去也不是，小英的心里多为难，多无奈啊！大家练习读一读这句话，把小英这复杂的心情通过朗读表现在你的脸上，融进你的声音里。

（生练习读）

指生读。

师：你把“慢吞吞”这个词读得很缓慢，让我们仿佛看到了小英是犹豫着慢一吞一吞地站了起来。谁能像这位同学一样再来读一读这段话？

再次指生读。

师：左右为难的小英眼圈红了，她难过得要哭了，多可怜啊，我们一起读。

生齐读。

师：通过刚才的读书交流，我们了解到小英原来是个怎样的孩子？

生1：小英是个孤独的孩子。

生2：小英是个非常自卑的孩子。

生3：她原来很忧郁。

师：（板书：孤独、自卑、忧郁）我请一位同学把1—3自然段连起来读一读，让我们再一次感受小英那自卑、孤独、忧郁的内心世界。

指生读。

**三、情景补白，品味掌声内涵**

师：就是这样一个自卑、孤独的，不愿意让别人看到她走路样子的女孩，在大家的注视下，终于勇敢地一摇一晃地走上了讲台，她也万万没想到，就在她刚刚站定的那一刻，台下骤然间响起了一阵掌声。

（出示掌声的句子：“那掌声热烈、持久，小英感动得流下了眼泪。”）生齐读。

师：在热烈而持久的掌声里，你真想对小英喊什么？

生 1：小英，加油！

生 2：小英，你真勇敢！

生 3：小英，你要战胜困难！

生 4：小英，你会成功的！

师：小英一定听到了，这掌声、这喊声都充满了所有同学对英子的——

生：鼓励！

师：多么美好的掌声啊！小英感动得流下了眼泪。当她结束演讲的时候，班里又响起了经久不息的掌声。自己读一读下面的句子，想一想同学们的第二次掌声又在向小英表达着什么。（生自由读）

师：如果你就是小英班里的同学，听了小英的演讲，你想对小英说什么？

生 1：小英你讲的故事很动人，普通话也很好，你真棒！

生 2：小英你讲得太好了，你真了不起！

生 3：小英你成功了，祝贺你！

师：当时同学们没说一句话，把所有的祝贺、赞美都化成了一片经久不息的掌声。小英听懂了掌声中所包含的那份尊重、鼓励、赞赏，也听懂了同学们对她真诚的关爱，让我们一起分享这感人肺腑的掌声。（出示："掌声渐渐平息……经久不息的掌声。"生齐读）

师：当初小英是流着泪走上讲台的，现在她在同学们的掌声里微笑着走下讲台。此时小英心里会想些什么？

生 1：小英会想：原来同学们不会嘲笑我，他们还是很友好的。

生 2：小英会想：原来我可以讲得和同学们一样好。

生 3：我要谢谢同学们的掌声。

师：掌声让小英重新了解了同学们，也重新认识了自己。如果下一次上演讲课，小英还会犹豫吗？

生：不会。

**四、前后对比，感受小英的变化**

师：从那次演讲以后，小英像变了一个人似的，她变得怎样了？老师请一位同学读第 5、6 自然段。

指生读。

师：曾经那个孤独、自卑、忧郁的小英变得怎样了？

生 1：小英不再忧郁了。

生 2：她鼓起了生活的勇气。

生 3：她比以前活泼了。

生 4：她变得乐观、开朗了。

（师板书：活泼、乐观、开朗）

师：是什么让小英发生了那么大的变化？

生：掌声！

师：正如小英在来信中说的那样——

（出示小英信中的句子）

生齐读："我永远忘不了那一次掌声，它使我鼓起了生活的勇气，我永远感谢这掌声。"

（师板书：掌声鼓起勇气）

师：写下这段话时，小英的内心充满了感激，再来读一读这句话。

生再次齐读。

师：我请两位同学分别读一读文章的第 1 自然段和 5、6 自然段，让我们再一次感受掌声带给小英的变化。

生对比读。

师：谢谢两位同学！小英身患残疾，她孤独、自卑，一次演讲课上同学们的掌声让她鼓起生活的勇气，变得自信起来，快乐起来，这就是掌声的魔力！

**五、反复诵读，升华情感**

（出示最后一个自然段，师引读）

是啊，人人都需要掌声，特别是当一个人身处困境的时候。让我们珍惜别人的掌声，同时，也不要忘记把掌声献给别人。

师：困境中有了掌声便有了希望，迷茫中有了掌声便有了方向，生活中有了掌声便会多一分精彩。（师再次引读最后一段）我建议大家把这段话背下来，深深地记在我们的心里。（生背诵）哪位同学背过了？我们一起来背。（生齐背）

师：让我们记住小英，记住这个感人的故事，也永远记住这句话。（齐背）

师：放学后请同学们把这个动人的故事讲给爸爸妈妈听，让他们也来体味这掌声的魔力。

（此文 2011 年 7 月发表于《小学教学》杂志）

# 一轮明月一阕诗，千年月光耀古今

## ——《望月》（第二课时）教学实录

### 一、如诗如画江中月

1. 品读课题，整体回顾

师：这节课我们继续学习《望月》，一起读课题。

（生读课题）

师：在静谧的夜晚望月是一件浪漫惬意的事情，试着读出这种感觉。（生再次读课题，读出了意境。）

师：上节课我们初读了课文，了解到这是一篇散文，请大家回想一下作者围绕着“望月”写了哪些内容。

生：写到了“江中月”“诗中月”“心中月”。

2. 品读文字，想象画面

师：接下来，我们跟随作者的脚步踏上江轮的甲板，一起凝望这轮美丽的明月。请大家自由读文章的第二自然段，一边读，一边想象文字描绘的景象，用心感受。（指生读）

师：（指导读第二句话）读这句话的时候你仿佛看到了什么？

生：我仿佛看到了月光散落在长江里，江水中有很多晶莹的光斑在跳动，特别美！

师：这就叫读出了画面。请你再来读一读，用声音把你看到的画面读出来，让大家都能感受到这幅画面。（生读，教师适时范读、指导）

师：（出示江中月图片）看，月光照水，水波映月，流动的江水，闪烁的光斑，多么灵动的画面啊！谁还想读？（指生读）

师：听了你的朗读，我仿佛看到了一幅写意的丹青水墨画（出示 PPT），画里有芦荡、有树林、有山峰还有月光。谁还想读？（再指生读）

师：读得那么好！能不能说说这样的景象给你怎样的感觉？

生 1：很美好，很静谧，也很安详。

生 2：像文中说的那样清幽、旷远。

师：是的，一江春水一江月，千江春水千江月。让我们一起来读，感受这清幽旷远的意境。（生齐读）

**二、如泣如诉诗中月**

师：这样的意境让人沉醉，更能拨动人们的心弦，常常引起人们的无限遐想。古人就喜欢把月光酿成诗词。请大家找到作者与小外甥对诗的内容，自己读一读。

（生自由读诗句）

师：谁来读第一句？

生 1：“小时不识月，呼作白玉盘。”

师：这首诗选自李白的《古朗月行》，月光照亮过李白的童年。

生 2：“但愿人长久，千里共婵娟。”

师：这首诗选自苏轼的《水调歌头》，月亮慰藉过苏轼思念弟弟的心情。

生 3：“举头望明月，低头思故乡。”

师：选自李白的《静夜思》，月光引起李白对家乡的思念。

生 4：“野旷天低树，江清月近人。”

师：选自孟浩然的《宿建德江》，水中的月亮陪伴孟浩然孤独的旅程。

生 5：“月落乌啼霜满天，江枫渔火对愁眠。”

师：选自张继的《枫桥夜泊》，月亮牵动了诗人的愁绪。“今人不见古时月，今月曾经照古人。”这些诗词穿越千年与我们相遇，依旧能抚慰我们的心灵。让我们再来读读这些诗词吧，老师读一句，你来读一句好吗？

（师生互读诗句）

师：真好！写月亮的诗多如繁星，你还知道哪些？

生 1：“春风又绿江南岸，明月何时照我还。”

生 2：“举杯邀明月，对影成三人。”

生 3：“深林人不知，明月来相照。”

生 4：“长安一片月，万户捣衣声。”

生 5：“今夜月明人尽望，不知秋思落谁家？”

……

师：写月亮的诗句太多了！有人说“千首诗中千般月”，每首诗中诗人的表达的心情或情感是不一样的，你发现了吗？比如：（出示PPT）以月渲染清幽的气氛，像“明月松间照，清泉石上流。”这一类写月光的诗你还知道哪些？

生1：“月出惊山鸟，时鸣春涧中。”

生2:“明月别枝惊鹊，清风半夜鸣蝉。”

师：还有的以月寄托相思之情。如:“举头望明月，低头思故乡。”借月思乡的诗你还知道哪些？

生1：“露从今夜白，月是故乡明。”

生2：“我寄愁心与明月，随君直到夜郎西。”

生3:“海上生明月，天涯共此时。”

师：还有的诗句以月烘托孤苦的情怀。如：“举杯邀明月，对影成三人。”这样的诗你还了解哪些？

生1：“月落乌啼霜满天，江枫渔火对愁眠。”

生2：“无言独上西楼，月如钩。”

生3：“缺月挂疏桐，漏断人初静。”

师：瞧，诗人多有意思，心情愉悦时会望月，孤单寂寞时会望月，思念家乡时会望月，想念亲友时也会望月……似乎月亮能够承载所有的情感。这，就是中国人的月亮情结。这些情结在诗词里体现得淋漓尽致，多读读背背诗词就能更深入地感受这种美好的情结。

**三、如痴如醉心中月**

师：作者赵丽宏和小外甥也是有月亮情结的。作者的月亮情结我们已经从文章的开头有所了解，你能发现小外甥的月亮情结吗？再来浏览浏览课文。（生浏览思考，交流）

生：“‘是月亮把我叫醒的。’小外甥调皮地朝我眨了眨眼睛，又仰起头凝望着天上的月亮出神了。”我从这句话读出了小外甥很喜欢月亮。

师：你关注到了小外甥的语言和动作。我们先来读读小外甥的这句话（生读）。这句话的表达很特别，你觉得哪个词用得好？

生：叫醒。

师：月亮又不会说话，会叫醒人吗？小外甥为什么会这么说呢？

生：月光太美了，小外甥禁不住醒来看看月亮。

师：他是有多喜欢月亮啊，居然被月亮“叫醒”了，这种表达多么有诗意啊！是月亮给了小外甥这样的灵感，小外甥真是个天生的诗人。从他的动作里你能看出小外甥的月亮情结吗？

生："抬起头凝望着月亮出神了！"从"凝望"这个词，能看出小外甥看月亮的时候很深情，不住地看，都出神了。

师：你真会读书，那么细微的一个动作都被你捕捉到了，这确实是一种深情的凝望。其他同学还可以从哪儿读出小外甥的月亮情结呢？

生：小外甥想了一会儿，说："这是明亮的眼睛。它很喜欢看我们的大地，所以每一次闭上了，又忍不住偷偷睁开，每个月都要圆圆地睁大一次……"小外甥把月亮比作"天的眼睛"，很形象生动。

师：这种比喻真的很奇特！我们一起读一读这段话，感受这奇妙的幻想。

（生齐读句子）

师：真是善于幻想的孩子！（出示月亮变化图）同学们，看，月亮每天都在变换着模样，有时候弯弯的，像什么？

生 1：像古代美女的蛾眉。

生 2：像弯弯的小船。

生 3：像一个香蕉被抛在了天空中。

师：还有时候半圆，像什么呢。

生 1：像一张弯起来的弓。

生 2：像切开的一半橙子。

师：有时候圆圆的，像什么？

生 1：像一张圆圆的油饼。

生 2：像碧玉盘一样圆圆的。

生 3：像一个圆圆的月饼。

师：大家的想象很丰富，继续轻轻展开你幻想的翅膀，想一想月亮还像什么，它又是怎样变化着自己的模样的呢。把你的奇思妙想写下来。

（交流、点评）

生 1：月亮是一个魔法师。有时候把自己变成一只金色的小船停泊在树顶上；有时候又变成一盏明灯，高悬在漆黑的夜空；有时候，把自己变成一瓣橘子，馋着满天的小星星。

生 2：月亮是个小淘气包，经常和星星一起玩捉迷藏。有时候它躲在云彩的身后；有时候，用黑布把自己围起来，只露出弯弯的眉毛；有时候它毫不掩饰自己的容貌，在天空中跑来跑去。

生 3：中秋节到了，嫦娥做了一个圆圆的月饼，放在天空这个大盘子里，可是，不知被哪个调皮的小星星偷偷咬了一口，月饼变小了。后来越来越多的小星星都来品尝月饼，最后月饼只剩下弯弯的一点点，嫦娥为了让更多的小星星吃到月饼，便使出魔法，月饼竟然复原了。星星们便都来开心地品尝美味的月饼。

……

师：同学们的想象多丰富、多奇妙呀！感谢月亮带给大家这么多神奇、美好的想象！

这节课，我们一起通过读书，欣赏了江中月影，沉醉在月光诗词里，用自己奇妙的想象写出了自己心中变幻多姿的小月亮。课后请大家搜集并背诵其他写月亮的诗词，感受月亮在诗词中的意象与情感。

# 在朗读中感受意境，在涵泳中浸润文化

## ——《山居秋暝》教学实录

**一、导入新课，解读诗题**

师：今天我们要学习《古诗三首》，三首古诗分别是《山居秋暝》《枫桥夜泊》《长相思》。这节课我们学习第一首《山居秋暝》，一起读课题。

（生读课题）

师：“暝”是一个生字，它是什么意思呢？

生：傍晚。

师：日落时分，傍晚为“暝”。说得很准确，你是怎么知道的？

生：看注释知道的。

师：借助注释理解诗意是学习古诗词和古文一种非常重要的方法，看来你已经掌握了这种方法。了解了“暝”的意思，我们就大体知道了诗题的意思。你能用自己的话说说吗？

生：在山中居住看到的秋天傍晚的景象。

## 二、初读古诗，吟出韵律

师：读懂了诗题，我们再来读读这首诗。先自己练一练，注意读准字音，读出节奏，一会儿请同学展示。

（生展示读诗）

师：字音读得很正确，非常流畅。但是，诗像音乐一样是有节奏的，如果能读出诗的节奏就更好了。《山居秋暝》是一首律诗，律诗是中国传统诗歌的一种体裁，分五律和七律。五字一句为五律诗，七字一句为七律诗，律诗讲究对仗和押韵。什么叫“押韵”呢？诗中偶数句最后一个字的韵母相同或相近，来，看这首诗中的“秋”“流”“留”，韵母都是“iu”，“舟”的韵母是“ou”，这就是押韵。押韵的字叫作韵脚，韵脚读的时候要饱满、稍长，听老师读。

出示划分节奏的诗句，师范读，读出节奏和韵味。

> 山居秋暝
>
> （唐）王维
>
> 空山／新雨／后，天气／晚来／秋。
>
> 明月／松间／照，清泉／石上／流。
>
> 竹喧／归／浣女，莲动／下／渔舟。
>
> 随意／春芳／歇，王孙／自可／留。

师：请你们也试着这样读一读。

（生练习读，指生读）

师：这样读，诗的韵律感就更足了。我们现代人读书的方式是朗诵，你知道古人是怎么读书的吗？古人是用吟诵的方式来读书的。老师跟师傅学了这首诗的吟诵，想不想听听？（师吟诵《山居秋暝》）

师：好听吗？

生：好听。

师：想不想试试？

生：想！

师：其实吟诵并不难，老师先教给大家吟诵的要领。现在我们的汉语拼音有四种声调，但是，在古代只有两种声调：平声和仄声。我们现在的一声二声在古代为平声调，三声四声在古代为仄声调。吟诵的时候注意仄声短、平声长，特别是每句诗中的第二个平声更要长一些，押韵的字更要余味悠长。古人还规定了一些入声字，这些字要读得很短。来，老师在诗中标出了平声和仄声符号，老师大声吟诵，你们小声跟着吟，一起试试。（出示带吟诵符号的诗句）

师：初次学吟诵就吟得有模有样，真不错！我们以古人读书的方式吟着这首诗，仿佛穿越千年与诗人心脉相通、精神共鸣了。

**三、理解诗意，品读意境**

师：这首诗的作者是王维，关于王维你了解多少？

生1：王维是唐朝诗人，字摩诘，号“摩诘居士”。

生2：王维精通诗、书、画、音乐等，以诗最为著名，特别是以山水田园诗名扬天下。他与孟浩然合称“王孟”，有“诗佛”之称。

师：是的，王维的诗有极高的艺术成就。苏轼曾说过：“味摩诘之诗，诗中有画；观摩诘之画，画中有诗。”这是对王维山水诗极高的评价。那让我们再来品味一下王维的这首诗，看你能不能从诗中读出画面来。请大家自由读一读这首诗，想象诗句所描绘的景象，看看你能读出哪些画面？

（生自由读诗）

师：说说看，你眼前展现的是一幅怎样的画面？

生：从“空山新雨后，天气晚来秋。”一句中我看到山中刚刚下了一场雨。

师：你一定是从“空山新雨后”这句话读出来的。“新雨”是什么意思？

生：刚刚下过一场雨。

师：你怎么知道的？

生：猜的。

师：恭喜你猜对了！大家想，一场秋雨之后，空旷的山林会有什么变化？

生1：空气更加清新；树叶更加翠绿。

生2：树叶像被洗过一般闪闪发亮。

生3：山林更加干净。

生4：更多山泉水流淌下来。

师：如果一阵风吹来，会有怎样的感觉？

生：感觉更加凉爽、舒服。

师：是啊，天凉好个秋！呼吸着这样清爽的空气，享受着这样轻柔的山风，你会有怎样的感觉？

生1：感觉非常凉爽。

生 2：心旷神怡。

生 3：神清气爽。

生 4：一定会流连忘返。

师：带着这样的体会，再来练习读读第一句诗。

（生练读，指生读）

师：不仅读出了初秋的清爽，还读出了空旷山林的静寂；不仅读出了画面，还读出了意境。接着聊，你还从诗句中读出了哪些画面？

生：我从“明月松间照，清泉石上流”读出了明月照在松林上，月光穿过松林的空隙照在地上，清澈的泉水在石头上流淌的画面。

师：你为我们描绘了一幅非常美丽的图画。如果描述得再具体、形象一些，加上自己的感受就更好了。比如：我们可以想象一下，这是一轮怎样的明月？

生：皎洁、明亮、美丽的明月。

师：照耀在怎样的松树上？

生：郁郁葱葱、高大挺拔、苍翠、枝繁叶茂的松树。

师：怎样的泉水又流过怎样的石头呢？

生 1：清澈见底的泉水流过圆润、光洁的石头。

生 2：潺潺的泉水轻轻地流过干净光滑的石头。

师：当泉水流过石头你一定还听到了声音……

生：叮叮咚咚、哗哗啦啦、淙淙、淅淅沥沥的泉水声。

师：如果说月照山林是一种清幽的寂静之美，那么清泉流溢则有活泼的动态之美。这一动一静，勾勒出一幅诗情画意的水墨秋夜图。再来读读这句诗，读出诗句所蕴含的意境美。

（师生合作、男女生合作读“明月松间照，清泉石上流。”）

师：诗中还写到哪些景物呢？

生：“竹喧归浣女，莲动下渔舟。”竹林中有洗衣归来的少女，湖边有莲叶摇动，便知道有渔船要驶过来。

师：夜色朦胧，如何知道洗衣女子归来，有渔舟要驶过呢？

生：听到了浣女们的喧闹声，知道她们回来了；看到莲叶微动，就知道有渔船要驶过来。

师：未见其人，先闻其声。这是作者从声音的一种推测。竹“喧”归浣女，从这个“喧”字，我们可以想象一下，这归来的洗衣女子会聊些什么呢？

生 1：今晚回去做什么饭？

生 2：讲讲白天的见闻，说几句笑话。

生 3：聊聊孩子们有趣的事。

师：聊得可真开心呐！你觉得这是一群怎样的姑娘？

生：可爱的、勤劳的、质朴的、纯洁的、无忧无虑的、快乐的……

师：这样的一群姑娘给静寂的山林增添了无尽的乐趣。我们再看下半句："莲动下渔舟"。有人说：这一句没有写人，但是人隐藏在诗情画意之中。你同意吗？

生：同意。

师：人在哪里？

生：渔舟上。

师：是什么人呢？

生：打鱼归来的渔民。

师：他们一定满载而归。皎皎月光之下，莲船桨轻摇，莲叶纷披，归来的渔船打破了这荷塘的宁静。男人们外出捕鱼，女人们浣衣做饭，这是一幅多么和谐幸福的山居秋暝图。王维太喜欢这里了，他说："随意春芳歇，王孙自可留。"这句话是什么意思？

生：任凭春天的景物凋零，我自可以留在这里。

师：借助注释，我们又理解了句子的意思。是啊，春芳有时尽，秋日亦怡人。王维要留在哪里？

生 1：留在山中。

生 2：留在这迷人的秋色中。

师：没错。"山中自可留"引自《楚辞·招隐士》，原文说："王孙兮归来，山中兮不可以久留。"意思是山中不可久留。但王维却要留在山中，这个"留"是留下的"留"，留恋的"留"。他留恋这里的什么？（出示诗句）

师：他留恋这——

生：空山新雨后，天气晚来秋。

师：他留恋这——

生：明月松间照，清泉石上流。

师：他留恋这——

生：竹喧归浣女，莲动下渔舟。

**四、了解背景，感悟情怀**

师：我们再来看诗中描写的这些景物：明月、青松、清泉、翠竹、碧莲，它们有什么共同的特点？

生1：洁身自好，品行高洁。

生2：都有着美好的品质。

生3：都有高尚的情操。

师：王维多才多艺，17岁时便写下了闻名天下的《九月九日忆山东兄弟》，21岁便高中状元，到了晚年他更是高居尚书右丞之位。但是，他还是辞去了官职，隐居在离都城长安20公里的蓝田辋川中，高官厚禄、锦衣玉食，他都不喜欢。他不喜欢长安的繁华与喧嚣，只爱这里清幽的安静；他不喜欢朝廷中官场的争斗，只爱这里人民的勤劳质朴；他不喜欢官场上繁复的工作，只爱这里的恬淡闲适。所以，他要留在这里，长久地居住在这里，他要远离官场的是非，归隐山林，享受一份淡泊闲适。所以，最后一句他说“随意春芳歇，王孙自可留”，他要留在这清新如画的山水之境，留在这悠闲恬淡的山村里。而王维如画如歌的诗，淡泊宁静的情怀也流传了千年，留在了我们的心中。让我们一起来背诵这首诗。

（生背诵全诗）

师：王维到了晚年写下了很多这样的田园诗来抒发自己的情怀。如《鹿柴》《鸟鸣涧》《竹里馆》等。他洁身自好、兴趣高雅，他的诗句如清新的山雨、潺潺的清泉荡涤着我们的心灵，多读读王维的诗，你也会多一分淡泊、多一分恬淡和宁静的心绪。

下课！

# 借助形象探究，领悟精妙表达

## ——《半截蜡烛》（第二课时）教学实录及评析

### 一、聚焦蜡烛形象，读出紧张氛围

师：上节课我们已经了解到这半截蜡烛非同一般，谁能谈谈你对这半截蜡烛的了解？

生1：这半截蜡烛内藏有绝密情报。

生2：它关系到情报站的安危。

生3：这半截蜡烛关系到伯诺德夫人一家三口的生命安全。

师：看来大家对这半截蜡烛有了深入的了解，文章中有一句话直接点明了这半截蜡烛的重要性，请大家浏览课文找到这句话并标画下来。

（生浏览标画）

指生交流，出示相关句子：

伯诺德夫人知道，万一蜡烛燃烧到金属管处就会自动熄灭，秘密就会暴露，情报站就会遭到破坏，同时也意味着他们一家三口生命的结束。

师：请大家再来读一读这句话，想一想怎样通过你的朗读来表现出这半截蜡烛的重要性？

（生自由练读）

（指一生读，但读得不能表现当时的情况危急。）

师：（指导）刚才我们已经了解到，这藏有情报的半截蜡烛关系着情报站的安危、关系着一家三口的生命安全，生死攸关啊，试着再来读一读。

（生再读，有明显进步）

师：老师每次读到这里心情就会紧张起来，听老师读一读好吗？（师范读）

（再指生读，有明显进步）

师：你的朗读向我们每个人传达了一种紧张的气氛。我们一起来感受这危急的时刻。（生齐读）

评析：王老师开课就抓住了统领整个故事的关键句子，通过反复品读，体会半截蜡烛的重要，渲染出了紧张的氛围，为整堂课奠定了基调；同时，教师采用语言创设情境、范读等有效的指导朗读的手段，引导学生渐渐地读进文本环境，很自然地进入了这场没有硝烟的战斗中。

**二、品味人物形象，探微细致表达**

1. 聚焦人物，引领学法

师：这半截蜡烛是一支死亡之烛啊！当它被德国军官点燃，一场惊心动魄的蜡烛保卫战就开始了！让我们和伯诺德夫人一家共同经历这场战斗。课文是按照事情发展的顺序来叙述故事的，我们也要沿着这样的思路来研究。我们先把目光聚焦到伯诺德夫人身上，看看她是怎样保护蜡烛的。请看阅读提示（出示）：默读第 3 自然段，用心体会当时的情景，尤其关注描写伯诺德夫人保护蜡烛时的句子，圈出重点词句，在感受深刻的地方用关键词做好标注。

（生默读、思考、标注）

师：你关注到了哪些描写伯诺德夫人的句子或者词语？

生 1：“她看着两个脸色苍白的孩子，急忙从厨房取出一盏油灯放在桌上。”从伯诺德夫人“急忙”取出一盏油灯，可以看出她当时很紧张但也非常机智，马上想到了一个好办法来熄灭蜡烛。

生 2：我也从“急忙”这个词看出伯诺德夫人当时是临危不惧、急中生智，非常了不起！

师：这两位同学都注意到了伯诺德夫人“急忙取出油灯”这个动作（板书：动作），读出了夫人的“机智”（板书：机智）。文章还有一处描写了伯诺德夫人的动作，你关注到了吗？

生：“说着，轻轻把蜡烛吹熄。”从“轻轻”一词可以看出当时伯诺德夫人非常沉着，一点也不慌张。

师：既然伯诺德夫人想尽快地熄灭蜡烛，如果她“连忙”把蜡烛吹熄，不是更符合她当时的心理吗？

生 1：如果她“连忙”吹熄蜡烛，就可能会引起德国军官的怀疑。

生 2：这样轻轻地一吹，让人看不出任何破绽，可见伯诺德夫人既机智又镇定。

师：（板书：镇定）这看似不经意地轻轻一吹，却蕴含着她的智慧，这也是作者遣词的智慧。我请一位同学读一读这段话，让我们再次感受这字里行间流淌

的智慧。（指生读）

师：你让我们感受到了伯诺德夫人的机智和沉稳，老师注意到你在读伯诺德夫人说的那句话的时候，特别强调了“这盏灯”，为什么这样读呢？

生：突出“这盏灯”亮些，就有更充分的理由把蜡烛熄灭。

师：你透过语言读懂了伯诺德夫人的内心（板书：语言）。大家都来读读这句话，想一想还可以怎么读？

出示句子：“瞧，先生们，这盏灯亮些。”（生自由练读）

（指生读）

生 1：我觉得可以强调“亮些”这个词，这样熄灭蜡烛的理由也很充分。

师：你的想法也很好，请带着你的认识读一读这句话。

生 2：我觉得应该强调“瞧”，第一个字就把德国军官的视线转移了。

师：说得好，大家都想听听你是怎么读的（指生读）。

生 3：我认为应该突出“先生们”，这样既转移了德国军官的视线又不失礼貌。

师：也有道理，试着读读看。

师：看来无论强调哪个字眼，都突出了伯诺德夫人的智慧。谁再来读读这段话，让我们再次感受她的机智。（指生读）

评析：对于六年级的学生来讲，读懂人物的机智、勇敢并不难，但对文中平实而又细腻的语言表达却不容易关注到，教师引导学生对“轻轻”一词的咀嚼，既深化了对人物形象的感悟，也体味到作者用词的精妙。而对“瞧，先生们，这盏灯亮些。”一句个性化的朗读指导，既让学生感受到伯诺德夫人的智慧，也培养了学生的语感，这更体现了教师的教学智慧。在这个环节中，王老师还引导学生领悟了文章基本的表达方法，即通过刻画人物的动作、语言表现人物的精神品质，很好地落实了高年段阅读教学的目标要求。

2. 自主读悟，揣摩表达

师：刚才我们关注了人物的动作、语言，抓住关键词，读出了伯诺德夫人的处变不惊、机智、沉着。蜡烛熄灭了，但轻松的心情并没有持续多久，中尉又把冒着青烟的烛芯重新点燃。杰克和杰奎琳保护蜡烛的行为又有哪些可圈可点之处？请大家用刚才学到的读书方法，抓住关键词，自己研读第 5、6 自然段。

（生自读感悟）

师：我们继续按照文章的顺序来交流，杰克是怎样与敌人周旋的？谁来读读你标画的句子？

生：杰克慢慢地站了起来，“天真冷。我到柴房去搬些柴来生个火吧。”蜡烛被重新点燃了，杰克心里很着急，但他“慢慢地站起来”，可以看出他非常镇定。

生：杰克想到利用搬柴的机会端走蜡烛，这个方法虽然没有成功，但看出他很机智。

生：烛台被中尉一把夺回，我想杰克的心里一定很紧张、甚至恐惧，但他依然从容地搬回木柴，默默地坐待着。杰克的从容、镇定让我非常敬佩。

师：大家抓住了作者对杰克的动作、语言、神态的描写（板书），认识到了聪明而又沉着的杰克。

师：这藏有绝密情报的半截蜡烛越来越短，烛光越来越微弱，眼看情报就要暴露，时间似乎停止了，空气也似乎凝固了……如果让你用一个词来形容当时伯诺德夫人一家此刻的心情，你想到哪个词？

生 1：心惊胆战。

生 2：忐忑不安。

生 3：惊心动魄。

生 4：毛骨悚然。

师：文章是这样来描写的（出示句子）：“烛焰摇曳，发出微弱的光，此时此刻，它仿佛成了屋子里最可怕的东西。伯诺德夫人的心提到了嗓子眼上，她似乎感到德军那几双恶狼般的眼睛正盯在越来越短的蜡烛上。”

师：试着把你此刻的心情通过朗读表现出来。

（生练读、师范读、指名读）

师：德国军官的眼睛真的盯在蜡烛上了吗？

生：没有。

师：为什么伯诺德夫人会有这样的感觉？

生：因为当时伯诺德夫人的心情非常紧张。

师：烛光越来越弱，伯诺德夫人的心情紧张到了极点！你能用朗读表达这种紧张吗？（指生读）

师：烛焰摇曳，珠泪流淌，它仿佛是一枚定时炸弹随时引爆，它就像一把尖刀，直逼心脏。（生齐读）

师：这句话主要表现伯诺德夫人紧张的心情，为什么还要写摇曳的烛焰？

生 1：烛光越微弱，情况就越危急，就越能表现出伯诺德夫人的紧张心情。

生 2：微弱的烛光更加烘托出伯诺德夫人的紧张。

师：是的，这种描写方法叫“环境烘托”（板书），习作中大家也可尝试运用这种方法。

评析：“烛光摇曳……”一段是文章中最扣人心弦的部分，唯有朗读才能再次激发学生的情感共鸣，也唯有在朗读中才能引导学生领悟到作者表达的艺术。王老师多元化、多层次的朗读指导，使学生置身于惊心动魄、扣人心弦的情境中，很好地营造了阅读的氛围。

师：这跳动的烛焰传递的不是光明和温馨，而是黑暗和恐惧。就在一家人一筹莫展的时候，小女儿杰奎琳娇声对德国人说道。（屏幕出示，指生读）

师：想象着杰奎琳的样子，娇声地说说这句话。（生娇声读）

师：平时你会对谁娇声地说？

生1：爸爸、妈妈。

生2：爷爷、奶奶。

生3：老师。

师：可是，在这生死存亡的时刻，杰奎林怎么能对这残忍的、凶狠的德国人这样娇声地说？

生：这样娇声地说显得杰奎琳非常可爱，会赢得德国军官的喜欢，因为没有人会拒绝这样可爱的声音。

生：这样可爱的孩子，德国军官是不会疑心的。

师：娇声中隐藏着大智慧！

生：杰奎琳的智慧还表现在：最后她镇定地把烛台端起来，向几位军官道过晚安，才上楼去了。她做得非常沉着，不露一丝痕迹。

师：多么勇敢、聪明的孩子啊！正因这样才赢得了最终的胜利，一起来读最后一句话。（出示：正当她踏上最后一级楼梯时，蜡烛熄灭了。）

评析：感受“娇声”中隐藏着智慧，对于学生来说是难点，教师引导学生结合自己的生活经验与杰奎琳“娇声地对德军说”做对比，便化难为易了。

**三、升华爱国情感，拓展阅读练笔**

师：蜡烛终于熄灭了，我们悬着的心也终于放下了，面对生死劫难，是什么让看起来弱小的母子三人拥有这样的勇气和力量与敌人斗智斗勇呢？联系上下文想一想。

生：因为他们都想着把德国强盗赶出自己的祖国。

生：因为他们都深深爱着自己的祖国。

师：是啊，这种对祖国的爱会催生无穷的力量，激发过人的智慧。这种爱让他们战胜了恐惧，从容面对厄运的来袭。第二次世界大战是人类历史上最残酷的战争，为了抗击外来侵略，很多国家的人们都在为自己的国家、为人类的和平勇敢地进行斗争。我国的抗日战争中也涌现了许多类似《半截蜡烛》这样的故事，如：《鸡毛信》《小英雄雨来》，课后大家好好阅读。

师：文章以蜡烛的熄灭戛然而止，却引发我们的无限想象，课后请大家用我们这节课学到的刻画人物的方法，为文章续写一个结尾，为文章画上圆满的句号。

评析：教材只是个例子，如何依托教材把学生引向更广阔的语文空间？是值得每一位语文教师深思的问题。让我们的语文课“文意兼品”，让学生得法于课内，得益于课外，打通学生由课内通向课外的渠道，徜徉于广阔的文学艺术殿堂。

**总评：**

综观王玲老师这节课，我感觉至少有三方面值得我们思考和研究：

第一，如何依标扣本地进行教学。大多数老师对《语文课程标准（修订版）》的关键内容了然于心，甚至出口能谈，但是一到课堂上又茫然了，不知如何落实，这是因为备课时就没有好好地研究课程标准、教材、课堂三者的结合点和训练点。我们看王老师这节课是怎样依据课程标准、紧扣文本开展教学的。比如“默读和浏览”，王老师一开课就让学生浏览课文，标画出描写半截蜡烛的重要的句子，多个环节让学生默读课文，静心会文，潜心涵泳；比如“联系上下文和自己的积累，推想课文中有关词句的意思，体会其表达效果”，王老师引导学生抓住“急忙、轻轻、从容、似乎、慢慢地站起来、默默地坐待着、娇声地说道”等关键词语，让学生品味体会词语所包含的意义以及表达的情感，领悟作者遣词的精妙；再比如“了解文章的表达顺序，领悟文章的基本表达方法”。《半截蜡烛》是按照事情的发展顺序叙述的，环环相扣、跌宕起伏、扣人心弦，因此，王老师首先告诉学生课文是按照事情发展的顺序来叙述故事的，读这样的文章我们就要沿着这样的思路来研究。在精读过程中，一直把作者是怎样通过刻画人物的动作、语言、神态以及心理描写来塑造人物形象作为教与学的重点。整节课下来，较好地落实了课程标准的目标和要求。

第二，如何让阅读教学过程更简约。我们一直说要“简简单单教语文”，那么，从何处着手简单呢？我想应该先从教学过程的环节设计和教学手段上做文章，设计要简约、手段要简单。王老师这节课贯穿始终的就一个问题：伯诺德夫人一家三口是怎样和德国强盗斗智斗勇保护情报的。沿着这条主线，重点研读了描写伯诺德夫人的部分，让学生习得了阅读方法：抓住人物的动作、语言、神态等关注人物的形象，继而让学生自读自悟杰克和杰奎琳两个人物，环节简约，层次清晰，衔接自然。就教学手段来看，王老师这节课，主要是读，浏览、默读、自由读、指名读、齐读、教师范读、创设情境读，几种读的方法交互运用，让学生一直在读中理解，读中体味，读中领悟，实现了张庆老师提倡的阅读教学的八字方针“扣读导悟，以读见悟”。

第三，如何切实有效地指导学生感情朗读。目前老师们都意识到阅读教学要以读为主，但一具体到感情朗读指导，方法和手段就显得捉襟见肘，最后的效果往往不明显。我认为有效的感情朗读指导关键是让学生入情入境，而学生能否入情入境，要看老师能否创设一个相对稳定的情境，为学生营造一种置身其中的情感氛围。王老师这节课，开课通过指导学生读半截蜡烛的重要性，将学生带入紧张的氛围，为下文朗读指导奠定了基础；在指导读“瞧，先生们，这盏灯亮些”时，则采用个性化朗读，紧扣文意，通过强调不同的词语，来表现人物的形象；“烛焰摇曳……恶狼般的眼睛正盯在越来越短的蜡烛上。”这一部分，王老师重点运用情境创设，如“烛光越来越微弱，眼看情报就要暴露，时间似乎停止了，空气也似乎凝固了……”“烛焰摇曳，珠泪流淌，它仿佛是一枚定时炸弹随时引爆，它就像一把尖刀，直逼心脏。”通过教师的渲染，再加上整节课的情感基调，学生很自然地置身其中，成为故事中的人物，与故事中的人物一同经历那令人窒息的时刻。因此，要想切实有效地指导学生感情朗读，情境的创设尤为重要，当然，教师首先要练好自身的朗读功，指导的方法和手段也要在教学中不断实践揣摩再实践，这是艺术，更是功夫。

执教：茌平区第二实验小学　王　玲

评析：茌平区第二实验小学　侯文明

（此文2013年6月发表于《小学教学》）

# 乘着神话的翅膀，让思维飞翔

## ——《开天辟地》教学实录及评析

### 一、导入新课，走进神话

师：上节课我们初读了课文，了解了文章的梗概。还记不记得文章围绕（出示句子）“盘古以他的神力和身躯，开辟了天地，化生出世间万物。”这个中心，写了哪几场景？

生：写了盘古“大刀阔斧，开天辟地”“与日俱增，顶天立地”“化生万物，改天换地”三个场景。

师：看来上节课学得不错！这是一个美丽的神话故事，每一个场景都充满了神奇的想象，引人入胜。这节课我们就一起张开想象的翅膀和盘古一起经历开天辟地的过程。

评析：教师导入新课的语言简洁，目标明确。先抓住中心句回顾故事的三个场景，直接揭示了神话的特点——充满了神奇的想象，既激发了学生学习的兴趣，也为下面的学习方法做了铺垫性指导。

### 二、开天辟地，感受“神力”

1. 关注动作，启发想象，读懂人物

师：这盘古可不是一般人，他是一个——

生：大神。

师：是的，一个拥有无穷神力的大神！（板书：神力）让我们先来走进课文的第二自然段，看看盘古是怎样用“神力”开天辟地的。请大家一边读一边想象课文描绘的情景，把你能感受到盘古神力的词句标画下来，反复读一读，用心去体会他神奇的力量。

（生自主品读感悟）

师：我们一起分享一下，你从哪些词句读到了盘古的神力？

生：“他一使劲翻身坐了起来，只听‘咔嚓’一声，‘大鸡蛋’裂开了一条缝，一丝微光透了进来。”盘古稍稍使了点劲，“大鸡蛋”就咔嚓裂开了一条缝，他的力气可真大！

师：多么神奇的力量！你能用朗读表现这种神力吗？（生读）

师：象声词“咔嚓”读得很生动，仿佛就在我的耳边响起。

生：“大神见身边有一把板斧，一把凿子，他随手拿来，左手持凿，右手握斧，对着眼前的黑暗混沌，一阵猛劈猛凿，只见巨石崩裂，‘大鸡蛋’破碎了。”盘古在猛劈猛凿之后居然巨石崩裂，他真是力大无穷！

师：这几句话主要通过对盘古的动作描写表现他的神力。尤其哪个动作最能表现他的威力？

生：猛劈猛凿。

师：怎样做才是“猛劈猛凿”？试着做做这个动作。

（生做动作很轻微）

师：这样的力度太温柔，可劈不开巨大、坚硬的山石，要像盘古一样拼尽全力才行！再来试一试。（生用力做出猛劈猛凿的动作）

师：把刚才做动作的感觉放到这个词里读出来——猛劈猛凿。（生齐读）

师：好，大家个个都像是力敌千钧的盘古！同学们，要想读懂盘古的形象，就得关注盘古的这些动作，展开想象。来，闭上眼睛，我们一起来感受那惊心动魄的场景。（师范读）你仿佛看到了什么？听到了什么？

生 1：我仿佛看到了盘古一阵猛劈猛凿，顿时山崩地裂，声音震耳欲聋。

生 2：我仿佛看到了天地间飞沙走石，电闪雷鸣。

生 3：我仿佛听到了盘古一声怒吼，地动山摇。

师：多么震撼的场面！把你看到的、听到的、感受到的用读书声表现出来吧。

（生自由练读，指生读）

师：（指导朗读）沉睡了一万八千年的盘古积蓄了多大的力量啊，这一刻，他要爆发所有的力量开辟出一个新天地！来，让我们像盘古一样爆发自己的小宇宙吧！

（齐读“他一使劲……大鸡蛋破碎了。”）

评析：品味语言，启发想象，是教学神话这种文体最基本的手段。王老师从感受盘古的“神力”入手，引导学生透过动作描写展开想象，抓住“猛劈猛凿”“巨石崩裂”感受盘古的力敌千钧。教师入情入景的范读进一步激发了学生的想象力，将学生带入了奇幻的神话世界。

2. 品味词语，想象画面，感受神奇

师：读神话要学会透过文字去想象生动的画面，这样才算真正读懂故事、读懂人物。一阵猛劈猛凿之后，宇宙发生了奇妙的变化。

（投影出示："轻而清的东西，缓缓上升，变成了天；重而浊的东西，慢慢下降，变成了地。"生齐读。）

师：读着读着老师发现这句话特别有趣，你们发现了吗？

生：这句话里面有很多反义词。

师：你真善于发现，说说看都有哪些反义词？

生："轻"和"重"，"清"和"浊"，"天"和"地"。

生：还有一对近义词，"缓缓"和"慢慢"。

师：这些意思相近或相反的词放在一句话的上下句中，写出了天地形成的奇妙过程，读起来朗朗上口，多有意思啊！再来读一读吧。女生读第一句，男生读第二句。

### 三、顶天立地，探寻神奇

师：盘古居然用神力开辟了天地，多么神奇啊！其实神话故事到处充满了神奇的想象。请大家默读 3—6 自然段写盘古顶天立地的场景，用你的慧眼去发现更奇妙的景象吧。

（生默读、标画）

师：你还发现哪些神奇有趣的景象？

生：天地分开后，盘古就头顶天，脚踏地，站在天地当中，居然能随着它们的变化而变化，这太神奇了！

师：盘古的身体与日俱增，让人不可思议！

生："天每天升高一丈，地每天加厚一丈，盘古的身体也跟着长高。这样又经过了一万八千年，天升得极高了，地变得极厚了，盘古的身体也变得极长了。"盘古竟然能随着天地长了一万八千年，太了不起了！我想象不出盘古的身体到底有多长，真是太神了！

师：好夸张的数字！神话就是这样让人匪夷所思。

生："这个巍峨的巨人，就像根长柱子似的撑在天地之间，不让他们重新合拢。"从"巍峨的巨人"和"长柱子"我读出了盘古非常的高大威猛，是个顶天立地的神！

生：我有补充，盘古几千万年撑在天地之间不让它们合拢，需要巨大的神力和毅力，这绝对是一般人做不到的！

师：对，人做不到的事，就要靠神力相助，神话就是这样来的。来，让我们都来当一次充满神力的盘古吧。请大家站起来像盘古一样头顶着天，脚踏着地，撑在天地当中。注意要用尽全力，不然天地就会重新合拢。（生做撑立天地的动作）

师：天每天升高一丈，地每天加厚一丈，盘古的身体也跟着长高，再升高一点！

一百年过去了，盘古——头顶着天，脚踏着地；

一千年过去了，盘古——依然撑在天地当中；

一万年过去了，盘古——依然纹丝不动；

盘古这个巍峨的巨人，就像根长柱子似的撑在大地之间岿然屹立！

师：我来参访一个小盘古，现在有什么感觉？

生：太累了！胳膊都酸了，撑不住了！

师：坐下，孩子们，刚刚你只是撑了短短一分钟的时间，而盘古在天地间苦苦撑了数万年！如果此时请你用一个词语来描绘盘古的形象，你想到了哪个词？

生 1：坚持不懈，持之以恒。

生 2：永不放弃。

生 3：顶天立地。

生 4：意志坚定。

师：我们敬佩的不仅是盘古的神力，还有他这种坚定的意志啊！（板书：意志坚定）一起来读一读盘古顶天立地的场景。（生齐读）

评析：盘古的伟大不仅表现在他有无穷的力量，还因为他数万年苦苦撑立天地的坚定意志，这对学生来说是个难点。王老师采用情境体验的方式，辅以语言的渲染让学生用动作体会盘古不朽的力量和坚毅的信念，设计巧妙，水到渠成。

**四、改天换地，想象神妙**

师：就这样几千万年过去了，盘古含着微笑倒下了。临死的时候，他的身躯化成了世间万物，创造了一个美丽的新世界。（课件出示第 7 自然段）这每一个变化都是一幅美丽的画面，读这段话的时候，我们也要把这一幅幅画面展现在眼前。（师范读前四句）像老师这样想象着画面，自己来试着读一读，用你的声音把这一幅幅美好的画面展现在大家眼前。

（生自由练读，指生读）

师：（指导朗读）这段话的描写融合了人们丰富的想象，作者也用了很多形容词来描绘盘古化生万物的过程，比如："光芒万丈的太阳""皎洁明媚的月亮"，读的时候若也能想象着这些词语描绘的景象，就会读得更有味道了。

（再指生读，有明显进步，配乐齐读）

师：读着读着，这一幅幅画面就深深地烙印在了我们的脑海里。来，根据老师的提示试着把这段话背下来吧。

出示：（背诵填空）

临死的时候，他的身躯化成了万物：口中呼出的气变成了________，发出的声音变成了________，左眼变成了________，右眼变成了________，隆起的肌肉变成了________，流淌的血液变成了________，筋脉变成了________，皮肤变成了________，就连流出的汗水也变成了________。

师：多么奇妙的幻想啊！让我们也乘着神话的翅膀想象一下，盘古的哪一部分身躯还会变化成世间的什么呢？仿照文中的句式，写一写。

出示：

________变成了________的________，

________变成了________的________，

________变成了________的________……

展示交流：

生1：头发变成了茂密的树林。

生2：汗毛变成了一望无际的草原。

生3：衣服变成了肥沃的土地。

生4：嘴巴变成了美丽的湖泊。

生5：细胞变成了快乐的小鱼。

生6：骨骼变成了坚硬的石头。

……

师：同学们的想象更加奇妙！盘古牺牲自己的身躯化生出如此美妙的世界！此时你又看到了一个怎样的盘古？

生1：我看到了一个无私奉献的盘古。

生2：我看到了一个有牺牲精神的盘古。

生3：我看到了一个鞠躬尽瘁、死而后已的盘古。

师：好一个"无私奉献，鞠躬尽瘁，死而后已"！（板书：无私奉献）让我们再来读第 7—8 自然段，一起感受盘古无私无畏的精神，感谢他带给我们如此美好的世界！

（生齐读第 7 自然段）

评析：神话的魅力不仅因为神奇丰富的想象，还源于生动优美的语言。尤其本课的语言描写细腻传神，富有诗意。此环节中王老师巧妙地把握了语言训练的时机，通过想象画面，指导朗读；引领关键，积累背诵；激发想象，巧妙仿写三个步骤引导学生感悟、积累并运用语言，层层深入，步步为营。学生不仅感受到了盘古化生万物的奇妙景象和无私奉献的伟大精神，还从中习得了语言，达到了言意共生的美好境界。

**五、拓展阅读，学讲神话**

《开天辟地》是一个美丽的神话传说，除此之外，我国还有许多神话故事，你还知道哪些？

生 1：愚公移山。

生 2：嫦娥奔月。

生 3：夸父逐日。

生 4：牛郎织女。

生 5：后羿射日。

师：看来大家读书真不少，这些神话都有丰富的想象，寄托了人们对真善美的向往和追求，是我国传统文化的瑰宝。课后请大家搜集更多的神话故事，把它们讲给家人或小朋友听。下课！

评析：阅读课教学的目的应该是让学生得法于课内，得益于课外，树立“大语文”观。最后安排学生搜集并讲述神话故事，无疑将会进一步激发孩子们对神话这一传统文化的热爱，让他们乘着神话的翅膀，在文学的天空自由翱翔。

**总评：**

神话故事类的文章如何教学？我觉得王老师以下的几点做法值得引起我们的思考和借鉴：

1. 关注文体特点，激发学习兴趣。

神话故事与其他叙述类故事相比有着鲜明的特征，如：离奇的故事情节、生动的人物形象、奇特大胆的想象和夸张的表达方式，这些都是促进学生亲近文本、与文本对话的重要因素。王老师紧紧把握住了这几个要素，引导学生理清了故事的脉络，通过对语言的想象、品味以及情境的创设、体验，让学生领略了神话故事奇幻的魅力和盘古力大无穷、顶天立地、无私奉献的“神”的形象。从而产生了浓厚的阅读兴趣。

2. 关注学习方法，启发引领想象。

《开天辟地》这篇文章选自四年级上册第四单元，单元的主题是——走进神话和寓言故事。这篇文章被编者安排在第一课来教学，王老师揣度了编者的意图，把“教给方法”作为本课训练的重点。如：关注盘古的动作，品读文字，展开想象；探寻文中描写神奇的语句，感受神话语言的奇妙等。孩子们在这节课上习得阅读神话的方法，就能在后面的文章中更加自主地品悟，达到“教是为了不教”的目的。

3. 关注语言训练，积累运用并重。

神话题材的课文因富于神奇的想象而充满魅力。这魅力，一方面有赖于想象，另一方面，则有赖于语言的“诗性”和“灵性”。教学此类课文时，我们要高度关注文本语言特色，透过对语言的品析，引导学生关注神话人物是如何被刻画、塑造的。这堂课上王老师不仅通过对天地形成过程几句话的品读，发现其语言的构成特色，还重点在“化生万物”一段通过“感悟语言”“积累语言”“运用语言”三个层面，引领孩子们领悟并发现语言的规律，感受和洞察作者遣词造句的精妙。这样，才能使神话文体的课文发挥其应有的作用。

课堂教学是有缺憾的艺术，这堂课同样存在遗憾。《语文课程标准（修订版）》在第二学段的目标中要求“能复述叙事性作品的大意”，而神话作为人们口传的一种文学形式是训练学生复述的好教材，教师应该抓住契机，在课堂上教给学生复述的方法，为讲好神话故事做好指导，让这种文化得到更好的传承和发扬。

执教：茌平区第二实验小学 王　玲

评析：茌平区第二实验小学　侯文明

（此文 2015 年 10 月发表于《小学教学》语文版）

# 诗画入心，情美共振

## ——微课《迢迢牵牛星》录课脚本

同学们：

上午好！

这节课我们学习《古诗三首》的第二首古诗——《迢迢牵牛星》。上课之前，请大家准备好笔和笔记本，及时做好听课笔记。准备好了吗？我们开始上课啦！

在夏天晴朗的夜晚，我们仰望星空会看到一条璀璨的银河，在银河的西岸，有一颗特别明亮的星星，那就是织女星。隔着银河与织女星遥遥相对的也有一颗星，那是牛郎星，也叫牵牛星。今天我们学习的这首诗就与这两颗星星有关，与《牛郎织女》的故事有关。

### 一、整体介绍，初步感知

《迢迢牵牛星》这首诗选自《古诗十九首》，写作时间大约是东汉末年，作者不详。但是，这十九首诗的艺术成就都很高。南朝刘勰曾评价它们为“五言之冠冕也”。而《迢迢牵牛星》是《古诗十九首》中的最为动人的篇章。看到这样的评价，是不是有一读为快的冲动呢？

### 二、初读古诗，读准字音

1. 请大家先自由读读这首诗，不认识的字可以借助拼音把它读正确。

2. 现在请你听老师读一遍古诗，看看生字都读对了吗？（师范读）

3. 同学们，你们都读对了吗？这首诗生字很多，而且有三个多音字很容易读错，老师提醒大家注意：

“纤”字，当它表示细小的时候读 xiān，比如：纤手、纤弱、纤维；另一个音读 qiàn，表示拉船前进的绳子，比如：纤绳，拉纤。“纤纤”在诗中形容织女的手纤细、白皙，所以读 xiān；

“间”也是一个多音字，一个音读 jiān，如：中间、房间；另一个音读 jiàn，如：间隔、挑拨离间；“间”在这里是“隔开”的意思，所以读四声。

“脉”字一个音读 mài，比如：血脉、叶脉、脉搏；它在文中读 mò；“脉脉”原指凝视。后多用来形容眼神饱含深情的样子。

4. 好，记住这几个字的读音，相信这首诗你一定能读正确了。你可以按下暂停键，多读几遍，就能把诗读正确、读流利了。

**三、再读古诗，读出韵律**

学古诗最好的方法是朗读，读诗有三个境界：第一个境界是把诗句读正确、读通顺；第二个境界是读准诗的节奏和韵律；第三个境界是读出诗句描述的意境和情感。如果大家已经把诗句读正确、读通顺了，达到了第一个境界，那现在，我们试着进入第二个境界，读出诗的节奏和韵律。

老师标注出了这首诗的节奏线，我们要读出节奏和停连。另外，古诗是讲究押韵的，看，每一句诗中的最后一个字是韵脚，这首诗押 ü 韵，韵脚读的时候要饱满，且语音稍长。请大家自己练习读一读，熟能生巧，相信你一定能读好。

**四、品读诗句，读出情感**

1. 刚才我们通过练习读出了诗句的节奏和韵律。接下来我们要学着读出诗的意境和情感。这可是读诗的最高境界，你敢不敢挑战呢？

2. 要想读出诗的意境和情感，我们必须先理解诗句的意思。大家想一想，原来我们学习古诗理解诗意有哪些好的方法呢？

比如：（出示）

借助注释，理解诗意

结合生活，联系实际

查阅资料，了解背景

这些都学习古诗的好方法。教材有很多注释，下面请同学们一边读诗，一边读懂注释，想一想每句诗的意思。（约 2 分钟）

3. 老师相信大家借助注释自己能读懂一些句子的意思。这首诗中你还有不懂的字词或句子吗？我们听听这位同学有什么问题。

虚拟学生（1）：老师，“皎皎河汉女”中“皎皎”是什么意思呢？

学贵有疑，疑则进也。这个问题很好。那“皎皎”是什么意思呢？这个注释中没有。我们可以想一想，“皎”这个字在哪个词语中见过呢？对啦，皎洁的月光。皎洁形容月光明亮洁白。“皎皎”呢？就是明亮的意思，它形容牵牛星和织女星璀璨明亮，熠熠生辉。

虚拟学生（2）：老师，请问织女是织布的能手，为什么整天都织不出整幅的布呢？

这个问题提得很好，我们再来读读这句诗，“终日不成章，泣涕零如雨”。联系上下文，我们不难看出，这一切都是她思念牛郎所致。她的人被禁锢在天庭，心却思念着人间；她的手没有离开过梭子，牵挂却牢牢地在牛郎的身上；她整日泪如雨下。这是相思的泪水，挂念的泪水，无奈的泪水，甚至是怨恨的泪水。她心不在焉，纵使她织布的技艺再高，又怎能织就成章？

我们把第二句和第三句连起来，一边读，一边想象这两句诗表现的景象、意境，体味牛郎与织女彼此的思念之情。读着读着，织女美丽忧郁的形象就会出现在我们眼前，她思念丈夫和孩子的情感，就会拨动我们的心弦，引起我们的共鸣。

虚拟学生（3）：“相去复几许？”这句话是什么意思呢？

老师查过字典和资料，“相去”是距离的意思，“几许”是多少的意思。整句的意思为：“银河的水看起来又清又浅，可两岸相隔又有多远呢？”

4.“盈盈一水间，脉脉不得语。”“盈盈”形容清澈，我们既可以理解水波的清澈，也可以理解为相思的织女泪眼蒙眬的神态，令人为之动容。“脉脉”表示饱含深情的凝望。河水盈盈，泪水盈盈，欲语难诉，深情难吐，只好默默相视，以表相思。看，所有的情与思，都在清清浅浅的河水中，都在牛郎织女互相凝望的脉脉的眼神中了。全诗没有出现一个“思”字，却字字都在写相思。情真意切，生动感人。再读这两句话的时候，我们要想象着织女凝望牛郎的神态，体味着她内心的情感。来，我们一起来读读。

好，刚才我们理解了诗中的词语，整首诗的意思也就不难理解了。看看你的理解和老师的理解一样吗？（出示诗句意思）

| 那遥远而亮洁的牵牛星，那皎洁而遥远的织女星。<br>织女正用柔长洁白的双手摆动着梭子，织布机札札地响个不停。<br>因为相思而整天也织不出什么花样，她哭泣的泪水零落如雨。<br>只隔了道清清浅浅的银河，两岸相隔能有多远呢？<br>相隔在清清浅浅的银河两边，只能含情脉脉相视无言地痴痴凝望。 |
|---|

5. 出示写作背景，了解诗句内涵。

有同学问：《牛郎织女》本是神话传说，为什么诗人会把织女的情感写得如此细腻动人呢？

老师查阅了资料，原来《迢迢牵牛星》看似写神话传说，实则写真实的人间生活，此诗产生的年代正是东汉末年，社会动荡不安，战乱时有发生。男子被迫从征服役，造成了夫妻久别、骨肉分离，给劳动妇女造成身心上的双重痛苦，家人团聚是她们心中的向往，此诗借织女对牛郎的思念来表达民妇对丈夫、对亲人浓烈的挂念。

读懂了诗句的意思，了解了社会背景，体会到了诗句饱含的感情，再来读读这首诗，相信你一定会抵达读诗的第三种境界：读出诗的意境和情感。来，和着音乐一起来读。读的时候，眼前要浮现出诗人所描绘的画面，体味诗句所表达的情感。

6. 读好叠音词，发现写作密码。

读着读着，有同学就已经把这首诗背下来了。大家有没有发现这首诗非常好读，容易背诵？的确是这样，这是什么原因呢？大家再来小声读读这首诗，看看有什么秘密？

细心的同学会发现，这首诗中有很多的叠音词，“迢迢”“皎皎”“纤纤”“札札”“盈盈”“脉脉”这几个叠音词出现在句首，使诗歌节奏鲜明，韵律优美舒缓，读起来朗朗上口。不仅如此，这些叠词还有很强的表达效果。比如，“迢迢牵牛星”中的“迢迢”，写出了牵牛星和织女星之间的距离之遥；“皎皎”写出了星星又明又亮、熠熠生辉、璀璨明亮的样子；纤纤写出了织女柔弱、美丽的形象，那请你体味体味“札札”“盈盈”“脉脉”又有怎样的表达效果。

“札札”写出了织机的声响，使诗句有静有动，动静结合。“盈盈”写出了银河水澄澈明净；“脉脉”写出了牛郎织女相互凝望，饱含深情。这都是单音节的词不能表达出来的。发现了这个秘密，你是不是更喜欢这首诗了呢？

**五、补充材料，课后拓展**

《牛郎织女》的故事已在民间流传了千年，家喻户晓。它也为历代诗人提供了创作的素材和灵感，很多诗句中都有《牛郎织女》的传说。课后请大家搜集一下相关的诗词，摘抄自己喜欢的句子。另外，古往今来人们总会在七夕节开展丰富多彩的民俗活动，大家也可以搜集相关的资料，让我们一起弘扬传统文化，传播东方智慧！

好，这节课就上到这儿。同学们，再见！

## 落实语文要素，传承优秀文化

### ——六年级下册《第一单元复习课》录课脚本

同学们：

大家好！

我们又见面了，经过两周的学习，大家已经完成了第一单元的学习任务。子曰：温故而知新。今天这节课我们就一起来回顾第一单元的学习内容。上课之前，请大家准备好笔和练习本，做好听课准备。

准备好了吗？我们开始上课啦！

**一、整体回顾，明确目标**

首先，我们先来看一看本单元的单元页。“百里不同风，千里不同俗。”本单元的单元主题是：民风民俗。本单元的语文要素有两个：

1. 阅读时，分清内容的主次，体会作者是如何写主要部分的。

2. 习作时，注意抓住重点，写出特点。

围绕着单元主题和学习目标，本单元安排了三篇文章、古诗三首、一篇习作、一个语文园地。

**二、知识闯关，巩固基础**

以上是我们这单元的主要内容。这节课，我们将分成三个环节来回顾和整理单元知识。

第一环节：字词大闯关

第二环节：课文放映机

第三环节：古诗达人秀

第一环节：字词大闯关。

1. 生字我会读

本单元我们学习了很多生字词，这些生字词你都会读了吗？请你先自己读一读。有几个生字很容易读错，老师提醒大家：“间断”的“间”读四声；“分外”的“分”，也读四声，“搅和”“掺和”的“和”，都读 huo，你读对了吗？

我们一起来读一遍，要一边读，一边记住它们的字形哦。

腊月　展览　鞭炮　通宵

间断　燃放　亲戚　元宵

分外　摆摊　小贩　大匙

熬粥　甜腻　浓稠　褐色

染缸　搅和　掺和　盈盈

万象更新　万不得已　截然不同　张灯结彩

2. 词语我会写

这些字，我们不仅要会读，还要会写。其中，有几个字比较难写，大家一定要注意。

“腻”字右边是个大写的“二”，贝的上方是个“二”两道横，斜钩上面没有撇；“褐”字左边是衣部，不要写成“示”部；“摊”部件较多，“又”要写得窄而短，左右疏密均匀。

下面老师听写一下其中的几个词语，看看你能写对吗？

燃放　亲戚　元宵　摆摊

摆贩　熬粥　甜腻　浓稠

褐色　染缸　腊月　鞭炮

万象更新　张灯结彩

请你自己对照一下，看看都写对了吗？

老师送给全对的同学一个大大的“赞”。没有全对的同学也不要气馁，请你马上订正一下，记住它的写法。

好，字词我们都掌握了，接下来，我们进入第二环节：课文放映机。

本单元安排了三篇课文，分别是《北京的春节》《腊八粥》《藏戏》，三篇课文都与我国的传统文化节日有关，几篇课文的体裁和题材不同，但都充满了浓郁的民俗风情，有着深厚的文化内涵，蕴含着博大精深的民族文化，让我们感受到了中华传统习俗中蕴含的人情美、文化美，激发了我们对民族文化的热爱之情。不仅如此，这几篇文章在写法上都做到了主次分明，详略得当，语言生动细腻，接下来我们再通过回顾，解开这几篇文章写作的密码。

1. 举例回顾主次分明、详略得当的好处

首先，我们先回顾一下《北京的春节》这篇课文。这是我国现代著名作家老舍先生的作品。老舍先生按照时间顺序写了北京人民从腊八开始到正月十九过春节的情景。主要写到了人们在每个时间段不同的活动。

| 时间 | 人们的活动 | |
|---|---|---|
| 腊八 | 熬腊八粥、泡腊八蒜 | 详写 |
| 腊月初九至腊月二十二 | 所有人为过年做准备 | |
| 腊月二十三 | 祭灶王、吃糖 | 详写 |
| 腊月二十四至腊月二十九 | 贴春联、扫房、预备年货 | |
| 除夕 | 吃团圆饭、穿新衣、放鞭炮、祭祖、守岁 | 详写 |
| 正月初一 | 拜年、逛庙会 | 详写 |
| 正月初六 | 铺户开张、放鞭炮 | |
| 元宵节 | 赏灯、吃元宵 | 详写 |
| 正月十九 | 春节结束 | |

春节期间人们那么多丰富的活动，老舍先生并非平均用力，而是有主有次，详略得当，你还记得他重点写了哪些活动吗？

对，腊八、腊月二十三、除夕、正月初一、正月十五这几天详细描写，其他的日子都一笔带过。即使重点写初一、十五这几天，也不是铺开写，而是突出写最具有特色的一两个民俗活动，给人的印象颇深。比如，初一这天，就分类写男人、女人、孩子们活动的场景，写出了春节热闹非凡；“元宵节”通过写“处处”“张灯结彩”“整条街都像办喜事儿”“几百盏”等关键词写出了节日的喜庆与热闹。这几天是老北京人过春节的小高潮，所以要详写。其他日子大体相似，就没有必要一一详细叙述了。而且老舍先生的语言也很有特点，京味儿浓郁，特别是一些儿化音，像“七零八碎儿”“杂拌儿”“玩意儿”“闲在”这样富有地方风味的语言，使文章富有生活气息。

老舍先生就是这样主次分明地抓住重点、突出特点，描绘了老北京春节的风俗习惯。

2. 自主研读其他文章

刚才，老师通过表格的形式，梳理出了《北京的春节》这篇文章是怎样做到主次分明、详略得当的，那你能不能用类似的方法，也梳理一下《腊八粥》或者《藏戏》是怎样做到详略得当的呢？大家可以试一试。

3. 全班交流

（1）《腊八粥》通过细腻的笔触对八儿“等粥”“喝粥”两个场景的描写，表达了沈从文对家乡的怀念，对亲人的眷恋。其中，等粥的部分写得比较详细，作者巧妙构思，写了“盼粥—分粥—猜粥—看粥”几幅画面，通过八儿的所见所闻，抓住了八儿的语言、动作、神态进行细致、生动的刻画，将八儿急切想喝到粥的心理活动表现得淋漓尽致。人与粥互相映衬，侧面写出了腊八粥的美味诱人，也表达出了作者对腊八粥、对家乡的怀念，突出了文章的主题与中心。

（2）《藏戏》主要写了藏戏的起源和特色，作者详细写了唐东杰布开创藏戏的过程和藏戏的具体特点，重点写了“面具”“舞台形式”“演出方式”这几方面的内容，表现了藏戏独特的艺术魅力。

看来，文章主要写什么，次要写什么，是根据作者想要表达的意思决定的。我们读文章的时候，分清文章的主次，就能领会作者要表达的意思。习作的时候，先想好要表达哪些主要内容，写得具体详细一点，次要的内容则简略一点。详略安排得当，中心突出，表达才清楚。

第三个环节：诗词永流传。

本单元我们共学习了《古诗三首》中的《寒食》《迢迢牵牛星》《十五夜望月》和语文园地中的《长歌行》四首古诗，这四首古诗，你还能背下来吗？小组内互相检查一下。

如果，你已经正确又熟练地背诵了，老师送给你“诗词达人”的小勋章。祝贺你哦！如果你还没有背熟，下课以后要继续努力哦！

学古诗，我们不仅要背诵，还要理解它的意思，体会诗句表达的感情。这四首古诗的意思、表达的情感你都了解了吗？老师要考考你哦！

出示小测验：

1. 请根据你对诗句的理解填空。

（1）“春城无处不飞花”一句中，“春城”的意思是（　　　　　）

（2）“纤纤擢素手”的“擢”的意思是（　　　　　）

2. 判断下面说法是否正确？

（3）“终日不成章”中“章”的意思是有花纹的纺织品，这里指整幅的布帛。（　）

（4）《迢迢牵牛星》表达了织女对牛郎无尽的思念之情。（　）

（5）《十五夜望月》表达了诗人王建在中秋佳节对友人的思念之情。（　）

现在老师公布正确答案：

1.（1）春天的都城；（2）摆弄；2.（3）√（4）√（5）×

你都做对了吗？答对了老师再给你一枚“荣誉勋章”，向你表示祝贺！

**三、拓展延伸，传承文化**

同学们，《古诗三首》的三首古诗都与我国的传统节日有关，你还记得它们分别与哪个传统节日有关吗？

《寒食》与寒食节有关；《迢迢牵牛星》与七夕节有关；《十五夜望月》与中秋节有关。所以，这三首古诗中也写到或者让我们联想到一些节日的习俗，比如，《寒食》这首诗，写到了寒食节这一天是要禁火、吃冷食的，传说是纪念介子推这个忠贞之臣。其实，在我们当地寒食节也有上坟祭奠的习俗，目的是让我们对已故的亲人永远感恩在心，永远不要忘记他们。《迢迢牵牛星》这首诗与《牛郎织女》的故事有关，这让我们联想到牛郎织女相会的七夕节，七夕在古代有很多习俗，比如：拜织女、穿针乞巧、洗发、染指甲等，现在七夕节被人们称为中国的“情人节”，人们祈愿有情人终成眷属。《十五夜望月》这首诗与中秋节有关，中秋节的传统习俗我们更不陌生了。比如：全家团圆吃团圆饭、赏月、赏桂花、祭月、吃月饼等。

古往今来，这些传统节日和传统习俗像一盏盏灯点亮了中国人的生活，让人们的生活更加丰富多彩、有滋有味。这些节日习俗也逐渐演变成我国人民特有的一种文化生活，一种中华民族特有的符号，生生不息，世代传承。这种文化流淌在人民的生活中，也流淌在浩如烟海的古诗词中。还有很多诗词中也写到了传统节日和传统习俗。你搜集到哪些呢？

比如：

**元　日**

（宋）王安石

爆竹声中一岁除，春风送暖入屠苏。

千门万户曈曈日，总把新桃换旧符。

写到了春节人们放爆竹、贴春联的习俗。

**生查子·元夕**

（宋）欧阳修

去年元夜时，花市灯如昼。月上柳梢头，人约黄昏后。

今年元夜时，月与灯依旧。不见去年人，泪湿春衫袖。

写到了人们元宵节赏灯的景象。

清 明

（唐）杜牧

清明时节雨纷纷，路上行人欲断魂。

借问酒家何处有？牧童遥指杏花村。

写出了人们扫墓、祭奠先人的悲痛的心情。

九月九日忆山东兄弟

（唐）王维

独在异乡为异客，每逢佳节倍思亲。

遥知兄弟登高处，遍插茱萸少一人。

写出了重阳节登高、插茱萸的习俗。

这些传统节日习俗和诗词一样都是祖先留给我们的宝贵的精神财富，我们要薪火相传，把优秀的传统文化发扬光大！

好，这节课我们就上到这儿，如果刚才上课的过程中你发现哪个地方掌握得还不够熟练，课下一定记得要好好复习巩固。好，同学们再见！

# 一场美丽的遇见

## ——《草房子》阅读交流课课堂实录

**一、童年遇见油麻地**

最近这段时间，我们一直在读《草房子》这本书，我们一边读，一边聊。聊书成了我们的习惯，也成了一种乐趣。这节课我们继续聊。首先，让我们穿越时空，走进 1962 年那个初秋，去感受油麻地的少年们不一样的童年。

（师读片段：那是 1962 年 8 月的一个上午，秋风乍起，暑气已去，14 岁的男孩桑桑登上了油麻地小学那一片草房子中间最高一幢的房顶，他坐在屋脊上，油麻地小学第一次一下子全部扑进了他的眼底。秋天的白云，温柔如絮，悠悠远去；梧桐的枯叶，正在秋风里忽闪忽闪地飘落。这个男孩桑桑，突然觉得自己想哭，于是就小声地呜咽起来，明天一大早，一只大木船，在油麻地还未醒来时，就将载着他和他的家，远远地离开这里——他将永远地告别与他朝夕相伴的这片金色的草房子……）

师：泪眼蒙眬中，望着油麻地金色的草房子，桑桑一定会忆起一些人，那些人会有谁？

生 1：纸月。

生 2：秃鹤。

生 3：杜小康。

生 4：细马。

生 5：温幼菊。

生 6：蒋一轮。

生 7：秦大奶奶。

师：看来大家对每个人都很熟悉了，这些人每个人都有自己的个性特点，对他们你都熟悉了吗？好，考考你，老师说出三个关键词，看看你能不能猜出相关的人物。如果你猜到了答案，就先高高地举起手来，不要出声。好，开始！

人物猜猜看

人物一：鸽子　尿床　信使　（答案：桑桑）

人物二：生姜　屠桥　最英俊的少年　（答案：秃鹤）

人物三：土地　乔乔　南瓜　（答案：秦大奶奶）

人物四：红砖　羊群　小蛮子　（答案：细马）

人物五：书包　浸月寺　毛笔字　（答案：纸月）

人物六：奶奶　药寮　无词歌　（答案：温幼菊）

人物七：导演　猎人　奖状　（答案：桑乔）

师：看来大家对书中的人物都已经熟悉了，这些人都是桑桑童年里最美的遇见，他们见证了桑桑的成长，陪伴了他的童年。这些人物你最喜欢谁？我们一起来聊聊。

生 1：我最喜欢的是杜小康。杜小康本出生于油麻地最富有的人家，他生活条件优越，但是从不傲慢，从来都是主动帮助同学，学习成绩也非常优异。后来他家里破产，被迫辍学去远方放养鸭子，可是他从来没有抱怨生活，而是勤恳努力地干活，鸭子被扣押以后他还放下面子去学校门口摆摊。不管遇到怎样的苦难，他都能以积极向上的心态面对。我觉得他是个真正的男子汉。

生 2：我最喜欢的是桑桑。因为他虽然很调皮，但是他勇敢、正义，心地善良，他保护纸月，与孤独的细马做朋友，陪伴孤独的秦大奶奶，这些都看出他是个小英雄。当桑桑得知自己生命垂危时，没有暴躁，没有抱怨，抱着生命的最后一丝希望，坦然地面对生命，热爱生活，温暖着身边的每一个人。这是最可贵的。

生 3：我最喜欢的人物是秃鹤。在会操时秃鹤成功报复了所有轻慢和嘲笑他的人，给学校抹了黑。可是，在文艺演出时，他努力地排练并出演了《屠桥》，为学校争得了荣誉。他知错就改的品质很可贵。

生 4：我喜欢桑乔。曾经他爱荣誉如生命，但是，当儿子患重病的时候，他每天背着儿子寻医问药，踏破了无数双鞋底，其实他爱儿子胜过所有荣誉！他出身卑微，从十几岁就开始跟随父亲打猎，他认为打猎是一种低贱的行当，从心里厌恶打猎。可是当儿子身患重病时，为了让儿子在最后的时光里开心地度过，他甘愿再次端起猎枪，再当一回猎人，这同样表现出了伟大的父爱！

**二、苦难中遇见成长**

师：看来油麻地的每个人都很可爱，那些草房子，那些人，那些事，都定格在桑桑的记忆中，留在了童年里。在这些人中，有几位和你们同龄的男孩儿，从四年级到六年级两年的时间，他们身上发生了很多故事。

他们是——（出示：桑桑、杜小康、秃鹤、细马）

前几天我们绘制了油麻地少年的成长故事地图，谁来展示、分享一下他们的故事？

（生讲述）

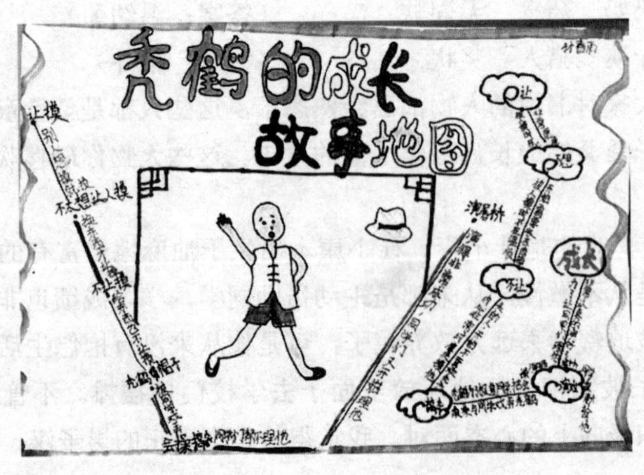

生 1：秃鹤是个光头，一开始他很乐意让别人摸他的头，但三年级的时候不太想让人摸了，别人用东西交换才能摸，再到后来他不再让别人摸。有一天他受到了丁四的戏弄和女同学的嘲笑，感觉自尊受到了伤害，他不愿意上学了。父亲开始用生姜为他治疗，七七四十九天没有效果后他开始戴一顶帽子上学。没想到桑桑和阿恕捉弄了他，让他很丢脸，在油麻地会操表演时，他轻易报复了轻慢和嘲弄他的人。没有同学愿意再理会秃鹤，他受尽冷落。最后，油麻地小学文艺汇演，秃鹤自告奋勇，努力排练，成功出演了《屠桥》，又赢得了大家的友谊。

生 2：我做的是桑桑的“人生阶梯图”。桑桑曾经是一个调皮的孩子，曾在盛夏里穿棉袄吸引人的注意，但是他也喜欢伸张正义，乐于助人，保护受欺负的纸月，帮蒋一轮和白雀送信，帮助杜小康渡过难关，帮助细马照看羊群，陪伴孤独的细马。后来，他不幸得了重病，但他忍着痛苦兑现诺言，背着妹妹去看城墙；面对死亡也毫不畏惧而是坦然地面对，并主动地帮助、温暖身边的每一个人。那一刻，他真的长大了。

生 3：杜小康曾是油麻地的“高富帅”，过着衣食无忧的生活，他也是班长，不仅学习成绩好，还乐于帮助大家。但是，家里的一场变故改变了一切，他不得不辍学跟着爸爸去远方放鸭子，本以为能靠着放鸭子还清债务，结果，鸭子把人家鱼塘里的鱼苗全吃光了，不但大船被扣下，爸爸也大病一场。杜小康承担起家庭重担，到油麻地小学摆摊卖东西。桑乔说，将来杜小康一定是油麻地最有出息的少年。

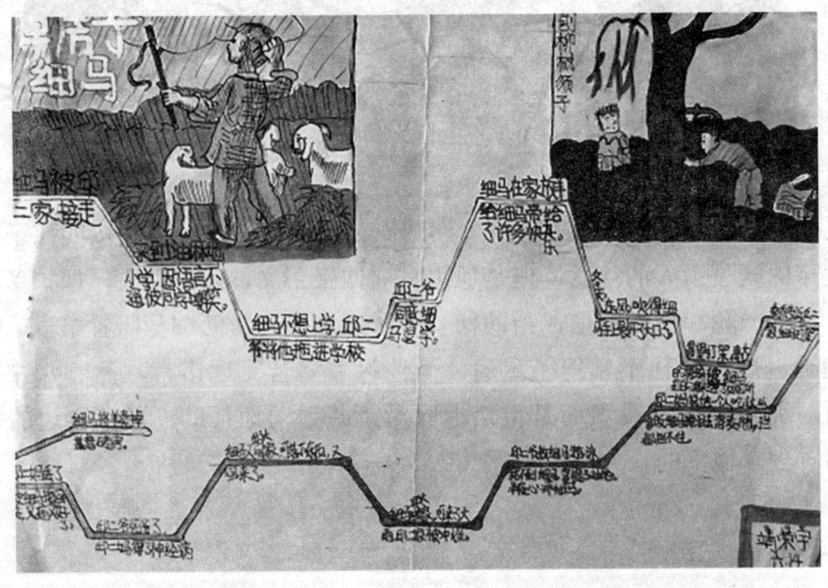

生 4：细马是亲爸过继给邱二爷的孩子，邱二妈不太喜欢他，他自己也不适应这里的环境，被人嘲讽和冷落，一度要回到自己的故乡。后来邱二爷死了，邱二妈疯了，家里发生了很多变故。但是，细马不仅把邱二妈照顾得很好，还凭借自己的智慧和辛劳，让自己的家境越来越好，他要为邱二妈盖一座最好的房子。

师：故事地图梳理了每个孩子的成长故事，感谢四位同学的分享。这四个少年在两年的时间里经历了那么多故事，这些故事让他们逐渐成长。同学们有没有发现，其实，长大有时候是一瞬间的事。比如，当细马买来红砖决定为邱二妈盖一间最好的房子的时候，我们觉得他长大了；当桑桑勇敢地面对死亡的时候，我们觉得他长大了。但这一瞬间的长大之前，必定有几件事逼着他们成长，这就是成长的关键事件。那么，促进这些少年长大的关键事件分别又是什么呢？请大家拿出你做的油麻地少年成长档案，先在小组内分享，然后我们全班交流。

（生组内交流）

（全班交流略）

师：感谢几位同学的分享，老师也整理了这四个少年的成长档案：

**油麻地美少年成长档案**

| 人物 | 关键事件 | 成长标志 |
|---|---|---|
| 秃鹤 | 1.恶搞会操表演，受众人冷落。<br>2.成功出演《屠桥》。 | 1.努力排练，成功出演。<br>2.月光照着河水，也照着那个世界上最英俊的少年。 |
| 杜小康 | 1.家庭破产，父亲瘫痪。<br>2.养鸭失败，负债累累。 | 1.看淡一切，放下尊严，校门口摆摊。<br>2.被预言是油麻地最有出息的孩子。 |
| 细马 | 1.房子被冲毁，<br>2.邱二爷去世，<br>3.邱二妈得病。 | 精心照料邱二妈，卖树、买羊，卖羊，给邱二妈盖房子。 |
| 桑桑 | 得了鼠疮，四处求医。 | 勇敢面对疾病，主动帮助身边的人。 |

师：请大家重点关注这几个关键事件，有没有发现，这些关键事件都有一个共同点？

生 1：他们都经历了挫折。

生 2：这些对他们来讲都是苦难。

师：是的，这些事件有一个共同的名字，那就是——苦难。这几个少年是怎样面对苦难的？

生 1：勇敢、坚强地面对。

生 2：没有抱怨，没有畏惧，而是想办法走出苦难。

生 3：即使面对死亡，仍然很从容。

生 4：不屈服于命运的不公，敢于向命运挑战。

师：说得好！软弱的人会在苦难中沉沦，而坚强的人一定会在苦难中崛起！这几个少年曾经都是无忧无虑的小孩子，这些苦难的磨砺让他们坚强，锻炼了他们，让他们小小年纪就成长为真正的男子汉！作家曹文轩善于写苦难小说，他曾说（出示 PPT）："人的成长，人类的成长，都离不开苦难。无须感谢苦难，应该感谢的是战胜苦难的自己，磨难让你的生命更有光彩。"

在 2016 年 4 月曹文轩获得了国际安徒生奖，这是第一位华人作家获此殊荣，国际安徒生奖评委会主席帕琪·亚当娜这样评价他：

曹文轩的作品书写关于悲伤和苦痛的童年生活。他的作品也非常美丽，向孩子们树立了面对艰难生活勇于挑战的榜样，能够赢得广泛儿童读者的喜爱，用诗意如水的笔触描写了原生生活中真实而哀伤的瞬间。

## 三、文字中遇见纯美

"苦难"是曹文轩写作的一大特色，但不是最大的特色，你知道他最大的特色是什么吗？

生：纯美。

师：你怎么知道的？

生：《草房子》的封面上写着"曹文轩纯美小说"系列。

师：你真是善于观察的孩子。是的，"纯美"是曹文轩作品最大的特色。你怎么理解"纯美"这个词？

生 1：我认为"纯"指的是油麻地的人们纯净的心灵。

生 2：还有人们之间纯真的感情。

师："美"呢？怎么理解？

生 3：油麻地美丽的风景，还有美丽的故事。

生 4：人们美好的品质，优美的文笔。

生 5：油麻地少年的成长也很美。

师：说得好，阅读《草房子》，开启的是一段纯美的文学之旅，现在让我们回顾一下那些美的景色、美的心灵、美的故事、美的成长……朗读是对文字最好的表达，现在，请你打开书，找到一处你觉得最美的一段话，大声地读一读，让我们用声音向文字致敬！

（生练习朗读）

师：谁想读给大家听？

（生朗读片段略）

读得很纯美，很动情。老师也想读一读其中的一段，想听吗？

师朗读：

温幼菊将药倒进一只大碗里，放上清水，接着再熬第二服。停顿了很久，温幼菊才说："我17岁那年考上了师范学校，也就是那年秋天，奶奶走了，奶奶活了80岁，奶奶是为了我才活了80岁的。奶奶临走前抓住我的手，她也说不出话来了，但我从她微弱的目光里依然听到两个字'别怕'。"她没有看桑桑，把胳膊放在桑桑的脖子上："桑桑，别怕……"

眼泪立即汪在桑桑的眼眶里，温幼菊轻轻摇着桑桑唱起歌来，没有歌词，只有几个抽象的叹词：咿呀……呀

咿呀……呀

咿呀……哟

哟……

哟，哟哟……

咿呀咿呀哟……

这几个叹词组成无穷无尽的句子，在缓慢而悠长的节奏里，轻柔却又沉重，哀伤却又刚强地在暖暖的小屋里回响着。桑桑就像一只小船，在这绵绵不断的流水一样的歌声中，漂流着……

师：温幼菊温柔而坚韧的声音温暖着桑桑，给了桑桑面对疾病的勇气和力量，读这一段我特别感动。想不想听曹文轩自己读其中的一段？

生：想！

师：2018年曹文轩作为嘉宾参加了《朗读者》节目，他说："你可以把桑桑看作一个叫曹文轩的男孩，也可以把桑乔看作是曹文轩的父亲。"曹文轩小时候也的确住过草房子，书中的很多故事是他童年的真实经历。听他自己读，一定有别样的感动，我们来听其中的一段。

（师播放曹文轩读《草房子》结尾部分）

师：感谢曹文轩带给我们那么美的故事、那么美的童年、那么美的成长、那么美的文字。

阅读，是为了成为更好的自己，在《草房子》这本书里，在油麻地少年的童

年里，你最大的收获是什么？能不能用一两句话谈一谈？

生 1：这本书告诉我，在人生最低谷的时候，只要努力努力再努力，就一定能够让别人刮目相看。

生 2：苦难是成长的洗礼，不要惧怕苦难，勇敢地迎向苦难，你就是强者。

生 3：生活不可能一帆风顺，每个人都会遇到挫折和困难，战胜它，你便成了真正的男子汉。

生 4：童年是一场盛大的离别，我会珍惜童年的每一个人，每一件事，每一天的时光。

生 5：无论遇见任何苦难，心中都要保持善良，心中永远存在希望，相信世间有美好。

**四、在书里遇见未来**

师：大家说得都很有哲理！这就是书籍给予我们的力量！这本书我们的交流先暂告一段落，但是，曹文轩的纯美儿童文学之旅才刚刚开始。为大家推荐曹文轩的纯美小说系列：《青铜葵花》《野风车》《细米》《根鸟》《山羊不吃天堂草》，我们接下来先读《青铜葵花》这本书，让我们在这本书里期待更美的遇见！

# 第二辑

问渠那得清如许，
为有源头活水来

# 携手经典，走进海读

## ——参加韩兴娥“海量阅读”全国研讨会有感

阳春三月，诗意的季节。我们一行16人相约鸢都潍坊，沐浴“经典”的微风，润泽“海读”的甘霖。“经典海读”的理念像一声春雷，惊醒了我懵懂混沌的语文教学，冲击着我蒙昧的心灵，如一场春雨赐予我精神的洗礼！

受益颇多，我想从四个方面来谈一谈本次潍坊之行的感悟和想法：收获了一种理念；习得了多种方法；悟到了一种情怀；引发了几点思考。

### 一、收获了一种理念——“经典海读育化人生”

我们知道开卷有益，阅读可以拓宽视野、陶冶性情、滋养心灵，所以我们让学生多读书。而陈琴老师把阅读经典提升到“经典化人”的高度。她说：“读书养心，养气，养精气神，养天地浩然之气。每一本经典读本进入孩子的灵魂后都有化育功能。教育最大的功效是使受教育者有良好的心灵秩序。教育的终极目标是化民易俗。”我很认同陈琴老师的这种理念。优秀的中华经典文化确实能够润泽心灵、提振精神、化育品格，这是大家公认的。这样的例子不胜枚举，我们有文化的祖辈们做事前常说“子曰诗云”，看来在他们眼里那些经典是指导行为的纲领指南。而陈琴老师所举的学生经典素读之后的变化，更说明了阅读经典带来的奇迹。

很感谢陈琴老师带给我们这样的理念，让我重新认识了经典的魅力。我更感谢韩兴娥老师带给我们“海量”的卓识和胸怀。2011年3月4日我第一次到北海学校参加了海量阅读的研讨会，从她的《让孩子踏上阅读快车道》中我读到过这样的文字，冲击了我的心灵：

“作为老师，我要做的就是把大量的思想、文字俱佳的文章放在学生面前，为他们‘吞食’提供条件，‘反刍’是他们的本能行为。让学生的眼睛浸泡在铅字中，让耳朵浸泡在读书声中，让心灵和大脑震荡在感动和思维中，这才是一个语文老师的责任所在。”“学生的语言学习应在‘巨大数量’语言的反复撞击、反复刺激下形成。语文学习不是‘堂堂清’，而是‘学后通’；不是‘清清楚楚一条线’，而是‘模模糊糊’一大片；不是‘打一口井’，而是‘挖一片坑’……”书面语的学习和口头语的学习是一样的，那就是“浸泡、熏染”，所以她倡导以“海量阅读”的方式来实现语言的浸染。

当经典牵手海量，成效便显现出来：韩老师的学生都能出口成章、滔滔不绝、口吐莲花，令人叹服！两位老师的教学理念都是从教材突围，遵循语文的习得之道，聚沙成塔，厚积薄发，课堂特点都是大容量、快节奏，鲸吞牛食，采用的教学方法都是以读代讲，课堂上皆是书声琅琅，或读或背，或吟或歌，学生个个兴趣盎然，乐此不疲。经典与海量的深度融合，用最朴素的教学方式、最简洁的教学流程有效地解决了语文教学中“少、差、慢”的问题。

既然认同理念，又有方法的指导，我们的课堂改革便可以以此为突破，让国学经典在我们自己班里生根发芽。

**二、习得多种方法——贵在学以致用**

本次培训最大的收获就是从很多一线老师的讲座中学到了“海读”实践的策略和方法。比如：吟诵的方法、歌诀体朗读、朱霞俊老师的识写新策略、王爱玲老师的《养读千日，书香一生》等。无论是阅读的序列、各种课型的操作方法还是小组合作的激励措施等，都给我们提供了很好的范例，完全可以拿来为我们所用。会务组会把 PPT 发至邮箱，只需静待我们慢慢学会、活学活用即可。

**三、感受一种情怀——挚爱语文教育**

参加会议的两天边学习边感动着。感动于陈琴、韩兴娥等老师们对语文教学的执着追求和不懈研究。而这种执着努力的背后，一份是对学生生命负责的强烈责任感；一份是对语文教育的深情热爱和浓厚情怀。因为这种情怀，他们曾有多少个不眠之夜挑灯夜战，饮尽孤独，在别人的眼里他们是作茧自缚、飞蛾扑火，甚至被认为是哗众取宠。可是，即便是历经磨难，几经挫折，他们依然向前，毫不退缩，朝着目标跟困难死磕到底。所以，在研讨会上每个老师展示出来的方法策略都那样丰富，取得的成果是那样丰硕，令人赞叹！就像陈琴老师说的那样：“如果我没有过人的天赋，那么就请时间赐给我力量。”时间验证了他们的选择，他们终究破茧成蝶，功德圆满，从羊肠小道走向了一条康庄大道，精彩了学生，也成就了自己。这种成就跟名利无关，而是与自己的职业尊严和幸福感有关。当学生在他们的课堂上成长拔节，变得阳光向上、儒雅睿智的时候，语文教师对他们来讲已经不是一个谋生赚钱的饭碗，而是能实现人生价值和职业幸福的平台。

而我缺失的恰恰就是这种情怀。曾几何时，做教师只是我谋生赚钱的职业而已。明明知道阅读有这么多好处，可是自己的语文教育却总是以考试为唯一的指标，试卷上考什么我就教什么。因为有高高的平均分，我才会有好的业绩考核。我时常拿着“为学生好”的幌子，要求他们做题，背课后题的答案，这是多么失败的教育手段啊！

小时候学《叶公好龙》，一直不懂这个故事，一直很抵触。喜欢就是喜欢，不喜欢就是不喜欢，世上哪有这样的人。可是自己不就是这样的人吗？口口声声说读书好，可偏偏就是不让学生好好读书，把时间都用在做题上。自己不就是叶公吗？真是惭愧！

亡羊补牢，为时不晚，携手经典，走进海读，立即践行，不做叶公。

**四、引发了几点思考——海读我也来做**

1. 谨慎选择校本改革，形成自我特色。将清华附小的主题教学与经典海读相融合，清华附小的语文教学是华丽的，有深度和广度，海读是质朴的，有简洁的流程和简约的设计。不单读国学，也将经典儿童文学、儿童诗，散文杂食共读，搭配均衡，营养全面。有效的融合才会有新高度，既要有精读方法的指导也要有经典海读的广泛和深刻，要做一个牧羊者把学生引入营养肥美的辽阔牧场。

2. 拿来主义与自我创新。“经典海读”的团队大公无私，将自己多年的研究方法与大家分享，我们可以广泛借鉴这些方法，但是要因地制宜地不断创新，找到与学校、与班级更加契合的策略。

3. 广泛传播，共同受益。海读的益处有目共睹，我们要在学校广泛推广海读经典，让所有的班级认识海读、践行海读，期待让更多的孩子受益。

4. 不忘初心，执着坚守。做语文老师的目的是让孩子们热爱语文、提升语文素养。海读是实现这个目标的一条明路。到底我们能走多远，走多久，还需要每位老师执着的坚守。

持一颗初心，念兹在兹，何曾或忘？念念不忘，必有回响。彼岸在远方，鲜花在两旁，而我正行在路上。

# 好雨知时节，润物细无声

清晨，久违了的凉爽浸润周身，却因天空布满的阴霾使得原本晴朗的心一下子变得荫翳起来。

今天是研修的第一天，我们像久旱祈盼甘霖的庄稼一样，渴望这次会聚，昨晚就兴奋得没有睡好，梦里全都是对研修的希冀和欢悦。可是，今天参加研修的有几十个同事，岂不都要挨淋？

7:30，开车飞驰到校。原定 7:50 点名，自己早到一会儿，做好准备工作。走到楼下，却发现微机室的门口已经挤满了人——他们居然那么早到校了，而且有好多老师是从几十里外骑电动车赶来的。大家谈笑风生，丝毫没有因为黑云压境有半点的恐慌，心中一阵感动。这些可爱、好学的老师们，真是可敬！

很快，大家就进入了研修的状态。视频、文档、PPT，一应俱全，请教、商讨、互助，一起乐不思蜀，与火狐共舞，同专家共享饕餮盛宴。而此时，大家谁也没有注意到窗外早已是细雨霏霏。我一边欣慰于老师们的学习态度，一边祈祷老天爷早一点停雨，千万不要让这些可敬的老师们淋雨！

时光就这样悄悄地流逝，偌大的微机室里老师们时而静默沉思，时而轻声商讨，指尖敲打键盘的声响伴着丝丝雨声，汇成一曲动人的乐章，回响在耳畔。已近中午 12 点，大家还沉浸其中。一阵清风徐来，雨，住了，而另一场雨已浸润我们的心田！

# 定位工作职能，提高服务效能

## ——作为学校教研人员的再思考

2012 年新春的教育教学工作还未开启，全省教研员远程教育研修已经拉开帷幕。做教研员仅一年多的时间，新时期如何做好教研工作，我们还处在雾里看花、水中望月的境地。今天张厅长的报告，如春风吹散了我心头的迷雾，如明灯照亮了我成长的方向，使我更加明确了教研员的工作定位和任务职责。在今后的工作中我觉得应该做好以下几个方面的转变。

### 一、变“教学业务的管理者”为“教师专业发展的引领者”

在以往的工作中，教研员一直是教学业务的管理者，很少关注其自身以及教师的专业化发展。朱永新教授说：“教师能走多远，学生就能走多远。”换句话也一样：“教研员能走多远，教师就能走多远。”随着教师队伍专业素质的提高，教研人员必须不断增强自我学习、自我发展的使命感与危机意识，成为学习的先行者，真正让学习成为一种职业习惯。一是自学，向文本学习，接受先进理念，更新自身观念，教研员每年都要读 3 本具有指导价值的理论著作，并辅之以读书笔记；二是主动向教师学习，从教育实践中学习，不断夯实教研基础，每个教研员都与具体学校或基地挂钩，坚持 3/4 的时间在学校，从而形成教研员内源性的学习力。丰富的教育教学理论修养和学科专业技能理应成为教研员专业引领的内源性需求。在与经典对话中、在大师的引领下，教研员可以走出狭小、走出平庸，走好专业引领之路。

### 二、变“教研活动的组织者”为“校本教研的开发者”

教研员一直是学校教研活动的组织者，在新一轮课程改革中，教研员身担重任，引领教师们开展扎实的校本研究。我们应该利用自身的科研优势，用全新的教育理念去指导教学，敢做示范，敢亮绝活，与一线教师共同磋商，共同进步。

课改本身就是一种富有开创性的工作，对于这项复杂艰巨的任务，教研工作正确的做法就是营造和谐融洽的人际环境，立足校本，营造民主开放的研讨氛围。在校本研究中鼓励实验教师大胆尝试，在理念创新上鼓励百家争鸣。对于课改中出现的不同教学方式、方法、思想、观念，教研员要以平台首席的身份，引领群体开放包容、兼收并蓄、求同存异、扶持新秀，努力打造校本特色。

**三、变“官员意识”为“服务意识”**

一直以来，教研员被老师们称为“领导”，属于教学管理层，很多教研员也以“官员”的身份自居。但在新课程改革中，教研员要摒除这种“官员”意识和“专家”意识。一个优秀的教研员首先应当人品好，是位有书卷气的“谦谦君子”，否则即使其知识素养再好、理论水平再高、表达能力再强，终究会为老师们所不齿，从他口中说出的新课程理念也会苍白无力，不可能充满人性的光辉。教研员要树立三个服务意识，即：服务于基层，服务于教师，服务于学生，要着眼于学校的发展，以教师素养的提升为基本途径，以培养学生的综合素养为落脚点，为实施素质教育推波助澜。

总之，在新课程改革校本研究中，教研员要履行好研究、服务、指导、管理四大职能，既要仰望星空，也要耕耘大地，在工作中坚持管理与引领相结合、服务与合作相结合、理论与实践相结合，与教师共同提高，与课改共同成长。

## 信赖的境界

### ——体验盲人生活有感

中午，按照老师布置的作业，体验了一把盲人的生活。

戴上眼罩的那一刻，我的世界一下子就变得漆黑一片。无助、孤独立马袭满了全身，身上一直冒汗，心里却是一阵阵发凉。每走一步，都感到前面是一片未知的恐惧，踏出的每一下似乎都有可能步入万丈悬崖，坠入无底的深渊！每一步都心惊胆战，每一步都在小心翼翼地试探……站在人群中，看不到任何人，只听见各种各样的声音在半空里悬着，像极了空中飞舞的精灵，愈发让我感到自己来到了一个陌生的世界。

徐颖老师紧紧握着我的手，边语言指引，边拉着我前进。但自己仍然不敢大胆地迈步，她的手暖暖的、柔柔的，一股温暖的力量从手掌渐渐弥漫到全身，我的心开始慢慢地升温。“慢慢走，别着急。”“放心，前面是平地，有台阶的时候我会提醒你。”“注意，前面三步有两个台阶，一、二、三，抬脚……”她的声音轻轻柔柔，不紧不慢。每一句指引、每一步带领都体贴入微，像一缕阳光照进我的心里，让我渐渐不再恐慌，变得勇敢起来。不，其实更像我的眼睛，此时她就是我的眼，我开始从容地、大踏步地一步步向前。

每个人都会遭遇各种各样的困境和挫折，孤独、无助、恐慌袭来的时候，也会有人真诚地付出帮助。此时，唯有信任，才会让自己走出迷惘。

午饭时间仍然有老师乐此不疲地体验着，互助的同伴或是贴心地将菜夹到体验者的碗里，或是直接喂到嘴里，或者告诉菜品的位置，每每体验者成功将夹到的菜放到嘴里，都会赢得啧啧赞叹。满桌的欢声笑语，满桌的其乐融融。

借用冯骥才一句话：信赖，不就能创造出美好的境界吗！

## 适合的就是最好的

### ——参加水城名师高端研修总结

8 月，天渐秋意，果渐丰满。十天水城名师研修的日子，也是我天高云淡的季节。放下了繁重的工作，抛弃家庭的琐事，没有功名的诱惑，没有利益的冲突，聊大的教科院，像座世外桃源，群贤毕至，少长咸集。博士教授或博学儒雅，或机智幽默，激扬文字，侃侃而谈，把舵引航，畅游学海；两届名师，结友同窗，或远山含笑，侧耳倾听，或奋笔疾书，沉思凝望，携手共进，缔结友谊。12 场高端报告，两天的生命动力体验课，两次名师的经验分享，如一份份丰盛美味的大餐，喂饱了我饥渴的心灵，营养了我干瘪的精神。回味，依然余味悠长。

**酸甜可口——重新认识培训的意义**

几年前在聊大参加过多次培训，教授喜欢用高深的理念去灌输，听得一头雾水，无滋无味，加上吃宿艰苦，一听培训则避而远之，似乎培训者就是为了完成上级任务的“牺牲品”。而本次参训的名师更是参加过各种各样大大小小的培训，很多人已经在自己的教育教学上有所建树，自然会有一些“满”在心里。也许于院长觉察到参训者的这种心态，所以在简单的开班仪式之后，首先开始培训团队的“洗脑工程”，第一课先讲《成人学习的理论与策略》——先提醒各位名师，放空自己的心态，不要带着挑剔的眼光上课，重新认识成人学习的重要性，以空杯心来面对接下来的“炼狱”式训练营。提前预设，防患于未然，实在是高招！其实，参训的名师差不多都遇到了事业瓶颈期，不易突破。我们只有丢掉曾经的石头，才能盛得下满满的金子。听了陈博士的报告，尤其对“成人的学习”有了更为深刻的体味。

首先，要认识到学习是一种进化的本能。学如逆水行舟，不进则退。尤其在“名师”的光环下，不修炼，不进化，等待自己的只能是退步。领悟到此，才能更深刻地明白，市教育局举办这次培训的良苦用心。就像陈博士说的那样，放空自己，得克服自己的学习心理障碍——“满足现状、缺少学习压力，害怕改变”。人都是有惰性的，到了一定的年龄，取得了一定的成绩很容易满足现状，害怕改变给自己带来的麻烦和困惑。可是一旦这样下去，人就会停滞不前，没有出路，产生职业倦怠，迷失自我，那将是多么可怕。不逼自己一把，就不知道自己有多优秀，趁着有人逼自己，给自己一次可以优秀的机会吧。

其次，要重新认识学习的目的，即：生存致用、修身养性、比德畅神……学习不是为了某种功利，而是让自己更贴近真实的自己，纯粹的自己，是为了让自己有更好的生存方式。每个人都有追寻幸福生活的动机和权利，不断地学习，就会让自己更加幸福和美好。

空杯心态，享受学习的过程，学会感恩，活在当下。

当学习变成一种研修的方式，则是一种更高境界的追求，追求幸福，追寻美好，苦中作乐，酸甜怡口，研修，我正在路上……

**麻辣鲜香——借科研突破瓶颈**

开班仪式上于院长就提出，本次培训的核心是“问题引领和任务驱动”。十天的培训，专家们用三天的时间来帮助老师们树立问题意识，对提出的问题进行梳理和深度澄清，站在科研的高度，为我们提供教师进行课题研究的方法和策略。之前对科研课题的了解只是停留在虚无的、无效的一种研究上，只是评级、评选能手加分的证件，研之无味，却又不可弃之。曾经完成过几个课题的研究，但是主要以应付为主，从开题报告到过程资料、结题报告，几个人凑一块儿网上下载、抄袭、拼凑而成。很幼稚地以为所有的科研课题研究都是这样的，听了各位教授的报告才发现教育科研真是一种高大上的神圣产品。从科研理论，到研究的策略、方法到选题的命名都有深刻的理论支撑和大量的研究数据支撑。陈教授的报告让我对教育科研有了新的认识，开启了另外一扇做学问的窗。做学问真是一种严谨、科学的事情，马虎不得。

说到科研，必须提到理论。培训的日子进一步让我看到了理论的重要性。之前对理论一直持排斥的态度，仿佛它是飘在空中的浮云，可远观却不接地气，似乎并不能解决教育教学中的什么问题。读书、听报告更喜欢实践性的叙事，似乎这更有用处。然而，当实践经验积累到一定的数量而无法产生质变的时候，当自己的教学经验不能撑起自己发展的高度的时候，唯有理论才能解决问题。

王建峰博士说，理论是解决问题的本质，是指导一切实践的基础。任何的改革都是要有理论支撑的，经验只是量的积攒，理论才是催生质变的反应剂。很多老师成为水城名师是因为数年教学经验的积累，但是要想突破自己的瓶颈，解决更多教育教学中的实际问题，只能靠理论，唯有理论才能带来一次质的飞跃。

带一颗空杯心去好好地学习理论吧，用一颗虔诚的心去做教育研究，掌握科学、正确的方法，或许过程枯燥、有麻烦、有困惑，但也一定会有顿悟、有突破，就像吃一份麻辣香锅，满嘴生香，越品越上瘾。

**满汉全味——阅名师之路，看百味人生**

组建学习小组的环节中王博士给了我们相互了解的机会，每个名师的背后都有一个不为人知的动人故事，每位名师都有一些不平凡的经历，才发现其实这一次的培训不仅是来学习理论，开阔视野，更是来读“人”的。每位名师的人生经历、学习态度、乐观心态都值得我细细品味。用几个关键词来谈谈自己的感悟。

天道酬勤：何仲秋、梁迎春老师参加过多次国培，以为他们会对这样的培训不屑一顾，暗自里观察他们的行踪，心生敬佩。瞧！他们时而凝望着老师仔细聆听，时而眉头拧缩认真思索，时而敲打键盘及时记录，内敛、低调地记下自己的感悟，俨然一个勤奋的学生，然后他们的微信朋友圈里就多了一篇篇值得品味的文章。为什么他们会如此优秀？这样的细节给了我最好的解答。

修为高尚：在与诸多名师的接触中，最让我感动的是大家的素养修为。每次见陶燕珍老师，都会被她的精神、干练所打动，事业有为但时刻保持低调谦和的姿态，平日里看似沉默，但一登台就精神抖擞、思维敏捷、妙语连珠，这是修为到一定的境界才会散发的优雅。好多发言的老师都能给我这样的感触，他们或幽默或文雅的谈吐，沉稳淡定、娓娓道来的表达，深邃的思想，独到的见解，谦谦君子之风像一株株临风的玉树让人心旷神怡。学高为师，身正是范。名师修的不仅仅是学识，还有品行，这样的修行，我还在路上。

几天来的培训，各位教授、博士留给我印象最深的是他们的敬业态度。尤为突出的是王建峰博士和陈彦垒博士，他们不仅有渊博的知识，在讲授知识的时候更是知无不言、言无不尽，恨不得把自己所有知识一股脑传授给我们。这种敬业精神和态度，是我们学习的榜样。

蓦然想起了孙双金老师的那句话："读万卷书不如行万里路，行万里路不如阅人无数，阅人无数不如名师引路。"感谢各位让我细细品味赏读的名师们，与君共修，其乐无穷！

**找到属于自己的美味——做适合的教育**

名师培训最终的目的是为社会做最好的教育，什么是最好的教育？石欧教授告诉我们"适合的教育"就是最好的教育。

《国家中长期教育改革和发展规划纲要（2010—2020年）》提出："要以学生为主体，以教师为主导，充分发挥学生的主动性，把促进学生健康成长作为学校一切工作的出发点和落脚点。关心每个学生，促进每个学生主动地、生动活泼地发展，尊重教育规律和学生身心发展规律，为每个学生提供适合的教育。"

适合的教育要让不同的人在自身基础上尽可能大地取得不一样的收获。

适合的教育本质上是以人为本、以学生发展为本的教育。传统教育把不同的学生修剪为适合教育的同质的学生，使得部分学生被压抑、被埋没。现代教育则力求适应并激发不同学生的潜能，把不同学生培养成为不同的个体。

"不寻求适合教育的学生，只寻求适合学生的教育。"这样的教育是最好的教育，也是最公平的教育，所得即应得，应得即最好。适合的教育创建源于教师的创新，不求超越他人，只求区别于他人。为每个孩子创建最好的教育，我们任重而道远。

"要路愈远，幽行为迟。"寻找最适合的教育，我们且行且思，一路向前！

# 闻“道”且修

## ——听杜成宪教授《中国传统师道》所感

杜成宪教授《中国传统师道》的讲座先从近代的三次“谢师”谈起，从“师”的源起，“教师的流变”“尊师之道”和“为师之道”等几个方面阐述了中国传统师道的特征。打开笔记反复咀嚼，不禁惊出一身冷汗，叹息：为师难矣！

初见“谢师”两个字还以为是感谢教师的培育、教导之恩，哪知此处之“谢”乃“推辞”“拒绝”，与之绝交之意。原来只知“一日为师，终身为父”，唯师命是从，却不知一旦师之“道”发生偏差，也会遭到“道不同不相为谋”的恩义断绝之举。“道”，乃为师者的标杆与底线。

何为“道”？我认为此处的“道”是指能够为学生做出示范的道德典范，而且还指教师懂得教育教学的规律、规则。正如杜老师从《学记》和《荀子》中概括所得：“懂得教育原理可以为师；懂得教学方法可以为师；懂得自我提高可以为师；师，须有尊严的风范、老而弥坚的信仰、高超的讲授艺术、思想深刻的理论。”同时教师还要有对生命的尊重，关注学生基本人格、基本道德、基本情感的养成，培养学生良好的思想品质、人文情怀，唤醒学生对生命的尊重。

修得如此之“道”，方可为师。我们为“师”，距离此“道”有多远？我想须得修好如下几方面：

1. 修炼自身道德修为，以高尚的情操、悲悯的情怀、优雅的情趣、宽厚的胸怀去影响、感染、浸润学生的品行，成为他们效仿的典范。

2. 广泛涉猎，增厚底蕴，以广博的学识为学生解疑授惑。

3. 闻道有先后，术业有专攻。师者必须修炼自身的学科专业素养，知晓教育教学规律，提升授业水准，能化难为易，让学生乐学其中。

4. 以尊重生命的态度，善待每一个孩子。尊重他们的差异，爱护他们的心灵，公平对待每个孩子，滋养生命的成长。

闻师有“道”，且行且修，路漫漫兮，不断求索之……

# 抬头仰望星空，俯首踏地耕耘

## ——聆听杨小微教授《我国基础教育改革的热带透视与观念重建》报告引发的思考

在华东师范大学的第一场精神盛宴是由教育学教授杨小微亲自掌勺烹制的。他从“整合与选择”“关注公平”“关注成长的评价观与面向未来的基础观”三个角度对国家“十三五”教育热点进行了预判，为我们展开了一幅美好的教育图景，引领我们了解教育的发展新动向，从此教育研究不再迷惘，目标更加清晰。但是如何让这些高端的教育视点与我们的教育教学实践结合，是值得我们思考的问题。在此浅谈自己的理解和想法。

**一、继续做好“单元整合”实践研究，落实浅度整合**

“整合”与“选择”是当前中小学最前沿的教育改革，以清华附小和谢家湾小学为代表的“整合教学”、以北京市十一学校为代表的选课走班式“选择教学”已建立了一种典范式改革案例。但是这两种课改方式是不是适合每个学校呢？各地的教育环境、师资力量、学生资源制约着很多学校的教改发展，我们应该怎样将这种高端的教育理念落实到本土校园？

就我们学校的语文课堂教学改革来讲，我想先做好当下研究的“单元整合·群文阅读”的实验研究，先进行浅度整合，落实整合的理念，然后再不断地推进改革的深度。“单元整合·群文阅读”课改方案是以“提升学生语文核心素养”为最终发展目标，通过对主题单元的文章进行重组整合，分版块教学来帮助学生学会语文学习的方法，培养学生的学习习惯，提升学生的阅读、习作能力。经过一学期的研究与实践，课改组已经对教材整合形成了整体框架，每单元的整合大概分成这样几种课型：整体感知与识字课、开篇精读课、群文略读课、阅读拓展课、朗读展示课、积累展示课、语文实践课等，对每一种课型的具体操作也做了研究。本学期将通过更加具体的实践和整改不断研究，完善改革方案。总之，单元整合以提升学生语文核心素养为根本出发点，构建更加适合学生学习的方案，为学生的终身学习奠定基础。此改革方案不断成熟之后，我们将尝试学科间的不断融合，不断将“整合、融合”扩大化，把改革推向深入。

**二、实现“校内教育公平”从教师自身做起**

国家不断地用各种政策推动校际的教育公平已取得了一定的成果。如何实现校内甚至班内的教育公平，还得从学校教师自身做起。我想，做好班内的教育公平，教师应该这样做：

树立“公平理念”，爱护、善待每一位学生。每位教师都要心存善念，相信每个学生都是上帝派来的天使，他们纯洁的心灵会给世界带来希望与美好。虽然他们有的乖巧可爱，有的调皮捣蛋，但正是因为存在各种差异，儿童的世界才更加多姿多彩。无论他高矮胖瘦，无论他是聪慧还是迟钝，无论他活泼或是安静，更无论他的成绩优异或是糟糕，每个孩子都各有优势，学会多看孩子的闪光点并将之放大，呵护心灵、鼓励成长；也能够发现孩子的缺陷，帮助他们弥补，静待他们进步。哪怕他们的进步很慢，请相信我们就是牵一只蜗牛去散步，他们也会带我们领悟童年美好的风景。我们应该像阳光一样普照、温暖每个孩子的心灵，像雨露匀洒到他们的心田，更像大地滋养每一寸根基，平等相待而不厚此薄彼。

这种平等相待具体表现在：（1）对每个孩子倾注公平的情感，能关注每个孩子的学习情况、思想动态，关注每个孩子的成长、进步，不吝啬对每个学生的表扬鼓励，也不讽刺、挖苦每个掉队的小鬼。（2）给每个孩子公平展示的机会，如举手发言的机会，参与比赛、展示才华的机会。（3）给学生平等的空间资源，如让每个孩子都有坐到教室中间排、前排的机会等。

**三、树立“终身发展”理念，评价体系着眼学生成长**

教育是培养人的事业，而不是培养应试能力的工程。每个阶段的教育都应把培养学生的终身发展能力作为教育的核心目标，小学教育更应该把教育作为奠基工程，为学生的终身发展服务。

树立“为学生终身发展”的理念，首先要改变人才观。很长时间以来我们把那些学习成绩优异的学生作为心中的“优等生”，认为他们是祖国未来建设的人才。现代教育观则不把成绩优差作为评定学生的唯一标准，而需要对学生进行多角度、多元化的综合评价。评价的目的不是给每个学生一个定位，而是通过评价发现学生在发展过程中的优势或缺陷，以扬长避短，促进学生的全面发展和个性发展。

我们学校从上学期开始尝试了综合素养评价体系，从行为习惯、学习习惯、特长发展等五大板块，50 个小条目，通过学生的自我评定、小组评定、家长和教师评定四方面，每月对学生进行综合素养的评定。评价内容、角度、方式是多元化的，最终的结果是客观的、公正的、综合的，着眼于学生将来发展的，便于学生反思纠正自己的行为、学习习惯等。

当然，除了综合评价之外，我们还要注重学生特长和个性的发展，关注并发展学生的特长，张扬他们的个性，为每个学生的个性发展搭建平台，为他们的生命成长助力。我认为这样的评价观才利于学生健康成长和终身发展。

## 别了，丽娃河

别了，丽娃河！

轻轻地，我走了，正如我轻轻地来，

轻轻地挥一挥手，不带走一片云彩。

是的，我带不走任何一片云彩，也带不走华东师范大学校园茵茵的绿草，带不走丽娃河多情的绿波，带不走申城旖旎的春光……它们只能留在相机中，镌刻在记忆里。

回首七天丽娃河畔的培训生活，专家教授们一道道学术盛宴如满汉全席喂饱了我们饥渴的神经，满足了我们的味蕾，回味咀嚼仍感馨香悠长，余味无穷。

本次饕餮大宴的主菜式《教师专业发展途径》，烹制工艺虽繁复却营养美味。掌勺大厨是“男神”王建军教授，王教授用 4 个时间段，近两天的时间为我们阐述了教师专业发展的有效途径，重点剖析了“课题研究”的基本框架问题。他敏锐的思维、缜密的逻辑，将理论解读与案例分析相结合，让“课题研究”这一高高在云端之上的研究在每个受训者心里落地生根，“研究型”教师不再是遥不可及的称谓。

“新基础教育”研究所的吴亚萍教授上了一道麻辣鲜香的川菜，她关于《课堂教学转型变革的策略研究》深入剖析了当前课堂教学存在的症结。她辛辣点评，敢说实话、敢讲真话，更重要的是她能把准课脉，对症下药，“注重整体，注意关联，提升品质”，找准根结，“理气和血”，让如何上一节有价值的课成为老师们的追求。

李政涛教授的菜最为甘厚醇香，值得品味。他逐一讲解“新基础教育”的“真、实、深、化、长”五大特性，真实、有效、深入地研究，老师们在深深叹服的同时，也顺利成为“新基础教育”的追随者。“新基础教育”的理念成为学校变革与课堂改革的风向标。

培训过程中还有几道清新可口的素菜，同样让人回味无穷，黄忠敬教授《新课改背景下的课堂变革》中西结合，为我们打开了世界教育之窗，让我们的研究视野更为广阔；李百艳校长的《在对话交往中诗意栖居》，让名师们找到了职业诗意栖居的归宿；杜成宪和程亮两位教授关于教师“职业道德”的讲述则增强了老师们心中强烈的道德感……

别了，丽娃河……

轻轻地，我走了，正如我轻轻地来，

轻轻地挥一挥手，不带走一片云彩。

然而，我依然可以把许多东西装进行囊，带回故乡——带走专家们前沿的理念、深邃的思想、钻研的态度；带走同行老师们专注研究的精神、锐意改革的意识、淡泊名利的从容……这些将永远伴我一路前行。

## 新征程，新使命，启航在路上

### ——首届水城名师、名校长领航工作室主持人培训班研修有感

隆冬时节，我们一行四人穿越迷雾，带着一颗虔诚的心，从泉城济南一路南下来到美丽的苏北名城——南通。“中国教育看江苏”“江苏教育看南通”，期待着这座教育名城带给我们更多的启发和收获。

研修第一日，我们首先聆听了江苏特级教师、正高级教师陆军老师关于《教师研究及其成果表达》的报告。陆老师从“教师研究的含义”“教师研究的内

容”“教师研究的课题来源”“教师研究的成果表达”四个方面，以自己的成长历程和学术研究为例，深入浅出地向我们讲述了教师如何做研究，如何对自己的研究进行科学的表达。

陆老师谈到研究分为狭义研究和广义研究、专业性研究和群众性研究。作为基层教师，我们的研究属于广义上的群众研究，我们的教学即研究，发现教学中的问题并找到解决问题的方式方法，这就是研究。研究能够促进“发展自我”的实质性成长，并获得幸福的体验，教学是研究教师走向专业化发展的必由之路。

陆老师重点谈到了研究课题的来源：质疑起步——合理迁移——自我补白——走向无意。质疑的要点是：1. 要有证据，要依据事实、经验或逻辑推理；2. 要有不迷信书本、不迷信权威的批判精神；3. 要有对已有结论或行为方式等合理性否定的判断。迁移是一种学习对另一种学习的影响，迁移时一定要有创新，要广泛涉猎，在领悟的基础上合理运用有关教育理论。补白即填补空白，主要用来填充报纸或期刊的空白短文。质疑、迁移、补白都是基于别人或自己已有的认识，是以“巨人”的肩膀为起点。而研究成果表达的整体要求是：标题达意，结构匀称，自圆其说。

做课题研究是一线老师并不擅长的工作，但又是自己突破瓶颈期的必经之路。今天陆老师的报告为我们指点迷津，相信在陆老师的引领下我们一定能学会做研究，边教学边研究，且行且研，不断突破自己。

名师工作室主持人不断进步，如何带动工作室成员的成长呢？下午，南通市教科院的郭志明老师做了《高品质发展与品牌建设》的报告。

首先，郭老师展示了名师工作室的定位和主要任务。名师工作室是“教育生命共同体、名师成长新平台、教育产品开发地、教育资源辐射场、儿童成长供给站、教育发展示范区”。然后从“高品质工作室的样态品质”“工作室的品牌锻造”两大方面做了详尽的介绍。工作室的呈现要“站位高远，视域广阔，思想深邃”，要从育人的高度运作工作室，努力打造“四有六要”好团队，努力让工作室成员志存高远，努力构建高端的引领机制，团队成员要有共同的特质机理、生命哲学、教育愿景；教学主张是工作室的灵魂，成员的教学主张要富有科学性、哲思性，审美性、高效性。共生共长是团队优质的标志，成员的生命建树要各扬其长，各有建树，各领风骚；团队发展要不断反思、不断蓄势、不断突破……

引领团队建设是主持人们最迫切的诉求，郭老师的南通名师工作室发展建设范例让我们有了样板可寻，同时，我们也倍感责任重大。希望通过自己精准的规划，详细地实施，能够引领团队成员不断研究、不断反思，携手成长，充分发挥名师工作室的效益，引领大家一起行走在探寻教育真谛的“明师”之路上！

## 建设优品工作室，做“明明白白”之师

一个人能走多远，看他与谁同行；
一个人有多优秀，看他有谁指点；
一个人有多成功，看他与谁相伴。

泥土靠近玫瑰，所以更加芬芳；与凤凰同飞，必是俊鸟！

2020年11月12—16日，跟随首届水城名师、名校长工作室主持人培训班的脚步，来到美丽的南通市，开始了为期五天的研修。“中国教育看江苏，江苏教育看南通”的说法果然名副其实，南通本土教育专家们的报告如同一道道饕餮盛宴，喂饱了我们饥渴的胃。如何运作高品质的工作室？如何做课题研究？如何申报课题成果？如何形成自己的教学主张……解决了我们的燃眉之需。学习的目的不仅是增长见识，更是反思自我，不断提升。培训归来，静心思考，如何把收获落地、生根？

### 一、坚定信念，炼制“教学主张”

名师领航工作室主持人是工作室的领头雁与教学改革的开拓者，主持人的教学主张是工作室成员努力的方向。我们的教学主张及其相应的教学品牌不时吹响着“集结号”，带领大家朝着一个理想的境界进发。反观自己的“教学主张”到底是什么呢？一下子还真的说不出来。“教学主张”不仅仅是教学经验的总结，更是自己课堂教学中起到支撑作用的那根柱子。听罢报告，我一直在“炼制”自己的“教学主张”。

一直以来我主张小学语文要尊重儿童的主体地位、尊重儿童的独特体验，教学设计要有趣、有情，符合儿童的年龄认知特点。我觉得语文教学必须要有“语文意识”：要落实语文要素，要提升儿童的语文素养，扎扎实实做好听说读写的训练。“儿童立场”和“语文意识”一个也不能少，这样梳理，我的教学主张便是“儿童语文”。努力地追寻儿童喜闻乐见的教学设计，寓教于乐，让孩子们学

得有趣、学有所得；在语文的课堂上还要坚持上出“语文味”，把语言文字的学习和训练作为教学重点，少一点形式，多一点真实，引导学生走进文本学习语言、品味语言、运用语言，让语文课堂充满语文气息。我希望把这种理念和主张带给我们的团队，让团队带着这种主张研究语文、研究儿童，更好地了解儿童、贴近儿童，让儿童品尝语文的美味。任重而道远，我们愿意坚定地行在路上。

## 二、通力合作，创设优品工作室

南通之行，我最想了解的是南通的名师们是如何运作工作室的。听了郭志明老师的讲座，我们豁然开朗，工作室建设有了更加明朗的方向。首先，努力打造“有理想信念、有道德情操、有扎实学识、有仁爱之心”的“四有”好教师。同时，要求工作室成员们“政治要强、情怀要深、思维要新、视野要广、自律要严、人格要正”，齐心协力，把名师工作室建设成为“教育生命共同体、名师成长新平台、教育产品开发地、教育资源辐射场、儿童成长供给站、教育发展示范区”。

工作室成员要通力合作，致力团队发展，不断反思、不断突破、不断蓄势，生命个体各扬其长、各有建树、各领风骚。在“儿童语文”教学主张的引领下，走向更深度的研究。每位老师的教学个性需要不断丰富，走向主张；教学主张需要不断完善，走向风格；教学风格需要不断升华，走向教学思想。让领衔人走向高位，让成员成为品牌教师，让每一个成员找到属于自己的位置，让每一个成员都成为工作室的靓丽招牌，让每一位成员在关注中发展。出精品成果，让工作室成为语文教学的品牌。

## 三、依托课题，进行深度研究

课题研究是改善教育教学行为、提高教育教学质量的有效依托，是教师专业成长的必由之路，是营造良好校园文化的重要方式，更是名师工作室建设的主要抓手。在今后的工作室建设中，我们将以“儿童语文”的实践研究为主要研究方向，在研究中，我们将解决教育实际问题，探究儿童发展规律，改善教育教学行为，创新教育教学方法，形成教学主张风格，提高教书育人质量，促进学校内涵发展。

“儿童语文”在这里至少有两层含义：一是确保儿童地位，二是牧养童心。“确保儿童地位”就是以儿童为中心，在阅读教育中突出儿童主体地位，引领儿童自主阅读、分享阅读、游戏阅读。“牧养童心”就是在教育过程中用潜藏在阅读活动里的快乐元素、情感元素、精神元素、文化元素哺育儿童，使他们保有并壮大纯真的童心。“儿童语文”强调的是一个目标极其明确的动态的教育活动过程。从教育目标的角度来讲，强调儿童在语文学习中的生长；从教育关系的角度来讲，强调儿童本位；从教育方式的角度来讲，强调儿童语文学习的方式。

特别重视课题、课堂与课程的“三课融合”“三课联动”：以课题研究为引领，理念导航、理性实践；以课程建设为载体，融合汇通、整体建构；以课堂教学为阵地，理念落地、实践检验。努力提升课题研究的成果，课题研究最大的成果应该是师生的共同成长。我们希望通过课题研究使教师在实践中自查自问、自改自新、自省自进，在培养期内都有所进步，有所创新，成为“明师”。

“真正的修行不是遇见佛，而是遇见自己。”工作室已是教师团队发展的新样态，“独行快，众行远”，我们将与智者同行，携手并肩，抱团成长，一起向着春天的方向快乐前行，一定会遇见更好的自己。

## 智慧千钧，儒雅成君

### ——钧儒小学印记

跟岗学习第三天，来到嘉兴市秀城实验教育集团钧儒小学（以下简称钧儒小学）。钧儒小学竣工于2005年，以著名爱国民主人士沈钧儒先生的名字命名。初入钧儒小学，金桂的香气扑鼻而来，沁人心脾。移步校园，葱翠优雅的校园环境更让人心旷神怡。

**赏识教育的智慧**

再次偶遇英国普利茅斯教育代表团的外宾，我们一道参观了校园的文化建设。同样以“培养智慧的人”为核心理念，钧儒小学以赏识教育和科技教育见长。行走在校园，赏识教育处处绽放着智慧的花朵。每天智慧小舞台展示、“爱运动”主题荣誉展览、书香家庭的展示、学生手工作品的展览……处处洋溢着“赏识”给学生带来的幸福和快乐。给学生一个机会，他们会还你一个奇迹；给学生一方舞台，他们将给你无限精彩。

**幸福工作，悠闲生活，办公室文化彰显品位**

走进教师的办公室，整洁雅致，精巧设计，不禁为老师们杰出的智慧和才干惊叹。一堆枯枝，一团麻绳，一个玻璃瓶……随处可见，被我们抛弃的“废品”经过老师的装点，居然自成巧夺天工的艺术品。“返璞归真，教人求真”“以心教之，以智启之，以美化之”……老师们把自己的教育教学理念与办公室文化融在一起，春风化雨、润物无声、情趣盎然。生活在这样环境里的教师肯定是幸福的，有幸福的老师就有幸福的教育，也定会有幸福的学生！

**课程建设有梯度，精品课程结硕果**

与吉水小学一样，钧儒小学有着完备的课程体系，特别是拓展课程丰富多彩。书法课程、陶笛课程、足球课程，特别是乒乓球课程更让我们见识了“精品课程”的内涵。校队的孩子们已经多次拿下了南湖区、嘉兴市，甚至浙江省的冠军。钟校长说他们的目标是培养世界冠军。一所小学有这样的远见卓识、家国情怀，学生幸之，家长幸之！

**弘扬红船精神，创新务实敬业**

下午听取了学校三位领导分别做的关于《红船精神进校园》《科技创新》《教师，走进课堂的研究者》的报告。不得不钦佩学校从校级领导到普通老师们的实干精神。每一项工作从总体规划到细节操作，有理论指导，有实际策略，精心创造了精品工程。《红船精神进校园》从家国情怀落脚到德育建设，培养学生的创新精神、奉献精神；《科技创新》从国家课程到校本课程再到科技与各项工作的开展，到最后的总结评价，树立了学生的科学意识，培养了学生的科学态度和创造精神。在游戏比赛中享受学习的快乐、创造的愉悦，将“聪明是玩出来”这一理念落地开花并结果；陈芳华老师带领全体教师以小课题研究的方式进行自我培训，实现团体成长，给老师们减负、增质，以作业带动课题研究，以研究深化论文写作，工作细致入微，提升循序渐进。务实、扎实、真实、踏实，智慧千钧，儒雅成君。这果真是一所处处充满智慧的学校！

**跟老外学教育**

生活处处是吾师。除了钧儒小学的校长和老师，还在同行的英国教育代表团成员身上感悟到他们对学生的尊重，蹲下来甚至跪下来看学生绝非传说。在吉水小学我们已经看到了英国校长跪下来与孩子交流的场景。今天在钧儒小学我们再次看见了一起与孩子们跳绳、一起打乒乓球、跪下来与孩子合影的场景。那位不知名的校长与南湖区7岁的乒乓球小冠军玩比赛，输了球之后假装“受伤害”滚倒在地，引来孩子们开怀大笑。这看似滑稽搞笑的行为其实是发自内心地对孩子的尊重与爱，因为这种爱，他们甘愿放下身段，没有架子，大人与孩子永远是平等的。

在中英艺术教育合作交流中，英方教育者在陈述自己想法的时候谈到，合作的项目一定要适合孩子们完成操作，便于运输与交流。英方会克服一切困难，帮助双方的孩子完成合作与交流的项目。可见他们总能以孩子的角度来考虑问题，以为孩子着想为出发点，为他们谋福利，这才是真正的教育者！

## 愿教育的美好，不期而遇

### ——为遇见更好的自己而努力

11月22日，北风微冷，寒意料峭。恰逢小雪节气，聊城市首届名师领航工作室主持人培训在盛景温泉酒店启幕。如小雪的浪漫与诗意，一天的培训让我们倍感教育的温暖与深情。

聊城市教体局督学王秋云《我们为何而集结》的讲话仿佛一首散文诗，凝练精巧，深情又不失警醒，我倍感鼓舞。

王秋云局长讲话（节选）：

我们已经走得太远，以至于忘记为何而出发。四面集结而来，我们为何苦心奔赴？首先，要为学习而来。毛主席说：“好好学习，天天向上。”他还说，“把别人的经验变成自己的，他的本事就大了。”高尔基曾说：“经常不断地学习，你就什么都知道，你知道的越多，你就越有力量。”而现在飞速发展的时代，学习是为了消除心理恐慌。作为名师名校长工作室主持人，更应该学习，因为你们每个人都是聊城教育的最高位，是聊城教育的最宽视野，是聊城教育的最深思考。只有你们高了、宽了、深了，才会有更多的教师更高、更宽、更深，才会有更多的学生学得更高、更宽、更深。俗语说得好，“活到老，学到老”。我们为何而集结？答案：责任重大，学习为先。

我们为何而集结？为了思考而集结，为什么要思考？孔子说：“学而不思则罔，思而不学则殆。”韩愈说：“业精于勤，荒于嬉，行成于思，毁于随。”笛卡尔说：“我思故我在。”我们只有持续不断地思考，才会不断地摒弃陈旧腐朽的观点，才会让自己不断地优化。只有我们工作室领航者善于思考、惯于思考、能于思考，才会有更多的教师善思、惯思、能思，才会有更多的学生善思、惯思、能思。毕淑敏说：“一颗优等的心未必华丽，但是必须坚固。”那么坚固的内心从何而来？答案也是非常确定的：除了学习外，必须有思考。我们为何而集结？答案：责任重大，思考为重。

我们为何而集结？答案是为了改变我们自己。

《周易·系辞下》说：“穷则变，变则通，通则久。”霍·史密斯说：“人只有在变中求不变。”这个世界唯一不变的就是变化本身。因为你们每个人都是聊城教育的最高站位，最宽视野，最深思考，只有我们善变、能变、乐变，才会有更多的教师善变、能变、乐变，才会有更多的学生善变、能变、乐变。

一个人就是一个觉醒年代，比如被称之为“南陈北李”相约建党的陈独秀、李大钊。一个人就是一个站起来的中国，比如毛泽东；一个人就是富起来的中国，比如邓小平；一个人就是一个强起来的中国，比如习近平。不是所有的花都能够代表爱情，玫瑰做到了；不是所有的树都耐得住干枯，胡杨做到了；不是所有的石头都能够诠释永恒，钻石做到了；不是所有的名校长名师都能够来到今天的工作会议，但是我们做到了。不容易！超人的背后都是超人的付出。

让我们以热爱教育的名义，以普通劳动者的身份，以责任担当者的姿态出发。各美其美，美人之美，美美与共、美美共生，向大师们靠拢，向大师们学习，向大师们致敬，让大师们引领，也让大师们点拨，朝着我们聊城教育快速发展的方向前进前进前进进！我爱你们！

拜读过王局长的书，知悉她是一位博学多才的初中语文教研员，但是第一次听她讲话，没想到这个已过知天命年纪的大姐，集知性与诗意一身，温婉不失激情。听她侃侃而谈，仿佛不是领导在讲话，而是在写一首美好的聊城教育的散文诗，节律有致，韵味铿锵，饱含深情与期许。她对教育的热爱，对名师们的厚望溢于言表。一边听，一边感叹，这样的一位女子一定在教育的田野诗意地耕耘过、享受过；现在也一定在聊城教育的大地上写着一首美好的散文诗。

而这种美好是可以感召、可以晕染的。像春风一样温暖我们的身体，像细雨一样润泽着心田，更像小雪一样浪漫着情怀。既来之，则安之，静静地享受一道道学术盛宴，学习着、思考着、改变着……

一路不染纤尘，一生初心如故，不断为梦而追，永远为爱而舞。教育的美好，一定会不期而遇。

## 心无终点，行无止境

2021 年 11 月 23 日上午为我们做报告的是知名教育专家王立军教授。她主讲的题目是《真正走进常态的教育科研》。

王教授从“什么是名师？”的认知出发，开启学术之旅。王教授这样解读名师：

名师应该是学生心中一盏不灭的明灯，让学生得到温暖，看到光明；

名师应该是学生心中永不倒的路标，让学生找到方向，清晰前路。

名师是一种境界。分数、升学率称不出名师，几节公开课，几篇文章量不出名师，这个境界没有尽头。

名师是人格的塑造。没有统一的衡量标准。如果你影响了一个人的一生，在这个人心中你就是名师；如果你影响了一群人的一生，在这群人的眼里就是名师。

王教授从名师名校长主持人对课题研究怎么看、怎么干做了具体的讲述。

第一，怎么看？

首先，看困难，敞开谈；其次，看优势，重点谈；再次，看研究，微观谈。

第二，怎么干？

大事做小，小事做细，细事做透。

先把“大事做小”，特别是做好“微研”。善于从教学中发现问题，解决问题，行动要可视化，要看得见。王教授还厘清了“创客”“串客”“工具”三个概念的关系。简单说“创客”始于问题的发现，然后借助工具，形成“串客”，“串客”寓于行动的持续，终于成效的发生。

王教授一直在强调：把小事做好。当你决定出发时，想法越简单，越能够坚持到底。微课题的落实，必须了解学情，了解学情最有效的方式是“写”，让学生填写学习单、任务单。课堂必须让学生在做中学、学中做，有真切的体验。

做好微教研，是一个知易行难的过程，但是坚持到底，便能“卓然独立，越而胜己”。王教授还介绍了“教研”与“科研”的区别，教研是科研的基础，科研是教研更深层次的东西。在教研中我们要选取一点问题，穷追不舍，坚持下去，不以微小而不为，给理想一点时间。

“创客”需要智慧，“串客”需要坚持。坚持，便能越己达人。给自己一个梦想，给自己一个承诺，给自己一个坚持，“一点穷追”，让自己坚定地走下去！

## 关注生命，做有温度的教育

2021 年 11 月 14 日，听了杜郎口中学张代英校长《我们的杜郎口中学》的报告，深深地被震撼。

杜郎口中学是一个传奇，它是农村中学乃至全国基础教育改革的一面旗帜，书写了一段神话。这段神话由何而来？张校长的报告解开了我心中的谜团。

### 一、关注生命，释放天性

在杜郎口中学的课堂上，学生始终站在了课堂的正中央，学生是学习的主体、发展的主体，老师为了学生的发展殚精竭虑。张校长带来三位同学进行了综合素养展示，无论是孩子们精神面貌呈现出的自信、大方、阳光、有礼，还是展示出的优秀的语文素养和综合素质都让人惊叹！对生命成长的关注，对学生成长的成就，这是它成为传奇的本质。

### 二、不忘初心，坚守改革

杜郎口靠着锐意的改革声名鹊起，改革课堂，把学习的自主权交给学生，让学生更加自信，个性更加张扬。十几年过去了，这种精神一直在传承，而且他们在不断地总结与反思中寻求新的改革点和发展点，不仅从课堂，从管理、从各个方面，不断突破自己，不是昙花一现，而是越来越好，绿树常青。坚守，在不断地“变”中求“不变”，传奇就这样经久不衰。

**三、以人为本，温暖情怀**

今天最让人感动的是张校长阐述的学校主体文化的“暖文化”。从校长到教师的关怀，从教师对学生的关怀，从“冬天的第一杯奶茶”到给胃虚的孩子每顿饭备一份小米粥，教师节的蛋糕、女神节的鲜花，满满的仪式感背后是一份温热的教育情怀。因为有爱，所以才幸福；因为有温度，所以，才更热爱！有温度的教育才是最好的教育。

一个美丽的教育神话，便如此写就。

## 志美行厉，求志达道

### ——王玲名师领航工作室阶段成果汇报

尊敬的各位领导、各位专家和同仁们：

大家上午好！

我是王玲名师领航工作室的主持人。我将从三个关键词：“志美行厉”“行稳致远”“求志达道”向大家做汇报。

**志美行厉——我们的初心与梦想**

2020 年 8 月，我很荣幸地被遴选为聊城市首批名师领航工作室主持人，2020 年 12 月，以我的名字命名的名师领航工作室正式挂牌。荣幸之余，更感到神圣的责任和使命。名师领航工作室像一艘舰船，我和我的成员们一起确定了这艘船的目标航向。

工作室建设目标：携手优秀青年教师，引领成长，筑梦未来。一起探寻儿童语文教育的真谛，打造新型小语教育名师。

明确工作室研究方向：基于儿童立场的语文教学研究。研究儿童语文教育的方法、策略，从儿童的成长需要出发，让语文教育更加贴近儿童，积极开发儿童喜欢的语文课程，探究儿童喜欢的教学方式。

定位工作室职能：

教育生命共同体，名师成长新平台

教育产品研发地，教育资源辐射场

儿童成长供给站，教育发展示范区

打造工作室文化：

一个教育愿景：做有温度的儿童语文教育

两个成长目标：提升语文专业素养；形成语文教学主张

三个教育观念：

1. 以儿童为本位，让儿童站到课堂的中央
2. 以生命为动力，让课堂焕发生命的活力
3. 以树人为根本，用语文滋养儿童能成人

四个基本路径：

1. 读书打亮底色，理论厚实底蕴
2. 观摩名师课堂，实践丰盈智慧
3. 积极参加培训，学习大师技艺
4. 不断自我反思，积累教学经验

2020 年 12 月，航向确立，目标清晰，我们开始扬帆起航，工作室成员一起带着初心，向着梦想出发。

**行稳致远——取得的成果与荣誉**

走过 2021，工作室积极组织并参加了各类培训活动：参加了聊城市水城名师领航工作室培训活动；远赴南通、深圳、成都参加了工作室主持人的培训活动。另外，我们工作室还开展了一系列学习培训活动。

走过 2021，王玲名师领航工作室年历：

1. 2021 年，我们共读了《儿童立场》和《儿童的语文》两本书，对儿童立场的语文教育从理论上有了深刻的体悟。

2. 2021 年 2 月寒假期间，我们观摩了名师优课公益课堂活动，观摩了王崧舟、薛法根等六位名师的课堂教学。观摩活动结束后，我们以视频会议的形式，对名师们的课例进行了深入的评析，每人撰写了一个教学案例研究。

3.4月份，工作室成员赴杭州参加了“千课万人”现场观摩会，“谛听文化回响，拨动儿童心弦，引向高阶思维”，名师们深入的解读、巧妙的设计，儿童们鲜活的成长，让我们享受了饕餮文化盛宴，受到心灵的震颤。

4.5月份工作室成员李琳到临沂参加了“山东省整本书阅读专题教研活动”。

5.9月份建设了名师工作室网站。

6.10月份进行了一次网络教研活动，就两本书进行了细致交流。

7.11月份，全体工作室成员又观摩了小学语文教材线上培训活动和江苏省小学语文教师素养大赛优质课展示活动。

另外，我们还开展了工作室“五个一”活动：

1. 撰写一篇优质论文，争取获奖或发表。

2. 撰写一篇教学案例或教学反思。

3. 录制一节优课。

4. 精读《儿童立场》和《儿童的语文》两本书，结合实践写一篇读书感悟。

5. 进行以“基于儿童立场的语文教学研究”为主题的课题研究。

系列活动的开展，拓宽了工作室成员们的教育视野，理论上更新了教育观念，树立了正确的教育观、教师观和学生观；实践上也见证了名师们的优质高效的课堂教学。一年来，工作室成员也取得了一定的荣誉和成果。

2021年4月，我被确认为“教育部中小学名师领航工程于伟利名师工作室”成员。

2021年4月，许文艳老师参加市中小学青年教师教学竞赛获小学组一等奖。

2021年4月，王芳老师的课例被评为山东省一师一优课，省级优课。

2021年8月，李艳老师被确定为第五期水城名师建设工程人选。

2021年9月，王芳老师被评为度假区优秀班主任。

2021年9月，王芳老师获“聊城市教育贡献奖”。

2021年9月，许文艳老师在东阿县中小学青年教师教学竞赛中获优秀奖。

2021年11月，王芳老师撰写的论文《核心素养下小学作文教学运用思维导图的探究》收录期刊《中学生作文读写》。

2021年3月，庞琳琳老师撰写的论文《小学语文古诗词群文阅读教学分析》收录期刊《学习周报》。

2021年8月，李琳老师被茌平区教体局教研中心聘为小学语文兼职教研员。

**求志达道——未来的展望与规划**

2021年工作室成员小有成绩，但是离既定目标还有很大的距离，需要我们更加扎实地努力和奋进。新的一年，工作室成员都对自己一年来的工作做了总结，也对新一年的成长进行了规划。展望2022，我们将从以下几个方面进行更进一步的研究。

1. 工作室研究项目“基于儿童立场的语文教学研究”申请市级以上课题立项。

2. 继续做好工作室“六个一”工程，全体成员争取发表论文3篇以上，省级优课3节以上。

3. 组织1—2次线下联谊活动，对成员课堂进行深入指导。

4. 为工作室成员征订《语文建设》《小学教学（语文版）》两本杂志。

5. 积极开发“童心语文”课程。把儿童引领到更加广阔的语文世界中，如儿童诗教学、儿童文学阅读、童话创编、童言童语习作、童谣传唱等“童心语文”课程。用语文教做人，通过语文教学培养儿童良好的学习习惯、塑造良好的人格，让语文滋养儿童生命的成长。

6. 不断反思，积累经验，形成“基于儿童立场的语文教学研究”相关的理论、论文、课例、课程等研究成果，达成既定目标。

7. 积极送教，扩大工作室辐射范围。

教育之路，道阻且长。我们工作室成员愿意一起抱团取暖，行稳致远，寻找在水一方的美丽伊人——儿童语文，它，永远是我们心中的诗意和远方。我们愿意为了她，一次次启航再出发！

# 朝着教育家的方向努力奔跑

## ——第三届齐鲁名师工程建设人选发展报告

2016年4月，我有幸成为第三届齐鲁名师工程建设人选的一员。我深知名师既是一种荣誉，又是一种责任；既是一种担当，更是我不断追求的目标。两年来，我以齐鲁名师的标准要求自己，坚定教育理想和信念，以高尚的道德情操和扎实的学识立身，以仁爱之心培育学生，教学中不断守正创新，为了让学生享受更优质的教育，朝着教育家的方向努力奔跑。

**一、读书培训，拓宽教育视野**

两年来的培养历程对于我来说是一场神圣的精神之旅，是熬炼教育智慧的朝拜之路。我积极参加省教育厅和教科院组织的各项培训活动，从华东师大的丽娃河畔到北师大的京师学堂，再到嘉兴红船精神滋养的秀城实验教育集团，从大学教授到一线教师，到理论研究到实践操作，我们见人、入场、穿墙、悟道，打开的是视野，更新的是理念，解放的是思想，收获的是真知，仿佛置身于璀璨的星河，熠熠的光辉震撼着自己的心灵。“见人”让我们领略了诸多大师的风采，而阅读教育经典更让我深度地探寻教育的真谛！这一年我阅读了《给教师的建议》《小学语文儿童文学教学法》《小学语文单元整体教学构建艺术》《教育常识》《教育学原理》《和孩子聊书吧》《让孩子学会阅读》7本书籍，撰写了20多万字的读书笔记和教学反思。与大教育家们对话，革新了我的理念，解放了思想，树立了教育的新“三观”。

学生观——儿童中心主义

美国教育家杜威说：“儿童，即教育的基础，儿童研究是语文教育研究的原点和基石。教育最大的毛病，是把学科看作教育中心，不管儿童的本能、经验如何。改革的根本，是把教育的中心从学科上面搬到儿童上面。”朱自强教授说：“儿童的心灵像是一颗种子，教育应以儿童为本位，不是把儿童的心灵看作一张白纸，而是当作一颗饱满的种子。”面对种子，我们不能随心所欲，应该研究并遵循种子的成长规律和所需的生长条件。教育即生长，作为教师我们应该依据儿童的本能来开展教育教学，激活、发展儿童的创造潜能。

教师观——做儿童的导师

蒙台梭利说：“成人必须认识到，他仅处于一个次要地位，他应竭尽全力地去理解儿童，支持和帮助儿童发展其生命，这应成为母亲和教师的奋斗目标。”所以，教师不要像园丁把花草刈剪成自己想要的千篇一律的样子，而是要培养发展学生的个性，像《中国好声音》的导师一样，将学生的个性放大，成为自己的风格。学校中师生本是学习的共同体，教师应该像导游，牵着蜗牛去散步，和学生再次经历童年的成长和快乐。

语文观——小学语文是儿童的语文

儿童是语文学习的主体，语文教学应该遵循儿童的认知和发展规律，小学语文应该是“儿童的语文”，“儿童的语文”的课堂应该是游戏（活动）化的、生活化的、情趣化的。引导儿童学习语言文字要创设儿童喜欢的情境，读儿童喜欢的文学作品，以儿童喜爱的方式和内容写作，让儿童成为课堂学习的主人。把情景表演、游戏竞争机制等儿童喜闻乐见的形式纳入课堂，相信儿童、解放儿童、利用儿童、发展儿童。让语文为儿童的生命涂抹多彩的底色，让语文教学因儿童更加美丽。

## 二、扎根课堂，理念转化行为

语文教育于我来说，是一场美丽的梦。梦里有唐诗宋词，翰墨飘香；有风景如画，情意绵绵；更有书声琅琅，生花妙笔……带领学生畅游语文的奇境，是我一直追寻的目标，特别是被确定为齐鲁名师工程建设人选以来，更是苦苦思索寻觅。

经过反复琢磨，我发现语文贯穿着每个人的生命。没有哪个学科像语文那样强烈地影响着人的精神世界，影响着人生命的质量和品位，影响着人的终生幸福。我开始提出“生命语文”的理念，生命语文超越认知的语文、程序的语文、规律的语文、理智的语文、模式的语文、符号的语文。站在生命的高度，将幸福作为至高的教育价值，不仅指向语文知识的增长，更指向儿童生命的生长和发展，指向儿童灵魂的生长和精神的发育。生命语文贯穿孩子的一生，丰富孩子的人生，润泽孩子的人生，成就孩子的人生。

### （一）尊重儿童的生命天性

生命语文珍视童年的生命价值，遵从儿童的生命天性，倡导营造适合儿童生长的环境。舒展、珍重、期待、保护和引导儿童可贵的天性，使语文学习的过程点化、润泽生命，使生命焕发光彩。

1. 挖掘天性，欣赏童言。

儿童具有言语个性，语言是儿童生命的本能。儿童对语言有一种天然的期盼与渴望，他们总想用语言表达自己对世界的惊奇，他们总盼望学会没有听过的新鲜有趣的话语。儿童对语言具有天然的审美感，童言天真无邪，洋溢着童趣，真实地表现出童心的世界。生命语文注重儿童语言的多样性和丰富性，保护儿童语言的独特性，提倡挖掘孩子生命中天然纯净的美，营造学习语文的绿色生态，纯化儿童的语言，守护童年的美丽。

2. 破译密码，亲近童心。

孩子的大脑就是一个神秘的宝库，他们感悟文字总是和生活联系在一起，和他们所感兴趣的、新奇的事物联系在一起，拥有自然和天真的世界，依着自己的学习天性来思考，闪烁着童心的光辉。

生命语文倡导以儿童为本位，循着儿童的星星潜入他们的生命空间，抵达儿童心灵的神秘花园，解读儿童语言的密码。生命语文倡导尊重孩子的思维结果和心理感受，珍视孩子的独特体验，亲近童心，保护童年，捍卫生命未来的无限可能性。

3. 嬉乐游戏，存储童趣。

游戏是儿童的天性，是儿童的工作。生命语文崇尚自然，汲取天人合一的理念，倡导打开大地之窗，在聆听花开的静响、观赏落叶的缤纷中，感受生命的神奇，并对自然中一切的生命肃然起敬。

生命语文提倡把丰富多彩的活动纳入童年生活，纳入课程。踩水洼、堆雪人、玩泥巴、摘玉米、放风筝等文化课程资源，让儿童自身的生命变得更为可爱和乐趣无穷，使儿童的生活变得快乐、丰富。通过嬉乐活动，丰富孩子的童年体验，为孩子一生存储宝贵的不可再生的体验性语文资源，让孩子通过活动润泽心灵，纯净精神。

尊重儿童生命的天性，让儿童学习和运用言语成为一种充满着欢欣和喜悦的自然而然的生命活动，使儿童感觉真正生活在童年里。

（二）激发儿童的生命灵性

1. 让文本灵动滋养生命。

文本是有生命的，有情感的，有灵魂的。有时候一个词就是一幅画，一个词就是一首诗，一个词就是一个童话，从生命语文的视角解读课文，要求教师用心体悟，让语言文字活起来，与作品中的灵魂对话，获得生命至真的感受；要求教师遵循文本本身生命的光泽，品出隐藏在字句背后生命的律动和情趣，生命语文不仅关注语言文字的品味鉴赏，更让孩子在文字的丛林里做精神的穿行；生命语文通过温暖的文字折射生命的阳光，滋养和丰富孩子的生命。

通过阅读经典，感悟文本，培养孩子向善的心，引导孩子探寻人类精神的亮点，沐浴人性的光辉，使孩子对人生的理解充满理想、富有激情、走向深刻。

2. 让课堂灵动，启迪生命。

生命语文尊重生命的主体发展，注重创设生动鲜活的课堂情境，努力让孩子进入“投入、倾注、热力四射、兴味盎然”的积极生命状态，让课堂成为师生张扬生命活力、书写生命灵性的乐土。生命语文，致力营造“和谐自然，快乐余裕”的课堂氛围，让孩子情之所动，意之所至，如行云流水，清风鸟鸣。生命语文，注重教学空间的博大与悠远。让童稚的生命通过小课堂纵横古今，视接千里，体味生命的韵律隽永，连绵不绝。

生命语文的课堂应该是师生心灵约会的场所，孩子的生命与教师的生命对接，孩子的心灵与作者的心灵交流，思想激活思想，智慧启迪智慧，心灵打动心灵，情感丰富情感，善良引发善良，感动催生感动，崇高唤醒崇高，正义呼唤正义……生命语文的课堂是心灵的回廊，是灵魂的通道，弥漫着感动，充满着发现，洋溢着默契和心领神会，伴随着“令人惊叹的深刻”和“超卓的探究精神”传递着“油然而生的崇高之情”，充盈着“怦然心动”和“此时无声胜有声”的美妙……

生命语文是活的语文，灵动的语文，趣味的语文。生命语文的课堂是生动活泼的课堂，是思维鲜活的课堂，是时时感受到生命搏动跳跃的课堂。

3. 让阅读灵动润泽生命。

生命语文，倡导用阅读去铺陈生命、积淀生命、滋养生命，丰盈生命；倡导在阅读中体验情感，在阅读中感受幸福，在阅读中提升文化品位、审美情趣和文学素养。生命语文强调根据儿童生长的节律适时阅读，语文的学习是有季节性的，儿童的阅读也是有季节性的。语文倡导将童话、童谣、寓言、诗歌、小说等中外所有经典名著巧妙、精心地散落在孩子生命成长的要道，引领学生适时与经典相遇。让孩子在最旺盛的生命花期里尽情吸纳、获得心灵的滋养和精神的沐浴。培养孩子良好的个性、健全的人格和丰富的精神世界，生命语文把语文学习的过程当作充满魅力的灵魂探险和精神漫游，并在这个过程中体验生命的律动，收获审美的愉悦快乐。

生命语文还倡导阅读的自由灵动，把学生牧养在言语的沃土上，让孩子在文学文化的大自然中流连，让学生的阅读活动与生命活动融为一体，使阅读过程成为充满活力的生命过程。自由阅读让儿童的语文学习充盈着浓郁的诗情，流淌着诗的旋律，让儿童的语文学习变得情味盎然，让儿童的生命变得意味深长。自由阅读，启迪智慧，陶冶性情，温暖心灵，精神润泽生命，达成生命的自我实现，成就儿童快乐的人生。

（三）催生儿童的生命个性

1. 尊重个体性。

生命是能动的、流动的生命。语文倡导尊重生命的主体发展，注重生命的个体发展，关注每个个体的纵向发展，倡导“把握每一天，进步一点点”，让孩子不断发展的语文素养成为孩子生命的独特符号。

（1）读出自己。阅读的主体是“人”，同读一篇文章，每个人产生的感悟是不同的，因为这些感悟沾染着阅读主体的个人色彩和审美取向，同一个人在不同的时期读同一篇文章，感悟也是有变化的。因为每一句精彩的演说都是从生命中流淌出来的。言语的解读与创造，都包含着鲜活的生命感悟。生命语文倡导在阅读中提炼属于自己的东西，读书在于读自己，发现别人的时候发现自己。读出人家的味道，更要读出自己的生命思考，读出自己的人生进步。

（2）说出自己。语言是存在的家，语言是精神的家，语言是灵魂的家。生命语文强调“一个人的语言，体现了一个人的气质”，一个人拥有何种品位的话语资源，意味着拥有何种品质的人生。生命语文倡导通过经典诗句的反复吟咏，让孩子浸于雅致语言的芬芳里，不断感受美好语言的洗礼，潜移默化地被滋润，从而拥有“腹有诗书气自华”的高雅气质。

口语能力与生命终身相伴，一个人的口语交际能力是开放心理的特征，是幸福人生的前提和基础。生命语文把乐于表达、善于表达设为语文重要的教学目标，鼓励学生去除各种束缚，打破条条框框，仁者见仁，智者见智，主动表达，自由表达。生命语文注重培养良好的语感规范用语，让表达成为每个生命的常态，让表达成为孩子每天的必修课，让人们能在孩子每天的表达中听到生命成长拔节的声音。

（3）写出自己。生命语文，将写作视为生命的流泻、情感的喷发、心灵的倾诉、思维的闪光，倡导顺应儿童的自然天性与表达冲动，让儿童及时倾诉、直抒胸臆、自由写作，倡导让孩子的笔触自由地出入现实的世界和想象的世界。一草一木都入字，一风一雨皆成文。不过多在乎文字句段的小节，更注重表达的淋漓酣畅、不过多强求章篇语法的指导，更注重生命情态的激发。让孩子情之所至，文思泉涌，体味一吐为快的惬意和我手写我心的潇洒，以及“不让笔头受委屈”的自觉；让孩子把思考倾注于笔端，把情感流泻于纸上，体味“我思故我在，我写故我快”的精彩；让孩子把写作视为生命的需要，把写作视为生命每一天的存在状态，让孩子通过写作储存童年，绵延生命，把生命化为永恒的美丽。

2. 关怀独特性。

生命是独特的、充满个性的。世界上没有完全相同的两片树叶。儿童作为生命体，由于有着不同的生长环境，生活经历、智力特征、能力、结构、情趣、爱好等，其语文素养的外在表现也独具个性。他们有的能言会道，有的善于观察，有的想象独特，有的擅长写作。生命语文摒弃整齐划一的发展模式，提倡以儿童为主题，尊重儿童的个性，尊重儿童的差异，尊重儿童的思想，注重激发孩子的主体性、创造性，强调关怀儿童的独特个性，扬长避短，成就特色儿童，成就每个儿童生命的卓越。关怀儿童的生命渗透在教师日常的每一个细节、每一项评价中。关怀儿童生命的独特，从关注每一个学生开始，从尊重每一个学生开始，从善待每一个学生开始，从满足每个生命的需求开始，从开启每一个学生的智慧开始，从相信每个生命的意义开始，从成全每一个生命的发展开始，从创设宽松和谐有安全感的教学环境开始，从改善与学生交往的方式开始，从改善对学生的评价方式开始……生命语文构建立体的评价体系，另起一行，多一个第一；添一把尺子，多一个优秀……生命语文，关注个体的生命，成全每一个生命。

3. 相信潜能。

生命具有超越生命的能力，生命过程是不断超越生命本身，不断发展自身的过程。人是世界上最具有丰富性和主动性的生命，儿童是最具有多种发展可能的人。语文学科的各项训练使儿童发展的潜在可能性转化为现实的存在。

生命语文激发了儿童自我发展的内在动力，创造了一个有助于儿童生命安全、生命舒展、生命涌动、生命创造的环境，营造一个崇尚民主、开放多元包容的氛围，让每个学生学习语文的心灵更为自由，让每个孩子的语言潜能得到充分的开发，让每个孩子的人格得到最大的尊重，让每个孩子找到自己是好孩子的感觉，让每一个孩子觉得每天都有进步，让语文学习的过程成为孩子超越自我、超越生命的过程。

生命语文的理想，表达了语文教育工作者的生命情怀及对语文生命的追求，充满浪漫的色彩，让教学充满生长的气息。

课堂是教师安身立命、施展才华的场地，把生命语文落实到课堂中，让课堂成为学生拔节成长的沃土和乐土，是我两年来苦心孤诣研究的问题。在课堂上激发学生学习的兴趣，让学生成为语文学习的主人；关注学情，了解他们的已知，在此基础上展开教学；课堂上注意语文学习习惯和能力的培养；让儿童文学阅读成为语文教学的主餐……两年来在校内执教公开课 6 次，执教市级公开课 1 次，参加送教下乡、扶贫助教 7 次，录制优课《高尔基和他的儿子》参加“一师一优课”展示活动，被评为省级优课。在名师工作室展示优秀课例 42 节。

**三、课题引领，开展深度研究**

参加工作 20 多年，一直耕耘在教学一线，对语文课堂教学应该说驾轻就熟，但是总觉得我的语文教学似乎缺少些什么。恰遇本次工程建设人选的总体培训路径是“以课题促学习、促反思，引领专业成长”，逼迫着自己深入反思当下的语文教学。我发现在教学中，很多教师仍然把一篇篇课文的教学当成语文教学的第一要务，沉于细节、过分地抠住教材，不能放眼语文教学的整体目标。这种意识严重影响了语文教学的效率，窄化了语文教师的视野，制约了语文教师的专业成长。这种教学形态造成了语文课堂效率低下的状况，无视学生语文素养的发展，完全违背了课标“着重培养学生的语言实践能力”的要求。如何探寻小学语文教学的新路径？思虑再三，我决定从教材突围，进行单元整合教学，一篇带多篇，以“群文阅读”的形式构建语文学习的新模式。在理论导师和实践导师的指导和帮助下，确立了以《小学语文高年级“单元整合·群文阅读”教学方法研究》为题的课题研究。

（一）研究背景

问题的提出：

义务教育阶段《语文课程标准（修订版）》指出：“语文课程是一门学习语言文字运用的综合性、实践性课程。”“语文课程是实践性课程，应着重培养学生的语文实践能力，而培养这种能力的主要途径也应是语文实践。应该让学生多读多写，日积月累，在大量的语文实践中体会、把握运用语文的规律。”

当下语文课程教学的基本形态是教师带着学生一篇一篇地讲读课文，语文课的主要活动就是听教师按照教学设计分析、讲读课文，语文教师过分依赖教材，过分沉于细节。叶圣陶先生说“教材无非是个例子”。随着教学改革的深入，越来越多的教师认识到“用教材教”的重要性。但是在实际教学中，很多教师仍然把一篇篇课文的教学当成语文教学的第一要务，沉于细节、过分地抠住教材，不能放眼语文教学的整体目标。这种意识严重影响了语文教学的效率，窄化了语文教师的视野，制约了语文教师的专业成长。这种教学形态造成了语文课堂效率低下的状况，无视学生语文素养的发展，完全违背了课标“着重培养学生的语言实践能力”的要求。

崔峦先生曾疾呼：“要和内容分析式的阅读教学说‘再见’！不堵死‘内容分析’的路，就迈不开改革创新的步。”改革“内容分析”式阅读教学，更多地关注语言、关注表达已成阅读教学改革的当务之急。

就我校而言，学生统一使用的是苏教版小学语文教材，教材大多是按照人文主题进行单元编排的，每单元内的课文体裁大都不同，学生无法从一组课文中学到相应的阅读方法，要想在语文课上系统地培养阅读能力必须进行单元重组。于是，“单元整合·群文阅读”这一模式便应运而生了。

所谓“单元整合·群文阅读”，就是在教学过程中不就一篇篇课文进行孤立的教学，而要把它们看成一个有机的整体，用同一个主题进行整合，在整合教学的基础上，将一些与教材有密切联系的课外文本引入到课内阅读。

它的意义在于依托教材的单元主题，将大量的主题性阅读资料整合起来放在了课内完成，改变了大量阅读只能在课外进行的传统格局。通过阅读群文，将单元主题进一步拓展和提升，改变了语文教学“课文平行、主题并列、知识无序”的格局，出现了以单元为板块，“单篇精读，群文共进”的递进式语文教学局面。

我们力求通过本课题的研究，让我们的每一位语文老师树立阅读新理念，形成科学的阅读教学观；探索小学语文“单元整合·群文阅读”的有效方法，寻求小学语文阅读教学的有效途径；创建小学生群文阅读资源库，为提高学生的语文综合素养做出自己的贡献。

在两年的研究中，我们比较系统地做了一些探索和尝试。这些探索和尝试，使我们越发认识到改革当前小学语文阅读教学的重要性和必要性。同时，也使我们在小学语文“单元整合·群文阅读”方法方面有了一些粗浅的认识。实践证明，这些探索和尝试具有极强的现实意义，前景非常广阔。

（二）实施步骤

第一阶段：研究准备（2017 年 1 月—2017 年 8 月）

制定实验研究方案，落实课题组成员工作任务。

2017 年 1 月，学校开始规划课题研究方向，成立课题组，召开研讨会，合理分配任务，明确各自职责。我本人负责广泛地搜集“单元整合·群文阅读”方面的资料，先行一步为老师们提供相关的理论和实践导向；谢婷婷、付广云老师负责课题实施前期调查，形式为随堂听课观察、调查；杨平老师根据课题组会议讨论结果负责制定具体的实施方案。

课题组通过研究明确了单元整合教学与传统单篇阅读教学的区别：

1. 目标不同。单元整合教学着眼于单元的整体目标，而传统单篇阅读仅局限于本篇文章的教学目标，单元目标更着眼于学生语文学习能力和学习习惯的培养。

2. 教学的主体不同。传统教学中教师的备课思路是课堂教学的主要思路，很大程度上教师是教学的主体，而单元整合的教学主体是学生。

3. 学习的形式不同。传统教学中学生是被动的，在教师的引领下进行学习，而单元整合教学中自主学习、自主感悟、合作交流是学习的主要形式。

4. 训练方式不同：传统的训练方式是以做题为主，而单元整合教学是以大量的阅读以及其他的语文实践活动来完成。

5. 侧重不同。传统语文教学中每篇课文平均用力，而单元整合教学做到取舍有度，有精读、有略读、有群文阅读，更侧重语文学习能力的培养和专项训练。

第二阶段，研究实施（2017 年 8 月—2018 年 8 月）

课题组于 2017 年 8 月 6 日召开开题论证会议，讨论修订课题研究实施方案。第二阶段的主要研究工作及工作成果如下：

1. 加强理论的学习，明确年段教学研究目标，转变观念，提升意识。学校为课题组老师购置了《语文课程标准（修订版）》《小学语文单元整体教学艺术构建》《小学语文单元整体教学理论与实务》《群文阅读这样教》等理论书籍，一边学习，一边研究，一边调整，转变陈旧的教育教学观念，明确语文学科“立德树人”的教学目标，坚定课改信念。

2. 专家引领，研究名师教学技艺。为了提升课题组教师的教学技艺，以适应教学改革需求，我们购置了许多名师的教学光盘进行研究学习。并邀请我的实践导师周黎明老师现场做具体的指导。定期组织总结交流以及学习研讨。课题组成员每周进行一次教研活动，明确单元整合的策略方法，打破教材原有的编排，按照题材或者体裁，大胆进行跨单元整合，探寻更好的整合方案。

3. 构建了单元整合教学的基本框架，制定了教学原则，明确了“单元整体感知与识字过关课”“精读感悟课”“群文阅读课”“朗读展示课”“积累展示课”“语文实践课”六种课型，以及各种课型的基本流程。

单元整合教学的原则：

（1）领会课标，遵循学生学习规律。

《语文课程标准（修订版）》是开展小学语文单元整合教学的纲领性文件。开展小学语文单元整合教学，调整课文的教学次序，调换补充部分课文或选文，目的是更高效地达成课程目标，而不是另搞一套（事实上，绝大部分一线教师没有能力自创课程）。因此，学习、领会《语文课程标准（修订版）》的精神，应贯穿在整个教学过程中。通过学习课标，了解各年段的教学要求，然后，遵循学生的学习规律，才能确定恰当的单元教学目标和内容。比如在五年级，要训练学生的概括能力和提取信息的能力，当教师对学生学习规律有了深入思考后，就会明白，靠一天两天的教学，学生不可能获得这样的能力。利用单元整合教学的形式，经过一段时间的训练，有些孩子就掌握了，但是，还有些孩子依然没有掌握。此时，教师就要再依据那些没有学会的孩子的情况，设计有针对性的教学活动，帮助他们学会。

（2）基于教材，梳理语文知识。

有的同行在语文教学改革实验中提出，用一个月教完教材，剩下三个月自主读课外书。他们认为教材有不足，而且只读教材，无法达到应有的阅读量，多读课外书则有助于解决这些问题，促进学生学好语文，这种观点是有问题的。在我看来，一个月教完的不是教材，而是课文，如果只是教课文，一个月都用不着，两三个星期就行。但这样教，学生除了了解课文内容，还能学到什么呢？一个月的时间是无法落实课程目标的，用三个月的时间读课外书，能力强的学生或许会有收获，能力弱的孩子什么也得不到，对于这样的孩子就要好好教才行。

上语文课，实际上是借着一篇一篇的课文教给学生语文基础知识，训练语文基本能力。学生一旦具备了基本的能力，就能在课外自主阅读时自主学习，教材是课程的载体，所以教材不能随意丢弃，而是应该仔细研读，从中梳理出知识与能力点，以便使教学的指向更加明确。即便教材有不足，也可以通过教材创设性的使用，使其发挥独特的作用。“教是为了不教”，这句话的关键是“教”，教到位了才能放手，让学生自己学；这句话也告诉我们，课内与课外是有区别的，课外的事不能放到课内来解决，课内时间有限，承载不了太多的目标。

（3）突出重点，系统把握年段要求。小学阶段学习的语文知识并不多，而且，常常以螺旋上升的形式出现。比如复述，在三年级叫详细复述，在四年级叫简单复述，在五六年级叫创设性复述；不同的名称有着不同的内涵，教学材料、教学内容、教学要求都不一样。开展小学语文单元整合教学时，就要系统地把握好年段的要求，突出重点、不拔高、不滞后，适切地教。高年级要从整体入手，探寻作者的行文思路，感悟作者选材组材和遣词造句的匠心。

（4）依据目标，多样组合单元内容。梳理出单元目标之后，要思考教材中该单元的课文能否支撑单元目标顺利完成，如果能，就要思考按照怎样的顺序教学是最有效的；如果不能，就要考虑用什么样的课外选文来替换。单元教学内容的组合应是多样的。组合时只有一个要求，有利于单元目标的达成。

（5）精心拓展，辅助教材高于教材。开展小学语文单元整合教学时，拓展教学内容、增加课外选文是很常见的。课外文章的入选标准是，文章内容与表达形式都应该与该单元中其他文章有关联，或延伸、或提高、或并列、或互文。拓展的选文，最好能提供课文中没有的教学资源，这需要教师有较宽的阅读面，较好的教学设计意识。

开展小学语文单元整合教学的操作流程：

（1）梳理教材内容，细化年段目标。《语文课程标准（修订版）》上各年级教学目标比较粗，操作性还不强，因此要根据教材情况，从实际听、说、阅读、习作等方面来细化。明确了年段目标之后，结合教材教参整理出单元目标。

（2）整合教学资源，确定教学次序。各单元的教学目标确定之后，就要研读课文，确定哪篇精读？哪篇略读？哪些是群文阅读？并确定教学次序。这是单元整合教学中的重点，要具备研读课文的能力，没有捷径可走，教师得多读书，养成阅读习惯，读得多，才能将课文读透。

（3）设计教学流程，落实教学方案。确定了教学次序后，要从单元目标的角度，系统设计教学环节。这与一篇一篇地备课有很大的区别，不仅如此，对于作业，要从单元目标角度来设计，以便更有效地提高教学质量。

（4）规划单元测试，反思单元系统。小学语文单元整合教学，是一种可以测评学习效果的教学方式。我认为只有当教学、作业、评测三位一体时，教学评价才能客观科学，学生的学习负担才能真正减轻。所以，还需要从单元目标角度设计测试题，教师通过研究测试结果，及时反思整个单元的教学情况，并加以改进完善。

4. 研究出了单元整合教学的基本课型。

（1）整体感知、识字过关课

承载任务：整体感知，自主识字，扫除阅读障碍。

学生以预习单为依据进行整单元的预习，初步了解单元内容，然后进行自主识字、理解词语的意思。

（2）单篇精读课

精选典型课文，教给学生阅读同议题文章的方法，培养阅读能力。

叶圣陶先生早就说过，“课文只是个例子”，语文课应该用课文为例子指导学生学习阅读，学习写作。

（3）群文阅读课

在同一议题下进行多篇文章的自主阅读。可以依照精读课的阅读方法进行零干扰阅读，理解内容、品词析句、圈点标注、记录感受，然后全班进行交流；可以根据教师提供表格等阅读提示进行比较阅读。从比较中发现不同的表达方式，不同的阅读策略。

（4）朗读展示课

学生选取自己感兴趣的课文片段当堂练习，先小组内展示，再进行全班展示。

（5）积累展示课

展示本单元主题下积累的课内外成语、诗句、片段。这是积少成多、零存整取的过程。

（6）综合实践课

包括练习课、口语交际课、习作课等。

5. 研究出了单元整合背景下学生小组合作的指导措施。

《语文课程标准（修订版）》指出：语文课程必须根据学生身心发展和语文学习的特点，关注学生的个体差异和不同的学习需求，积极倡导自主、合作、探究的学习方式。针对这一理念，采取具体措施如下：

（1）巧妙分组，调动热情。为了让全班同学都动起来，而不是几个好学生霸占课堂，按照学生的学习能力和组织协调能力，把全班同学分成了 8 个小组，利用学生都喜欢管别人的特点，给组内每个人委以“重任”，组织协调能力最强的为组长，较强的为副组长，稍微弱一点的为副组长助理，最弱的为组长助理。

（2）明确责任，各负其责。我和组内每个同学签订责任书，让组内每个同学明确自己的责任。组长肩负领导责任，带领大家学习，协调组员关系，带领大家共同进步。副组长做好总结，及时汇报。两名助理思想要和小组保持一致，保证自己不掉队。

（3）帮扶有序，共同进步。在小组合作学习中，组长和组长助理结成帮扶对子，副组长和副组长助理结成帮扶对子。这样组内结对子，学习最好的帮最弱的，较强的帮稍弱的，组内互助合作，共同进步。

（4）小组评价，团结向上。我以小组成绩来衡量个人成绩，组内成绩代表个人成绩，个人成绩再好，小组内有一人掉队也得不到表扬。这就要求组员要在真正意义上合作，使合作学习落到实处。

（5）确立对手，展开竞争。我让每个组确定自己的对手组，两个小组展开竞争，比认字、比阅读、比感悟，所有能比较的均在对手间展开竞争。

6. 研究出群文阅读议题确定的策略。

群文阅读的功效如何，在很大程度上取决于我们把什么样的文章放在一起，以及如何放在一起。群文阅读中文章与文章之间是有联系的，它们是根据某一个议题组合在一起的。

有时候是把“作家”作为议题。例如，把老舍的文章放在一起，我们一读，就能了解老舍的写作风格。连续读一个作家的作品，去走近李白、走近鲁迅、走近西顿、走近新美南吉……通过群文阅读了解作家的写作风格。

有时候是把“体裁”作为议题。例如，把创世神话放在一起，我们就能了解创世神话的特点。学生连续读一个体裁的作品，去了解童话、了解民间故事、了解诗歌、了解小说……

有时候是把“观点”作为议题。例如，一则报道说多吃维生素C大有好处，另一篇文章说吃多了维生素C有害健康，把这样几篇文章放在一起，读完之后疑惑自然来了。于是，我们就会自我发问、重读、辨析……学生就会在很多信息中努力辨别信息的真假，做出自己的判断。

有时候是把“表达方式”作为议题。例如，把一些相似的童话放在一起，我们就会发现原来很多童话都是反复结构的，主人公遇到三次困难、发生三次变化、交换三次物品。学生连续读一类文章就会去发现写作的技巧，发现故事的密码，发现文学的秘密。

有时候是把“人文主题”作为议题。例如，把关于友情的诗歌放在一起，我们就会通过这组诗歌进一步思考“我们为什么需要朋友？”“真正的友谊是怎样的？”学生就能在这样的群文阅读中思考各种问题，例如“如何看待宠物”“如何面对诱惑”“怎么看待死亡”……

有时候是把“阅读策略”作为议题。例如，我们把《渔歌子》《黄鹤楼送孟浩然之广陵》《面朝大海，春暖花开》等诗歌放在一起。乍一看，这些诗歌来自不同时代，也没有什么相似之处，但是阅读时我们都可以用到“抓住诗歌里的矛盾读懂诗歌”这阅读策略。例如，在《渔歌子》里，为什么词人要用“青”和“绿”来形容棕黑色的蓑衣呢？例如，在《黄鹤楼送孟浩然之广陵》里，为什么原本帆影点点的交通要道，在李白送别孟浩然的时候，竟然只有“孤帆”呢？例如，在《面朝大海，春暖花开》里，为什么会看到花团锦簇的景象呢？抓住这些“矛盾”追问、思考，或许解读诗歌会“柳暗花明又一村”。

7. 开展“单元整合·群文阅读”课的课堂展示活动，重视信息的反馈与收集，及时听取多方面的意见，进一步修正和完善方案；开展“课堂教学艺术”展示活动，有效地推动了实验研究。在学习研究名师教学技艺的基础上，我们要求课题组成员每人设计一节汇报课，开展“课堂教学艺术”比赛。

8. 建立网络平台，实现资源共享。为促进课题组教师的便捷交流，我们利用微信群，把个人的研究性成果、存在疑惑发至群共享或者就研究的某一主题进行交流和分析，达到资源共享。

9. 撰写研究论文，总结研究成果。参加课题研究一年多来，每一位成员都收获颇丰，我们安排每位教师根据自己的研究成果撰写一篇教学论文，及时总结研究成果。

第三阶段：研究总结（2018 年 9 月—2018 年 11 月）

在已取得成果的基础上，进一步总结、提炼、筛选、整理，写出课题研究报告及相关论文。通过行动研究，我们达到了预期的各项研究目标，在各方面都取得了成果，为实现小学课内与课外阅读的结合寻找到一条行之有效的道路。

1. 形成了一个基本观点：课内与课外阅读的整合能拓宽学习和运用领域，实现教学内容、教学时空、教学方法的全面开放，使全体学生在学习内容、学习方法的相互交叉、相互渗透和有机整合中开阔视野、熏陶情感、发展思维；在不增加负担的前提下，使学生获知的数量和获知的能力得到最优增长，为后续学习和终身发展奠定扎实基础。

（1）群文阅读对小学语文单元教学模式做了补充、丰富和完善。在过去只注重基础知识的单元教学的同时，更加有效地在课内外开展阅读拓展，为大量阅读搭建了阅读平台。

（2）群文阅读使课内、课外的语文学习生活得到有效衔接。以前，孩子们的课内、课外阅读是分离的。为了更好地体现“得法于课内，得益于课外”这一理念，“群文阅读”选文的出现正好能使学生由课内延伸到课外，再到生活中去。

（3）群文阅读有利于学生自主阅读能力的提高，并注重了学生创新精神和实践能力的培养。学生个性化阅读，正是在尊重文本价值取向的基础上，做到了尊重学生独特的感受、体验和理解，鼓励学生多角度、有创意地阅读理解，培养了学生感受、理解、欣赏的能力。

（4）群文阅读形成了浓郁的读书氛围，学生养成了读好书的习惯。有了这样一个读书展示的平台，学生充分享受到阅读带来的乐趣，体会到成功的喜悦，让学生拥有一种自由、惬意的读书体验。

2. 该项研究解决了学生课内外阅读量少、语文素养低下的问题。现行单篇教学一个学期只读20多篇课文，如不进行大量的课外阅读，学生阅读量偏少，语文素养低下。“小学语文单元整合·群文阅读教学方法研究”依据语文学习需要大量阅读的规律，将整个单元的教学内容进行整合，然后进行课外拓展，增大了阅读容量，解决了学生课内外阅读量少、语文素养低下的问题。

3. 该项研究解决教师如何利用教材进行有效教学的问题。

（1）解决单篇教学碎片化、耗时多、效率低的问题。

单篇教学按照教材的顺序一课一课地进行教学，单元内每篇文章的教学之间，并无多大关联，教学呈现碎片化，缺乏整体性；单篇教学强调挖掘课文中的微言大义，强调面面俱到的“讲解”“分析”，此举把课文肢解成七零八碎的知识拼盘，导致语文学习耗时很多，效率却不高。

“单元整合·群文阅读”则改变传统的单篇教学模式，把一个单元作为教学单位，增加单元内课文的横向联系，让学生在“比较”的过程中学习，单元内的几篇文章不再孤立，而是彼此有着紧密联结的结构化存在，有效改变了单篇教学碎片化的弊端。“单元整合”要求一个单元的教学目标必须集中，即必须找到一个语言文字运用的点，成为单元的核心目标，整个单元都围绕着核心目标进行教学。因此，这个语言训练点能在本单元的几篇课文中得到反复训练，省时、高效。

（2）解决现行《语文课程标准（修订版）》学段目标不清晰、层级性不明显的问题。

《语文课程标准（修订版）》规定的学段目标不够清晰，层级性不明显，有些甚至不可操作，不可检测。“小学语文单元整合教学研究”以学习语言文字运用为核心目标，把课程目标分化到各个学期。每学期的课程目标都从学习能力、学习策略、学习习惯、学习量四个方面设计。经过整合后的小学语文单元教学，目标明确，可操作性增强。

4. 实现了四个有效提升。

（1）学生阅读水平得到提升。①学生读书兴趣的变化显著。数据表明：课题研究前有70%的学生喜欢读书，但是经常进行阅读的学生只有32%，与同学交流阅读情况的学生只有19%。通过几年的实验，学生对阅读的喜爱度大大提高，现在学生喜欢读书的比例比实验前上升了13%，经常进行课外阅读的同学比例上升到52%，经常和同学们交流课外读书情况的比例上升到32%，这一些数据都说明了学生已有了浓厚的读书兴趣。②学生养成了读好书的习惯。数据表明：学生读好书习惯的变化较大。课题研究前的数据，反映出喜欢读动漫作品的学生达42%，喜欢读名著及科普作品和学习辅导书的学生有20%和27%。通过几年的实验，喜欢读动漫作品的学生下降到28%，喜欢读文学故事和科普军事类的达到62.4%。③学生养成了爱积累的习惯，学会了运用阅读方法进行阅读。通过开展课外阅读指导活动，尤其是课内与课外结合的群文阅读，老师指导学生在训练中学会积累、学会运用。

（2）教师的教学、科研能力得到提升。通过课题研究，课题组教师边教学边研究，在研究中积累经验，在研究中服务于教学，服务于学生。教师们了解新课程改革的基本理念，确立起新的教育观、课程观、教师观、学生观、教学观，使自己成为学生学习的引导者、组织者、合作者，促进了教师的成长。学校涌现出一批热衷阅读、教学科研能力强的优秀教师，成为学校办学育人的骨干力量。他们在构建学生阅读世界的同时，也在不断地优化自身的阅读素养，促进专业发展，提高自身的教育科研能力和创造力。在实验后期，老师们不仅积极参加课题研究、上课，还积极撰写教学案例反思、科研论文，收集完善课题资料，形成了积极进取、勇于探索、乐于研究的科研意识。

（3）家长的教育理念和教育方式得到提升。课题研究另一个重要收获是家长的教育理念和教育方式都有了明显的改变，他们除了关注孩子的身体健康与学习成绩，也开始关注孩子的课外阅读。从调查分析中可以看出，绝大部分家长都认识到帮助孩子从小养成良好的阅读习惯，是送给孩子一生最好的礼物。家里也应营造良好的书香家庭氛围，购有书籍、报纸、杂志。家长除了要加强自身修养外，还要配合学校，主动参与孩子的阅读，起好榜样、引领和督促作用。

（4）学校的办学品位得到提升。近年来，我校大力倡导“让读书成为习惯，生活因读书而精彩”“让读书成为一种文化，校园因读书而美丽”。本课题研究为推动我校的校园文化建设，营造书香校园，推进素质教育，使学校在新的历史起点上实现优质特色发展方面提供了有效的途径和有力的保障，使学校的办学品位得到提升。

5. 小学语文单元整合教学从“听说读写”多方面进行评价。

（1）构建三级评价机制，采用多种评价方式。

单元整合教学对学生的评价以听、说、读、写四项基本能力为指标。评价分为过程评价、阶段性评价和终结评价三级评价。过程评价就是在平时的语文学习过程中，由教师、学生、家长根据一定标准进行评价。阶段性评价是一段时间内进行的评价；终结性评价，则是学期末对学生做出的评价。

（2）构建多层次评价内容，促进有效教学。

单元整合教学课程评价内容中，听说读写四个方面的评价均分为现场测试和纸笔测试。现场测试，是对学生进行朗读能力、诗文背诵等进行的测试。纸笔测试，是用考试卷的形式对学生一学期的学习进行的综合评定。

6. 课题的创新之处。

站在前人的肩膀之上，我们继续做单元整合的相关研究，力求在以下方面有所创新和突破：

（1）探索“单元整合·群文阅读”教学模式，拓宽学习和运用领域，实现教学内容、教学时空、教学方法的全面开放，使全体学生在学习内容、学习方法的相互交叉、相互渗透和有机整合中开阔视野、熏陶情感、发展思维；在不增加负担的前提下，使学生获知的数量和获知的能力得到最优增长，为后续学习和终身发展奠定扎实基础。

（2）改变了逐篇讲读课文这样一种语文课程的教学形态。这是语文课程改革中的巨大变革。近一个世纪以来，随着时代的变迁，尽管语文教材选择的课文发生了沧海桑田的巨变，每篇课文教师讲的内容也不断在改进，但是讲读课文这种教学形态却顽固地占据着语文课堂，没有发生根本性的改变。广大语文教育工作者早就认识到讲读课文的效率很低，学生的语文能力，包括阅读能力是在实践中形成的，不是教师讲出来的。但是囿于旧观念的巨大惯性，加上语文教材的约束，不讲课文的语文课该怎么上？这对广大一线教师而言是难以化解的高难度问题。“单元整合·群文阅读”教学模式按照“整体感知与识字过关课”“精读感悟课”“群文阅读课”“朗读展示课”“积累展示课”“语文实践课”六种课型从语文课程结构上颠覆了传统的一篇篇讲读课文教学形态，使得语文课教学面貌的根本改变成为可能。

（3）突显了语文课程实践性的特点。《语文课程标准（修订版）》指出：“语文课程是实践性课程，应着重培养学生的语文实践能力，而培养这种能力的主要途径也应是语文实践。”“语文课程应注重引导学生多读书、多积累，重视语言文字运用的实践，在实践中领悟文化内涵和语文应用规律。”虽然中华人民共和国成立以来的语文课程一直在研究语文课如何以学生为主体，如何将课堂教学时间还给学生，但在实际的教学中教师讲得多，学生练得少，教师主宰语文课堂的顽疾一直难以根本改变。这种现象的产生是与文选型的语文教材直接联系在一起的，与讲读课文这种教学方法密切相关，可以说是与生俱来的。“单元整合·群文阅读”教学模式将现行的语文教材重新进行整合，增加了“群文阅读课”“朗读展示课”“积累展示课”和“语文实践课”几大板块，使得语文教学从只“教课本”走向了“课外阅读”和“语文实践”。

这样就从课程设置上保证了语文课上学生读书和开展语文实践活动的时间。在单元整合教学的课堂中，再也不是以教师领着学生深度分析课文、感悟课文内容为主，而是围绕单元的教学目标，以学生自己的听说读写语文实践活动为主，真正把课堂教学的时间还给了学生。

（4）对语文课程“人文性”特点做了创造性的解读。

现行语文教材主要是以人文主题组成单元的，按照通常的理解，语文课所呈现的思想内容是对学生人文教育的主要凭借。这样的理解貌似正确，实际上是窄化了语文课程人文性的特点。

我们课题组认为，在语文教学中，真正的人文性并不只是体现在课文中，而是存在于教学过程中。如果教师不能够充分尊重学生，不给学生足够的自我探索的空间，不给学生自己思考感悟的时间，而是强迫学生跟着自己的教学走，无论把文中的情感体会得如何深刻，我觉得都是不人文的。因为真正的教育必须关注到教育对象，要把教育对象当作生命个体来尊重。

单元整合教学是以学生“探究”作为学习的主线，整个过程都试图把学生放在学习者的位置上，让他们经历学习的过程。学生在课文阅读过程中、在群文阅读过程中、在语文实践活动进行的“演讲”“辩论”“表演”等活动中，不仅感悟做人的道理，更有利于养成创造性学习的意识、良好的学习习惯、自主学习的品格。这样的理解，将语文课程人文教育从教师单向的灌输改变成学生自身的生命体验，不仅大大丰富了语文课程人文性的内涵和外延，而且把握了语文课程人文教育的正确途径。

（三）课题研究取得的成果

1. 语文学科的课程性质更加凸显。聚焦“学习阅读方法、领悟表达、语言实践”的单元目标进行教学，教学目标更加简明，教学流程更加简约。探索出了“单元整合·群文阅读”的六种基本课型。

2. 转变了学习方式，对语文的人文性重新有了领悟。之前对人文性的理解仅限于对文本内容所承载的人文性和思想性对学生的熏陶和影响，这其实窄化了人文性的内涵。真正的人文性并不只体现在课文中，还存在于教学过程中。真正的教育必须关注教育对象，要把教育对象当作生命个体来尊重。单元整体教学是以学生“探究”的学习方式作为学习的主线，整个过程让学生自己经历学习的过程，在过程中自主学习（如积累课、朗读展示课都给学生充分的自主选择的空间），学会与小组成员互助、合作，从学习过程中培养良好的习惯、自主学习的品格。这样来关注人文教育更利于学生核心素养的形成。

3. 转变了学生的阅读方式。

（1）练习默读、浏览等无声视读。20 世纪末以来，在信息爆炸式增长的社会，各种学科不断细分，各类学科知识呈几何倍增。统计资料表明，人类文明发展前 5000 年的文献资料，还不如如今一年出版的多：英国出版了一部《世界文学著作目录》有 754 卷，而人 80% 的知识是通过阅读获得的，传统的逐字阅读方式已无法适应知识量的增长。现代人更多采用默读、浏览等无声视读。

但是，课文教学把过多时间用来练习有感情朗读，生活中用得最多的默读、浏览等阅读方式却被忽视了。有的人认为默读等无声视读不需要练习。这完全错了，前苏联教育家经过长期的实验研究，得出了小学阶段阅读技能达到半自动化的量化指标，其中快速阅读技能的形成，需要 200 小时以上的练习，按 6 年算，每周大约需要 7 个小时的练习。

群文阅读，就是要让孩子们意识到阅读可以只依靠眼睛，而无需依赖声音；让他们认识到日常生活中毕竟精读少，默读、浏览反而是最常用、最有用的；让他们练习并实践默读、浏览等无声视读。

（2）提升了阅读速度。我们发现很多孩子的阅读速度偏慢，一本书经常一个星期都读不完。到了三年级，一定要开始强调阅读速度，除非有特别的阅读障碍，不允许孩子指着文字慢慢地逐字逐字读。过去，信息交流缓慢、不够准确，有限并且昂贵；如今，交流变得快捷、相对准确、无限而且廉价。我们身处于“海量阅读”的时代，浩如烟海的信息要求每一位成熟的读者每天进行理性地选择、分析和理解。因此，那些可以帮助我们获取信息、更适于思考的阅读方式，如略读、速读、跳读等，理应得到我们的重视。

2014 年在华东师范大学举行的首届语文教育论坛“百年语文的回顾与展望”上，北京大学中文系、教育部基础教育课程教材专家工作委员会委员温儒敏教授分析了未来语文高考命题可能发生的六大变化，其中变化之一就是：有意识地考查读书情况，包括课外阅读、经典阅读、阅读面与阅读品位。与此同时，也要有意识地考查阅读速度。未来语文高考阅读量会大增，有可能会有25%的学生来不及做完试卷。来不及做不是因为题目多了，而是因为文章长了，需要考生有很快的阅读速度与很强的阅读能力。

群文阅读，就是要让孩子们学习和实践这些阅读方式，让他们不断尝试在40分钟里读完4篇、8篇甚至更多文章。一定要强调阅读速度，甚至直接教给他们提升阅读速度的方法。可以这么理解，在孩子还不能以一定进度阅读整本书之前，群文阅读是种非常好的可操作的练习方式。

（3）提供适应真实的阅读材料。怎么理解真实的阅读材料？它有三个特点：一是完整的，二是有多种呈现方式，三是复杂的。现实中，我们每天要阅读那些内容跳跃，穿插倒叙、插叙，结构呈网络状的文章，而我们教材中的文章往往是经过删减，结构相对简单、不完整的文章。现实中，我们每大面对的是非连续性阅读，车票、导览图、说明……图文交杂，呈现方式复杂、多元，而我们教材中的文章都是连续性文章。现实中，我们每天身处于浩如烟海的信息中，碎片化知识越来越多，新闻越来越杂，话题越来越爆，什么都是来得快去得快，而我们的教材文章往往都是经过修饰、去情境化、有明晰的道德告诉和知识呈现的文章。

群文阅读，就是要强调对真实的阅读材料的模拟，多创造机会让孩子们接触真实、多元的文本，练习真实、实用的阅读策略；帮助他们从只能理解清晰的道德训诫、明确的叙述环境发展到能够领悟较高层次的细腻的道德内涵、复杂的叙述以及不确定的情境；让他们学习整合散乱无序的信息，把信息提升为知识，有效地比较，能不为流行的群体性情绪所左右，能做出自我分析、决断。

就现代读者来说，如果不适应真实的阅读材料，不具备真实、实用的阅读策略，个人就会变成一只无头苍蝇，在信息海洋中茫然不知方向，成为信息的奴隶。

（4）练习单篇阅读很难练习的阅读策略。群文阅读除了读得快一些、多一些以外，还需要多种阅读能力，如提取和筛选信息、记忆、推论、比较、整合、分析、判断、创造等。其中有一些是群文阅读中比较突出或特有的。

求同。找出文本的共同点。比如一组写父母之爱的文章，爱的方式各不相同，有的慈祥，有的严厉，但透过这些表现，我们可以找出它们的共同之处。读完这些文章，为了加强或印证自己的认识，可以再找类似的文章阅读。

比异。找出文本的差异。这种差异可能是事实的差异，也可能是情感、观点的差异，或者是表达方法的差异。比如同样是写过年，老舍的《北京的春节》中是热闹、欢乐，而梁实秋的《过年》中是无聊、累。发现这些差异之后，往往还需要进一步追溯背后的原因。比如，日本电影《罗生门》中，对同一事件，不同的人叙述起来完全不同，原因是个人与这一事件有不同的利害关系。不同民族“创世纪”神话的差异，不可避免地带有本民族先人生活环境的痕迹。

整合。文本所叙述的事实或讨论的问题是相同的，但呈现材料的角度不同，或者呈现的是“碎片”，需要读者“拼装”。比如鲁迅，有人说他是伟人，有人说他只是常人，有人说他尖酸刻薄，有人说他亲切随和。读不同的人对他的回忆，可以整合出比较完整的鲁迅形象。在整合中常常会发现某些疑问，这可以促使读者进一步查找资料，主动拓展阅读。

判断。今日社会，人的主体性越来越强，价值观念也日趋多元。表现在阅读上，一些文本在事实、观念、情感、表达方法等方面各不相同，读者不能简单盲从，不能“唯书”“唯上”，而要对不同文本的真伪、是非、优劣等做出自己的判断。诸如“根据阅读材料，你想不想去南极洲？”“这两种介绍南极洲的文章，你更喜欢哪种？”一类问题，就需要读者做出判新（这种判断往往也是多元，而不是唯一的）。

以上四种阅读策略，可以分散到高年级四册教材中，每册各有重点，列表说明如下：

| 主题或文体 | 阅读策略 | 延伸技能 | 选文方向 |
|---|---|---|---|
| 相同 | 求同 | 再找类似文章阅读 | 同一主题，但内容或写法不同文章，如“人与动物和谐相处” |
| | 整合 | 发现不足，提出问题，寻找新的资料 | 同一主题，但表述角度不同，可以互补的文章，如“关于雾雅” |
| 不同 | 比异 | 寻求差异产生同一题材，但观点、情感、表达的原因 | 同一题材，但观点、情感、表达方法不同的文章，如“过年” |
| | 判断 | 提出新的想法 | 同一题材，但内容和观点差异明显，需要读者做出判断的文章，如“个儿大的草莓能不能吃” |

以上四种阅读策略，在单篇阅读中是很难练习到的。

因为单篇文章往往只呈现一种事实、一种表达、一种情感、一种风格，我们和谁比？怎么比？比较不了。

因为单篇文章往往只呈现单一信息、单一事实、单一形象，我们没办法进行信息的汇总与整理，没办法进行多元分析，没办法做出比较客观、全面的评价……整合不了。

因为单篇文章往往只呈现作者的一种观点、一种评价、一种情境，我们没办法做出比较正确、客观的判断。

群文阅读，就可以依凭多文本的独特优势，教孩子们一些单篇阅读中很难练习到的阅读策略，让他们多了解、多练习。他们一旦掌握了多种阅读策略，思考复杂情境中问题的能力就会提升。

（5）感受、学习接近文学的表达。我们一直强调语文课要教表达，在大量家常课中，我们在教什么表达？无非就是近义词、反义词、多音字、一字多义、被字句改成把字句、把字句改成被字句、修正病句、一个字好在哪里、概括段落大意……教来教去，教到六年级，都是教这些东西。这些表达都是语言、语法层面的。

然而，除了这些表达之外，还有接近文学的表达：文学里的幽默与讽刺、人物态度和想法的改变对情节发展的影响、文化习俗对故事情节的影响、天气的描述所营造的气氛、时间的描述所营造的气氛、故事中的转折、故事里的主角与配角、故事的高潮、日记和信在文学中的运用、事物的象征意义等。

群文阅读，就是要更集中、更结构化地呈现几种表达方式，让孩子们感受、学习独特的表达方式，发现文学的奥秘，发现故事的密码，发现写作的技巧。

（6）练习复杂情境中的思考力。群文阅读追求在有限时间内让学生经历较高水平的探究性阅读，体验发现的乐趣。有人会问，难道单篇文章的阅读教学中就没有发现吗？当然有，不过在单篇文章的阅读教学中，发现往往是借助教师的“讲”和“问”，由教师层层递进的环节设置诱导出来的。这样的发现，现实的模拟性不够强。而群文阅读，通过文章的结构化组合以引发困惑，启动思考，最终导出发现。

在实践中，我们发现“明显的异同点可以启动思考，引发探究”。于是，我们将经典幻想小说的开头放在一起，孩子们便能自己归纳出幻想小说的一个特点：幻想小说中的世界一般是二元世界——现实世界和虚幻世界，二者可以往来“穿梭”。而从现实世界到虚幻世界，总有一个特定的“入口”，如《哈利·波特》里的“九又四分之三”车站、《纳尼亚传奇》里的古老橱柜、《毛毛——时间窃贼和一个小女孩的不可思议的故事》里的“从没巷”等，这让孩子们大开眼界，兴趣盎然，并且借由这组文章投入新的探究。

我们也发现“强烈的认知冲突可以启动思考，引发探究”。例如，在《愚公移山》群文阅读课中，我们把两个版本的“愚公移山”放在一起。一个是传统版的《愚公移山》，出自《列子·汤问》，它的寓意是做事要坚持不懈，坚持到底就是胜利。另一个是美国绘本《明锣移山》，是讲一对夫妻要移山，但解决方式与《愚公移山》完全不一样，他们是通过搬家移掉了挡在面前的高山。两种不同的解决方式形成了强烈的认知冲突，强烈的认知冲突又促发了学生深层次的思考。

同时，我们还发现“独特的排列可以启动思考，引发探究”。例如，我们把孔子的观点与其同时代希腊、印度的哲学观点放在一起，孩子们就有了别样的角度、世界性的视野与眼光，他们会循着这条时间轴展开无限联想。

（四）成果推广

2018 年 6 月，课题组进行了阶段总结，面向全校语文教师做了课例展示和研究工作汇报。我们还邀请了我的实践导师周黎明老师到学校进行课题阶段成果的鉴定。总结活动受到周老师和全体语文教师的认可和肯定，并提出了中肯的意见。学校决定从 2018 年 9 月开始在 3—6 年级全面推广课题成果。

2018 年 6 月泰安市宁阳县部分校长和语文骨干教师慕名到我校学习“单元整合 · 群文阅读”课改成果。

2018 年 8 月我本人到重庆彭水县第四小学做了“单元整合 · 群文阅读”教改成果展示的报告。

2018 年 9 月学校举行了 3—6 年级“单元整合 · 群文阅读”教学方法课艺评比和优秀课例展示活动。“单元整合 · 群文阅读”教学艺术在各年级开花。

**四、做好示范，带动教师成长**

为了更好地推动教学改革，发挥名师的辐射作用，促进青年教师成长，我在学校组建成立了“菁菁语文工作室”，通过集中培训、分散自修等方式强化教师学科专业技能、提升教育理念、带领他们参与课题研究，深化教学改革，尽快成为语文教育的中坚力量。两年来，有 5 名工作室成员获得聊城市教学能手称号；4 名教师获得聊城市优质课评选一等奖；1 名教师被评为聊城市课堂教学十佳教师；3 名教师的课例获得省级优课称号；3 位老师的论文发表在省级刊物上。工作室成员还自发研究创意课程，陈小娟老师研究的成语课程、孙玉明老师开发的“巧用思维导图，改革作文教学”，崔欢欢、常媛媛老师的“读写绘”课程，都取得了良好的成效。

昂首仰望星空，俯首踏地耕耘。两年来，在省教育厅和教科院的引领、帮助下，一路耕耘，一路欢歌，虽然辛劳，但收获甜蜜。风景在远方，鲜花在路上。两年的培训即将结束，前方的路依然漫长，我将继续砥砺前行，为了心中的教育梦想，朝着教育家的方向努力奔跑！

# 第四辑

## 若似月轮终皎洁，不辞冰雪为卿热

# 娘的味道

娘又托人捎来了棒子面，用透明的方便袋装着，满满的一袋子，沉甸甸的。那金黄的颜色，微糙的质感，尤其那淡淡的、带着田野味道的清香，让人心生暖意。我禁不住诱惑，立刻熬上一锅粥尝尝鲜。

娘知道我最爱喝棒子面白粥，每年秋收再忙，也会抽出时间在满院子金灿灿的“玉米山”里挑出几袋子上乘的棒子。娘挑棒子很是严苛，首先选择个大、干净，没有一点儿虫蛀痕迹的，再把每个经手的棒子仔细端详一番，确定整个棒子的颗粒都要饱满，不能有一个瘪粒，而且色泽要金黄油亮，否则就会被嫌弃地丢在一边。选好后，娘再一一薅去上面的长须，直到整个棒子看起来完美无缺了，她才肯欣然地、小心翼翼地把它们装进袋子。娘不从允许其他人帮忙挑棒子，别人选的她都不放心。娘把选好的棒子放在房顶晒上几天，然后拿下来放到笸箩里把棒子粒拧下来。新收的棒子潮湿很难拧，尤其第一个，必须用手使劲把粒一个个搓下来，然后再用这个棒子核去代替右手硌、搓另外的棒子，这样还省劲些。虽说不用费很大劲了，但仍常常搓得两手酸疼，坐得腰腿麻木。

娘把拧下来的棒子粒再晾晒几天，然后再用簸箕把他们簸干净，直到没有一点儿杂物了，再装进袋子里送去磨坊里碾成面。当天晚上，我们就能喝到热乎乎、香喷喷的棒子面粥了。时值深秋，西风甚凉，再没有比一家人各捧一碗粥在手让人觉得踏实、温暖的了。我们说不上这粥到底有什么样的营养，但是那种黏稠的口感、醇厚的香味、滚烫的温度，再配上家人们吸粥时呼噜呼噜的声音，总让人贪恋不已，喝了一碗又一碗，直到肚皮滚圆再也喝不下去为止。不一会儿那粥的热量便从肚子蔓延到四肢，然后再暖得全身的每一寸皮肤都微微发汗，那种舒服、熨帖、酣畅，胜过吃其他任何一种美食的快感。喝粥，总是我童年最难忘的记忆。

结婚以后，很难喝到大铁锅里柴火熬的玉米粥了，用不锈钢锅和天然气熬的粥总是缺了点儿什么。但是每每喝到娘碾的玉米面粥，总感觉有一种特殊的味道在里面——似乎那是娘的味道。因为每一个颗粒都曾被娘一遍遍抚摸过，它带着娘的体温，娘的气息，它被娘感化过。是的，那是娘的味道，是其他粥品都没有的味道。

娘的味道不仅存在粥里……

娘的味道，在厚厚的棉衣里。娘是个闲不住的人，一立秋便开始买布料、弹棉花，给儿女、给孙辈们做棉衣，边做边念叨："羽绒服哪有棉袄暖和，天冷了还得穿这个。棉花是自己种的，布料是洗过、烫过的，又干净又暖和。"今天是霜降，天气晴好，娘又该拿出棉衣来晒晒了。一大堆棉衣，晒得软软的、暖暖的、蓬松松的，女儿的、儿子的、孙女的、外孙的，一件又一件，晒好了该给谁给谁去，冷空气一来就要穿着了。被阳光晒过的棉衣总有一种暖暖的味道，穿在身上暖煦煦的。那针脚细密的棉衣里有娘多少绵绵的爱意呀，穿上它就仿佛有娘在身边一样。

娘的味道，在雪白的馒头里。娘不仅针线活做得好，做饭也是巧手，街坊邻居都没有娘蒸的馒头好吃。娘不知用了什么妙招，发的面柔韧有弹性，经她反复揉搓之后蒸出来的馒头雪白圆润，透着淡淡的麦香，咬一口松软而又劲道，嚼起来香甜可口，不用就菜就能吃两个。每次回家娘都会蒸一大锅馒头让我带着，娘的馒头不仅养大了我，还喂大了她的外孙女。吃着馒头想起娘，娘蒸的馒头哦，饱含着多少对儿女的惦念。

娘的味道，是无处不在的。它躲在娘拆洗又缝好的棉被里，寒风凛冽那是最最温暖的窝；它藏在娘彻夜不眠纳的鞋垫里，让你足下生风，踏实有力；它飘散在娘精心烹制的菜肴里，让味蕾满足，肠胃舒坦；它弥漫在电话那端娘的一句句叮咛里，声声都是牵挂……

锅里的粥开始沸腾、翻滚，香气升腾，那是娘的味道……

# 致敬最可爱的人

## ——观电影《长津湖》有感

哪有什么现世安稳，只不过有人替你奋不顾身；哪有什么岁月静好，只不过是有人替你负重前行。

——题记

走出影院，瑟瑟秋风吹在身上，阵阵凉意侵入肉骨，冷冷秋雨打在脸上，如泪一般流淌，我不禁打了一个寒战。长津湖畔那一幕幕悲壮的画面一次次在脑海回放……

敌机轰炸，志愿军战士隐蔽在河谷，稍微一动就会被发现。红色的标识弹冒着滚滚浓烟，严重暴露了目标，一阵狂轰滥炸之后，雷公为了转移敌人视线，抱起滚烫的标识弹放到车上，一路飞驰。红色烟雾暴露的是他自己，他被炸成了碎片，却护全了其他战士们的生命。

美军长津湖大败后南下撤退，遇见潜伏的志愿军，可是整个连队 129 名战士都已经被冻成了冰雕！尽管他们都已经在寒风和冰雪中把自己塑成一座晶莹的丰碑，枪口依然对准来敌的方向，目光依旧坚毅勇敢，毫无畏惧，宁死不退！

一场伏击战，食不饱腹，只能用冻土豆充饥，冰冷的硬邦邦的冻土豆居然崩掉了伍万里的牙齿，如何下咽？可是，就是靠这样的食粮，穿着单薄棉衣的志愿军战士居然战胜了吃火鸡、喝咖啡，开着飞机、坦克的美国人。

面对强敌他们大义凛然、果敢睿智；潜伏时严守纪律、坚如磐石；战斗中奋不顾身、舍生忘死，他们是真正的英雄，是我们最可敬、最可爱的人！

风萧萧兮易水寒，壮士一去不复返。据亲历者口述，真实的抗美援朝比电影更残酷！志愿军战士有 14 万人长眠在异国他乡，其中 2 万多人是因冻、饿而死。冰雪埋忠骨，雪沃长津湖。我曾多次想：这些可爱的战士们，他们究竟为什么而战？影片给了我答案。

新入伍的万里因受到老兵们戏弄赌气要跳车，当他倔强地打开门板，金色的阳光正照耀着万里长城。江山如此多娇，引无数英雄竞折腰！不仅车上的每一个人，相信每一个观影的人也都被深深震撼了！长城是抵御外侵的屏障，而真正抗敌护国的是这些热血男儿们，壮美山河，寸土不让，他们愿用血肉之躯共筑钢铁长城！

每一个志愿军战士都是有血有肉有爱的普通人，片中梅生一遍遍摩挲女儿的照片说："这场仗我们不打，我们的下一代就要打，我们出生入死，就是为了他们不再打仗。"看到这里，热泪盈眶。这不仅是一个父亲，而是一代人对后辈博大深沉的爱啊！

家国情怀，担当作为，舍生取义，视死如归。他们，的确是最可爱的人！

他们是最可爱的人，还因为他们坚定信仰，军魂不朽！在中美军备力量巨大悬殊的情况下，志愿军战士之所以能赢得伟大的胜利，就是他们坚定自己的理想与信仰，用信仰创造了奇迹。

战后打扫冰雕连战场时，有人发现烈士宋阿毛留下的一张卡片，上面写着："我爱亲人和我的祖国，我是一名光荣的志愿军战士。冰雪啊，我绝不屈服于你，哪怕冻死，我也要高傲地耸立在我的阵地上！"如此精忠报国，赤诚可鉴，天地英雄气，千秋尚凛然。邱少云忍常人所不能忍，黄继光舍身堵枪眼，杨根思与敌同归于尽，罗盛教舍己为人……他们赴汤蹈火、不畏牺牲、不辱使命，用信念、意志、鲜血乃至生命，深深震撼了对手，也深深震撼了世界！他们让世界见证了不屈不挠、攻艰克难的中国力量、中国精神！传承时代音，奋斗新征程。这种精神与信仰一直在延续。面对突如其来的新冠疫情，全国打响了疫情防控的人民战争。优秀的中华儿女接过了先辈们的旗帜，全国抗疫斗争取得重大战略成果，统筹推进疫情防控和经济社会发展工作取得显著成效，向全世界展现了中国担当。抗疫勋章奖章与抗美援朝70周年纪念章交相辉映，见证了任何困难和风险面前都从来不放弃、不退缩、不止步、百折不挠的民族脊梁。如果信仰有颜色，那一定是中国红！

走在潇潇冷雨中，望着车水马龙的街道，霓虹闪烁的大厦，笑语盈盈的人群……盛世中华，国泰民安，一切如他们所愿。这最美的"彩蛋"，便是对英魂们最好的告慰吧。影片的主题曲《天地我来过》又在耳畔回响："战争的残酷，我来过，记得我，我的祖国……"一寸山河一寸血，一抔热土一抔魂。那些最可爱的人，国家怎会忘记？人民怎会忘记？昔盛世倾覆，深渊在侧，公等身赴国难。今国强盛世现，愿先辈魂归桑梓，见证太平，吾辈自强！虽千万里，吾往矣。

愿：昔日苦难不再，今日韶华长存，来日繁盛可期！

## 惊蛰，来自春天的请柬

春雷响，万物长，又是一年惊蛰时。惊蛰标志着仲春时节的开始，是二十四节气中最生动传神的一个名字，细细品来，充满动感，别有生趣。听隆隆雷声，惊醒蛰居的动物，唤醒酣睡的春天，生命自此就鲜活起来。

每年太阳运行至黄经 345 度时即为惊蛰，一般在每年 3 月 5 日或 6 日。此前，动物入冬藏伏土中，不饮不食，称为“蛰”；到了“惊蛰节”，天上的春雷惊醒蛰居的动物，称为“惊”。惊蛰的意思就是，春雷惊醒了蛰眠的动物。天气转暖，渐有春雷，中国大部分地区进入春耕季节。

古人分惊蛰为三候：一候桃始华。桃花感受到春的气息，开始开放；二候仓庚鸣；仓庚，就是黄鹂，黄鹂最早感春阳之气，发出愉快的鸣叫声；三候鹰化为鸠。斑鸠、燕子等鸟类现身林间。

惊蛰一声雷，万物始复苏。种子破土而出，伴随着希望。

春光灿烂、百鸟归来，窗外桃枝上一粒花蕾轻轻绽开，那是春天万物苏醒的声音……

嫩芽探出了头，绿枝扭了扭腰，蜇虫睁开惺忪的眼，新桃着上浅浅的妆，孩童的阵阵笑声在东风里回荡……

趁着春意渐起，一起去赴春天的约，着薄衫，邀素友，乘上十里春风，阅尽满城春景。画楼上静立，看云窗新绿，听黄鹂又啼；阡陌间寻觅，踏草色青青，赏人间桃李。

一朵花，一分明媚，一丝柳，一寸柔情，一江水，一派生机。寻片草地打个滚，再给春花一个吻，在春天认真走一趟的人啊，都有了一颗柔软的心和染着香气的灵魂。

有谚语云：“到了惊蛰节，锄头不停歇。”也有唐诗云：“微雨众卉新，一雷惊蛰始。田家几日闲，耕种从此起。”我国劳动人民自古就很看重惊蛰节气，因为它不仅带来了无边春色，农人们还把它视为春耕开始的节令，在那片万物复苏的大地上，要趁机播下一整年的希望。待惊蛰雷唤醒春天，我们也要轻轻唤醒自己心中的梦想，不负春光，肆意生长。

季节不等人，一刻值千金，永葆初心大步走，撸起袖子加油干。你若怀才，机遇自来；你若努力，别样精彩。所有的蛰伏，都是为了更好地蜕变；所有的沉潜，都是为了明天的惊艳。

惊蛰至，春光俏。春雷阵阵，万物生长，生命在这一刻涅槃重生。相信自己，执着向前，一切美好都将伴花开而来，我们都会与春天撞个满怀。一声春雷，十里芳菲，心中春意满满，前路浩浩荡荡，有沾衣欲湿的杏花雨，有夭夭笑春风的小桃红，有踏马而来的翩翩归客，有柴门关不住的满园春色。有温暖悠长的人间烟火，有从此无恙的锦绣山河！

## 清明感怀

又是一年芳草绿，又是一年清明时。

“春分后十五日，斗指丁，为清明，时万物皆洁齐而清明，盖时当气清景明，万物皆显，因此得名。”清明初候，桐始华。二候，田鼠化为鴽，牡丹华；鴽音如，鹌鹑属，鼠阴类。阳气盛则鼠化为鴽，阴气盛则鴽复化为鼠。三候，虹始见。

清明是为春天而来，它将蓬勃的生机暗自酝酿。从这一天起，阴气衰退，阳气生发，万物吐故纳新，天地明净清和。

约从唐代开始，人们在清明扫墓的同时，也伴之以踏青游乐的活动。由于清明上坟都要到郊外去，在哀悼祖先之余，顺便在明媚的春光里骋足青青原野，也算是节哀自重、转换心情的一种调剂方式吧。

一滴泪在唐诗宋词的墨痕里，滴滴答答，穿越千年，滴成今天一缕清明里的烟雨。杏花村里的牧童吹着柳笛，吹绿了多少柳丝初黄，吹落了阵阵杏花微雨，吹得一个个先人，都了无痕迹。

“清明时节雨纷纷，路上行人欲断魂。”这句诗不知动了多少人的情，湿了多少人的心，也使得“清明”二字更增添了几分烟雨迷蒙的感伤。

中国大多数节日是以美好、团圆为核心，唯独清明，带着浓浓的愁思。每个人的内心深处，都有着一份对已故亲人的思念，虽已是天人永隔，但这份念想却始终不曾淡忘，每到清明时节便愈加强烈。故人已逝，记忆永存，忘却的是伤痛，不忘的是思念。而清明，恰恰是安放思念的日子。在冢旁，在墓前，把日夜不绝的念想融入行行的泪水，寄托着无穷的心愿。那无尽的伤痛、不舍、遗憾，已无法用语言和文字去表达。唯有一捧鲜花、一盏心灯、一壶老酒、一株新苗、一炷清香，传递着后人的追思和春愁！而此时，总会有一场细雨如约而至，总是那么彻骨寒凉，仿佛有了这一场雨，清明才更能显现出它的庄重和悲凉。“纸灰飞作白蝴蝶，泪血染成红杜鹃。”花垂泪，雨声碎，思念长，清明的雨是寂寞的，清明的花是哀愁的。花开花落是寻常，悲欢离合总关情。故土换新颜，满山雨潇潇，远去的亲人可安好？

春和景明，草长莺飞，清明又是一年中最美的时节。“燕子来时新社，梨花落后清明。”燕子又来，梨花纷飞，让人感受到春天的勃勃生机和人生的无限美好。“春雨杏花满清明，追思犹怨水烟轻。”一边是春树繁花生生不息，一边是祭扫思亲哀怨彷徨——清明节把生与死相提并论，安放着每一个人精神的故乡。哀思过后，且歌且行，生活将翻开美好的一页。“人事有代谢，往来成古今。”我们都是时间的旅人，也是岁月的过客。世间没有永恒，生命不能重来，唯有绵延不息的爱与念，会在时间中永存。

只有经历过生离死别的人，才会更懂得爱和珍惜。让我们好好善待身边人，好好把握与亲人相处的日子，让生命不再留下遗憾。人生是一场轮回，也是一场遇见与别离，生命来来往往，来日并不方长，我们要好好珍惜与亲人相守的日子，让美好的时光长留心中。心若向阳，方能守得云开雾散，春暖花开。好好活着，就是对先人最好的祭奠；好好活着，人生才有精彩的未来；好好活着，爱才会绵延不绝，生生不息。已逝不可追，未来犹可期。慎终追远，愿逝者安息，生者如斯。愿，清明，淌下所有的泪，卸下所有的悲，让心有处可依，让梦不再孤独，重新扬起生活的帆，再次体会人间的暖。

有人说，读懂了清明，就读懂了人生。清明是一碗茶，浓郁了人间相聚的欢愉，相思的清苦；清明是一本书，交织了生活中不可避免的，平淡与起伏。春光亦短，终会消散。思念虽浓，难抵光阴。唯有带着对亡人的思念，好好珍惜现有的时光。不管风急浪高，无论繁花似锦，生活终究会归于平静。一份平常心，也是清明蕴藏的秘密。清酒一杯，盛满了对亲人的思念，菊花一朵，包裹着对逝者的挂念，泪水千行，寄托着对往昔的回想，回首相望，更期待美好的明天！

愿所有天堂的亲人一切安好，幸福绵长；愿每个尘世的亲人岁月静好，安然无恙！

## 擦亮星星的人

### ——致敬冯明才主任

总得有人去擦亮星星，
它们看起来灰蒙蒙。
总得有人去擦亮星星，
因为那些八哥、海鸥和老鹰
都抱怨星星又旧又生锈，
想要个新的，
我们没有。
所以还是带上水桶和抹布，
总得有人去擦亮星星。

不知怎的，每次读谢尔·希尔弗斯坦这首小诗，眼前总会浮现出一个人的身影：魁梧的身躯，矫健的步伐，纹丝不乱的头发……他目光炯炯，凛然正气，漫步穿梭于鲁西大地的每个学校。在校园，他驻足于每一块展板前，每一份作业旁，细细端详，慢慢欣赏，满脸舒心的笑容；在教室里，他一边聆听教师的讲课，一边观察每个孩子的表现，时而眉头紧皱，时而会心微笑；在报告厅，他立在舞台中央，慷慨激昂，妙语连珠，引无数次掌声雷动……

他，便是聊城市小学教育的总设计师和领航人——冯明才。我们一直敬称他为“冯主任”，这个称谓不仅是因为他本身是聊城市小学教研室主任，更是我们对他勇于担当，肩挑重任的一种景仰。

**用理念描绘宏伟蓝图**

认识冯主任已十几年了，印象中与他的每一次相遇，几乎都是在会议期间。全市的教育教学研讨会、各学科的教材培训会、教学现场会……这十几年来冯主任巡回 11 个县（市）区举办现场会 110 多场，每一场会议他都会做一场专题报告，本人聆听过的报告也有几十场。回想这些参会体验，越来越感觉他是一个真正的教育家，大手笔地从现场现身说法，从理念到实践，全方位、多角度更新与会者的教育理念，指导办学、引领课堂。他用这种特有的方式擦去我们心中的蒙尘与锈斑，重塑全新的教育理念。冯主任的报告有高度、接地气，场场爆满，圈粉无数。座位没了，走廊里加凳子，凳子没了，很多老师站着听到最后。他总是用最通俗的语言、形象的比喻，像拉家常一样把高深的教育理念植根到老师们的心中。如，他说："不能关起门来办学，要像老百姓一样多串串门子。既要经常到别的学校走走，还要不断请人到自己的学校来看看。就像我们自己家里要来了亲戚，都要换身新衣服、洗洗头、理理发，逼着自己把家里拾掇拾掇，打扫打扫，家就会变得更干净、更舒坦了，学校也是如此。"他讲要全员育人、个性发展，如是说："要让学生都成为鲜活多能的生命个体，要让所有的鸟儿都歌唱，不只是百灵鸟，所有的花儿都绽放，不只是牡丹花；要让本来不同的学生都成为最好的自己，成为美丽的不同。"他认为要培养学生的综合素养，常说："老师们要把班里的女生当成将来的儿媳妇来培养，要把男生当成未来的闺女女婿来培养，这样培养出来的肯定是十全十美的人！"这些浅显易懂的话语在与会者忍俊不禁的呵呵一笑中，牢牢地记在心里。如何办学校？如何做教育？大家心中豁然明朗。

冯主任就是这样一直在努力地擦着老师们心中的星星，却一不小心把自己也变成了一个耀眼的明星。十几年来他躬耕鲁西教育大地，高屋建瓴地为每一处学校做顶层设计，描绘出一幅幅宏伟的发展蓝图。做教育需要理想，更需要信仰。而冯氏教育理念就是我们信奉的真理，是我们坚定不移的教育信仰！这种信仰十几年来扎根于我们心底，萌发、生长，将来也必然会开花、结果！当我们陷入迷茫、混沌之中时，就会想起那个努力擦亮星星的人，抬头仰望那颗鲁西教育天空中最闪亮的星星。

**用人格引领青年教师成长**

年轻时，每次见到冯主任，总对他有种只可远观不敢近视的敬畏与敬仰，但随着年龄的增长，每每忆起往事，心中更增添了一份感激与感恩。

我从教20年，在不到40岁时便先于同龄人很多年评上了高级职称，还先后获得了全国优秀教师、山东省特级教师、第三届齐鲁名师等荣誉称号，取得了很多教师向往的小成就。每次身边的同事议论此事，投来羡慕的目光，我总会想到他，我生命中的贵人——冯明才主任！想起那些年他对我的栽培和历练，往事一幕幕浮上心头……

2002年我市启动了“名师工程”，全国著名特级教师于永正老师应邀为我市带徒培养，2009年我有幸成了于永正老师的第二批弟子，不仅能多次近距离观摩师父的课堂教学，一睹大师的风采，而且居然还有幸能代表弟子们发言、执教汇报课，得到于老师的亲自点评！兴奋与幸运交织在一起，感觉幸甚至哉！那几年我几乎每学期都会在全市的名师带徒活动中执教汇报课、观摩课，每节课都经过我的恩师侯文明主任（时任茌平县小学教研室主任）的悉心指导，反复打磨，最后又能得到于老和苏教版语文教材培训专家高林生老师的指点，课艺突飞猛进，拔节式生长。2010年10月和2011年7月，在冯主任的引荐下我还分别参加了《小学教学》杂志举办的全国魅力课堂大赛和中央教科所主办的第13届全国优质课大赛。我深深地记得，每一次参赛冯主任都会三番两次地集结全市各县区教研室的教研员到我们学校参与磨课，汇集全市顶级语文教育专家针对课堂的整体设计和每个细节进行“把脉会诊”，从大处着眼，从细处雕琢。正是因为这种智慧众筹的研课过程，让我深感冯主任严谨、细致的工作作风，备课不敢懈怠，最终在两次全国赛课中均崭露头角，获得佳绩。

最难忘的是2009年4月，全市第一届农村工作现场会在山东政法希望小学（我当时所在单位）召开，冯主任作为整场会议的总设计师多次前来探会指导，而我也更多地和冯主任有了近距离接触，对他也有了更多的了解。果然，他像传说中的那样，眼中有格局，心中细如发。从学校远景规划到课程设置，从教师展示课的教学设计到每个孩子抽屉里物品的摆放，他深邃的目光都会事无巨细地敏锐洞察。宣传栏里有一个错误的标点符号他能指出来；地上一片纸屑被他躬身捡起来；我执教展示课，数学老师出身的他也能捕捉到要害，给予中肯的建议和指导。从他身上我看到了一个学者广阔的视野和宽广的格局，博学的知识和严谨的态度，精细的管理和谦逊的品格。一直以来他自己是这样的人，也用这些品行不断地琢磨我们，影响我们，塑造我们。我想我是这样在他的影响下成长起来的，想必那些已经被他培养出来的专家、名师们亦然如此。

他，就是这样一个身体力行，用自己的人格擦亮星星的人。

### 用行动诠释对教育的挚爱

最近一次见到冯主任是今年9月份，他应邀到振兴小学做报告。许久不见，他风采依旧，宝刀不老，甚至更有激情和力量。令我感到震惊的是：一天6个多小时的报告，身患腿疾的他全程站着在讲！6个多小时慷慨激昂的演讲没有喝过一口水！6个多小时的演讲没有看过一眼稿子！那些理念、那些思想、那些事例早就成为他身体的一部分，他毕生追寻的教育理想，早已与自己的人格魅力融在了一起。他的一言一行、一举一动、一颦一笑都尽显着内心对教育炽热的挚爱！

“当我们的学生离开学校的时候，让他们带走的不仅仅是丰富的知识、创新的精神、实践的能力，更重要的是强健的体魄、完善的人格、宽广的气度、真诚的情感、广泛的兴趣、良好的习惯，以及对母校和老师的深深眷恋。”这振聋发聩的声音响彻会场的时候，再一次掌声雷动！

有一种渊源叫不忘初心，有一种果敢叫勇于担当，有着一种沉默叫无私奉献，有一种夙愿叫追逐梦想，有一种行动叫擦亮星星。

他，就是那个擦亮星星的人！

## 醉在浅秋

岁月忽向晚，转眼已是秋。

季节的更迭，总是这般悄无声息。不经意间，山河万物，已偷偷换了容颜。九月，匆匆收了尾，秋一曲一曲地深。阳光不再深情注视，变高变远。天空瓦蓝，澄澈素净。当第一片叶子，随风缓缓飘落的时候，秋便来了。带着一丝沉静，一抹清凉，悄悄袭上心头。

最喜欢秋天的安静和轻慢，在明艳的阳光下，一个人呆坐大半天，静看落叶缓缓落至地上、水上；看蚂蚁辛苦囤着冬天的食物，听秋虫唧唧，秋蝉嘶嘶，这样的环境总能让人陷入思考。蛐蛐的叫声是这个季节的梵音，翻飞的落叶是动人的舞者，叶子黄得很慢很慢，风很轻很轻，秋天变得很宁静。犹如故人归来，让人心生欢喜。

此时，秋色尚浅。葱茏的绿，还未褪去。菊花的黄，还在酝酿。枫叶的红，还未晕染。清冷与萧瑟，还在远方的路上。一切都是浅浅的，浅如一缕秋风。一切都是淡淡的，淡若一痕秋月。

浅秋，是一个美得让人不忍辜负的季节。银杏抖着半黄半绿的小扇子，叶子塞得满满当当又细碎。枫树上挂满红色的小星星，远远望去像凤凰栖息于上。最美的浅秋，没有春的妩媚，没有夏的热烈，也没有冬的清寒。它，只是自然而然地顺应季节的更迭，像一位从容的修行者，在岁月的跌宕起伏中，不紧不慢地向前走着。一直向前走，遇见“二十四桥明月夜”，遇见“梧桐深院锁清秋”，遇见“草木摇落露为霜”。每一次遇见，都是季节的抵达。

浅秋的风，不热不冷，不燥不湿，清爽纯净，可以吹走一切烦扰。空气里流动着平静，心情和蓝天很配，心胸开阔又空旷，有足够的时间去平复软弱与孤独。浅秋的风，还藏着几分夏末的余温。一行白云，被风拂成一首诗的模样。

浅秋的暖阳，也多了一份柔情。丝丝缕缕的光线，像极了古琴上的弦，被簌簌清风轻轻地弹着。岸边的垂柳，似是风姿绰约的女子，摇摆着、舞动着，惊扰了谁的一帘幽梦？

天高云淡，山长水远。凉风为引，幽香为渡。蘸一滴清露，写下清幽的诗行，轻叩那段慢慢老去的光阴。一枚落叶，秋便有了凋零的姿态；一滴秋雨，秋便有了清凉的韵致；一袭落花，秋便有了缠绵的风情。

浅秋陌上，我们都是时光的故人。经年的相遇与别离，早已成了风景，镌刻在眉间心上。秋风，偷偷落在发间，打了结，撩起层层叠叠的思念。

邀一缕清风作盏，采一抹花香入茶，再撒上二两月白，与秋水长天，共饮一抹秋色。这一季的浅秋里，不问世事沧桑，不说愁绪离殇。落字为安，淡暖清欢。一个人，一本书，一盏茶，浅秋的时光，安静且从容。浅浅淡淡的时光里，有着微微的凉意，有着寂寞的清欢，有着宁静的禅意。

秋，也是一个内敛的季节。所有的奔放，都往回收了。所有繁杂，都一一删去。如同人生的某个阶段，身上的光环少了，戾气退了，不再鲜衣怒马，也不再心高气傲。人，也如一池秋水，变得安静下来。以退为进，删繁就简。眼神里多了一丝从容，心智里多了一份成熟。

“行至水穷处，坐看云起时”，波澜不惊，且共从容。行走于清秋的陌上，安之若素，任风雨琳琅，我亦无波无澜。

## 秋夜游金牛湖

浅秋荷塘月上弦，
暮色金湖灯千影。
星光清风虫低唱，
玉桥绿带蛙浅吟。

## 致友人

重阳已过
霜降来临
当秋的丰硕与繁华落幕
只余下一地的萧瑟凄清
这场已预约太久的风雨骤然而至
风，吹散了满树的叶子
雨，抽打着冰冷的玻璃
可是，即使我站在如此的凄风苦雨里
仍不觉悲凉
因为，有你
如一米阳光
暖暖地照进心扉
纵然，在大雪纷飞的寒冬
我的心里，仍住着春的明媚……

# 致恩师

还记得
19 年前
您一绾长发，一袭长裙
在深秋的阳光里翩然而至
如一枝亭亭而立的清荷
宽大的茶色镜片遮不住您慈暖的目光
恰如您的微笑，明媚了秋的萧瑟
晨操晚读，您陪我们一起度过
基功竞技，您总激励我们拼搏
不承想，日子一晃而过
遗憾，毕业都没有与您单独合照
悔恨，临别没有把您深深地拥抱
如今，已过而立之年
倍念，您陪我们走过的青春
只能，深深祝福……
愿您，一切安好！

## 迎春花

寒意料峭西风紧，
草木萧条春未归。
唯有迎春绽芳蕊，
绿蔓红苞朵朵金。
不与繁花争春艳，
只愿更早与春会。

## 帆与河

莫名地想起
那年毕业时某人写的留言：
“你的身影是帆，
我的目光是河，
牵挂你的人总有我一个！”
感动了良久。
而今，
时过境迁，
物是人非
帆还是那个帆，
河，
却已不再是那条河……

## 相见不如怀念

多少年，我们不曾再见
每一年，你在梦里出现
依然，当年我的暗恋
初恋，就这样渐远
不曾留下任何纪念
或许，今生永远不会相见
请允许我在心里、在梦里怀念
或许有天我们还会再见
你已不是当初的样子
我也会感慨
人生若只是初见
相见不如怀念

## 星　星

黎明，与一颗星星相遇
仿佛多年未见的故人
我与之深情凝望
它闪闪烁烁
虽不语，却仿佛在诉说着什么
当曙光再现，这座城醒来

它默默隐去
但我知道
它，其实一直都在
一直都在
只是，我们没有在恰当的时间和地点，
遇见……

## 新年，致自己

鞭炮声声，呼啸着年轮的脚步
烟花绚烂，绽放着岁月的笑靥
感念旧岁
亲友的陪伴相随
日子平和安详
寄予新年
依旧有你相依偎
时光静好向暖
抱最大希望，尽最大努力
做最坏打算，持最好心态
记住该记住的，忘记该忘记的
改变能改变的，接受成事实的
太阳总是新的
每天都是美好的日子
做最好的自己！

# 附录

采得百花成蜜后，
为谁辛苦为谁甜

# 在诗情画意中品读童年的美好

## ——《童年的水墨画》教学实录与评析

**一、赏画入境，揭示课题**

师：上课前，老师先请大家欣赏几幅水墨画（出示水墨画图片）。

师：喜欢吗?

生：喜欢。

师：说一说水墨画有什么特点?

生 1：水墨画颜色比较单一。

生 2：构图比较简单。

生 3：用墨有浓有淡。

师：这就是水墨画的特别之处，寥寥几笔就描绘出了画的意境。今天我们要学的课文也像水墨画一样用笔简约凝练，它的题目是——《童年的水墨画》。

（板书课题时指导“墨”字书写，生齐读课题）

**二、初读组诗，整体感知**

师：《童年的水墨画》里藏着怎样的景象呢？现在请小朋友们自由读诗文，难读的地方多读几遍，读完之后坐端正。（生读）

师：同学们读得很认真，这三首诗中，有几个词语的读音需要大家特别注意，谁来试一试？（生读：扑腾一声、蘑菇、水葫芦）

师：每一个词中都有一个轻声，轻声要读得短而轻，像这样（师范读），谁再来试一试？（生再读）

师：第二组词语谁来读？（生读：当作、拨动浪花、你拨我溅，指导后鼻音朗读）

师：词语读准了，相信诗句也难不倒你。第一首《溪边》谁来读?

（指生读，在读的过程中，教师指导长句子朗读，读出节奏，读出韵律）

师：每首诗都是一幅图画，现在请小朋友默读这三首诗，试着给这三幅画起个名字。

（生：溪边钓鱼图、江上戏水图、林中采菇图）

**三、走进《溪边》，感受诗意**

师：三首诗，三幅画面，三个童年生活的情景，我们再次走进这三首诗，感受童年生活的诗意。《溪边》这首诗写了小朋友们在溪边钓鱼的场景，老师也想读一读这首儿童诗，请你们闭上眼睛仔细听，边听边想象画面。（配乐师范读）

师：说一说你看到了哪些景物？（生回答：垂柳、山溪、人影、红蜻蜓、草地）

师：小朋友们听得真仔细，这些景物组成了一幅美丽的水墨画，让我们再读这首诗，读出景物的美。（生齐读）

师：如果让你给这幅水墨画画上底色，你会画什么颜色？

生：绿色。

师：为什么画绿色？

生：因为诗中很多景物都是绿色的，比如垂柳。

师：提到碧绿的垂柳，你一定想到了两句诗——

生：碧玉妆成一树高，万条垂下绿丝绦。

师：多么诗意的画面呀，还从哪里读出了“绿”？

生 1：垂柳是绿的。

生 2：山溪像绿玉带一样平静。

生 3：人影给溪水染绿了。

师总结：碧绿的垂柳，绿玉带一样的山溪，连人影都被染绿了，真是一幅绿色的图画，让我们一起读这三句，读出它的“绿”。（生齐读）

师：诗中说“人影给溪水染绿了”，这句话中，你觉得哪个字用得最特别？

生：“染”这个字用得很特别。

师：老师也觉得“染”字用得特别。想一想，生活中，你见过什么把什么染了？

生 1：奶奶把白头发染黑了。

生 2：我不小心把墨水染到衣服上了。

生 3：晚霞把天空染红了。

师：看来大家都理解了“染”的意思。不过，老师心里一直有个疑问，人影怎么会给溪水“染”绿呢？

生：溪水太绿了，人影倒映在里面，也成绿色的了。

师：你从哪儿读出溪水特别绿？

生：我从“山溪像绿玉带一样”读出来的。

师：是啊！这绿玉带一样的溪水，把人影都给染绿了。你看，我们用联系上下文、联系生活经验的方法，把这个难懂的句子读懂了。我们平时在读书的时候遇到难懂的词句，就可以用这几种方法来理解。让我们再读这几句话。（生读）

师：绿色的图画中还有一种颜色，它醒目、独特，你们知道是什么颜色吗？

生：红色。

师：是呀，那是红蜻蜓的颜色。“万绿丛中一点红”让这幅画有了画龙点睛之美，红绿相衬使这幅画变得更美了！让我们一起读这四句话。（生读）

师：这幅画还有一个特点，你发现了吗？它就藏在诗句的文字当中，有心的同学才能发现哦！

生：安静。

师：你从哪里可以看出安静？

生：我从“平静”“镜子”这两个词可以看出来。

师：真是个有心的孩子。还有一句话能说明这幅画很静，看谁的小眼睛最亮。

生：钓竿上立着红蜻蜓。因为周围环境很安静，所以，蜻蜓才立在钓竿上不会飞走。

师：你是一个善于动脑筋的孩子，从立着的红蜻蜓也感受到了一份静谧。这样的情境让你想到了哪句诗？

生：小荷才露尖尖角，早有蜻蜓立上头。

师：真是如诗如画呀！再读这四句，读出它的安静。（生读）

师：安静的诗句一定要舒缓地读，再来试一试。

师：真美！小朋友们就在这红绿相称、安静得如诗如画的情境中钓鱼，他们钓到鱼了吗？

生：钓到了。

师：从哪里可以看出来？

生：忽然扑腾一声人影碎了，草地上蹦跳着鱼儿和笑声。

师：钓到了鱼，多开心呀，我们一起来读。（生读）

师：同学们想不想去这美丽的溪边钓鱼呀？（想）那我们就走吧。

师：（解说）这是一个晴朗的夏日，我们来到溪边，欣赏着如画的美景。坐在溪边的石头上，碧绿的垂柳为我们遮阴。来，一起伸出手，轻轻地坐下来，握着长长的鱼竿，静静地等待，等待什么？

生：等待鱼儿上钩。

师：你们看，水面动了，拉鱼竿呀！

（生一起做动作）

师：请问这位小朋友，你有没有钓到鱼？

生：钓到了。

师：钓到这么大一条鱼你们开心吗？

生：开心。

师：开心的时候会怎么做？

生：就会大声笑，又蹦又跳。

师：用动作表达了自己的开心，现在，请你用声音来表达自己的开心，读一读这个句子。（生读）

师：我都能感受到你的快乐了。那这句话你读懂了吗？

生：读懂了。

师：那老师要请教你一下，“蹦跳着鱼儿和笑声”是怎么回事呢？

生 1：高兴的时候我们会蹦跳，声音也随着身体蹦跳起来。

生 2：笑声很开心，仿佛在草地上跳跃。

师：是呀，笑声就在草地上此起彼伏呢。你看，我们又用联系生活经验（板贴：联系生活经验）的方法把句子轻轻松松理解了。

师：刚才还是一幅安静的图画，钓到鱼后这幅画就动起来、欢乐起来了，请同学们再来读读这首诗，让这幅美丽的画印在你的心里。（生读）

师总结：通过朗读我们感受到了溪边是一幅色彩艳丽、有动有静、充满欢乐的画。我们还运用联系上下文、联系生活经验的方法把诗中难读的句子读懂了，同学们真了不起。

**四、学法迁移，自学诗句**

师：现在请同学们运用刚学到的学习方法，继续读懂后面两首诗，边读边想象画面，读出意境，读出情趣，遇到难懂的句子，自己尝试理解它，开始读。（生读）

师：我们先来交流“江上戏水图”。谁先读一读？（生读）

师：读出了江上戏水的孩子开心的心情。这首诗描绘了一幅怎样的画面呢？

生1：江上游泳的小孩子像小鸭子一样。

生2：游泳的孩子用小手拨动浪花。

生3：一群孩子你拨我溅笑哈哈。

生4：一个小朋友钻入水中。

生5：出水时只见一阵水花两排银牙。

师：同学们通过读诗，看到了这么多幅画面，太棒了。这首诗中，有两个词句子比较难懂，这里的“水葫芦”指的是什么呀？

生：戏水的小朋友。

师：了不起，这么难懂的句子都读懂了。这里是把小朋友比作了水葫芦，你见过真正的“水葫芦”吗？

生：没有。

师：老师一开始也不知道水葫芦是什么，我就去网上查阅了资料（板贴：查阅资料），原来，水葫芦是长在水里的一种植物，你们看（PPT出示图片），叶柄处圆圆的像个葫芦所以我们叫它“水葫芦”。当我们遇到没见过的或者不懂的词语的时候就可以查阅资料。

师：小朋友说说看，在水里玩耍的小朋友怎么就像“水葫芦”了呢？

生1：水葫芦生长在水里，小朋友们也在水里游泳，就像水葫芦一样。

生2：小朋友们屁股圆圆的，腰细细的，就像水葫芦一样。

师：看来水葫芦这个比喻真的很合适，我们再来读这一句。（生读）

师：“出水时只见一阵水花，两排银牙。”这两排银牙是什么？

生：小朋友开心地笑着露出牙齿。

师：是啊！刚从水中钻出来的小朋友调皮地笑着，露出两排银牙。让我们再读这首诗，读出他们的欢乐。（生读）

师：诗美，你们的读书声更美，一下子就把老师带到了欢乐的戏水图中。

师：我们一起来欣赏《林中》，谁先来读一读？（指生读）说一说，你看到了怎样的画面？

生1：松树像刚洗过澡一身清清爽爽。

生2：松针上一串串雨珠明明亮亮。

生3：雨后小蘑菇都钻出来，像山花一样好看极了。

生4：一声欢叫把雨珠抖落了。

生5：一个个戴斗笠的小朋友像钻出泥土的蘑菇一样。

师：小朋友们通过读诗看到了这么多画面。诗中，“斗笠”出现了两次，同学们见过斗笠吗？你们看，这就是斗笠。（PPT 出示图片）

师：“斗笠”出现了两次，它的意思一样吗？

生：不一样，第一次是小蘑菇像斗笠，第二次是戴斗笠的小朋友像蘑菇。

师：真有趣，蘑菇像斗笠，戴斗笠的小朋友像蘑菇，这幅画太有趣了！我们一起读这首诗，读出山里孩子们生活的无穷乐趣。（生读）

**五、总结全文，升华主题**

师：这节课，同学们认读了难读的词语，用了联系上下文、联系生活经验、想象画面、借助插图、查阅资料等方法帮助自己理解难懂的词句，真了不起。通过读诗，我们感受到了诗中的童心童趣，伴着这美妙的音乐，再读诗。（生齐读）

师：听了你们的朗读，老师仿佛已置身这童年的水墨画中。这么简单的几句话就勾勒出一幅幅儿童生活的欢乐画卷，难怪作者以《童年的水墨画》为题。课上的时间总是短暂的，老师也希望课下你能用笔描绘出自己五彩的童年水墨画。小朋友们，再见！

**总评：**

《童年的水墨画》是一组语言空灵跳跃、结构随性活泼的儿童诗。这组儿童诗由六首诗组成，分别是《溪边》《江上》《林中》《街头》《花前》《树下》，其中前三首诗选入了统编版义务教育语文教科书三年级下册，组成了第18课《童年的水墨画》。

《童年的水墨画》以跳跃的镜头捕捉了乡村儿童生活的三个典型场景：溪边垂钓、江上戏水和林中采菇。在写法上，作者运用了中国水墨画中“写意”的手法，用笔简约凝练，意到即止，寥寥数笔就勾勒出一幅幅充满童真童趣的欢乐画卷，真正做到了诗中有画，画中有诗，令人回味无穷。

袁老师的教学设计也像水墨画一样构思精巧、环节简约、重点突出、意蕴悠远。有这样几点可圈可点之处：

一、讲究技法，重点处着浓墨。水墨画的用笔讲究技法，比如，勾、皴、擦、点、染等，用墨也有技法，如：浓墨、淡墨、焦墨等，袁老师的课堂设计也讲究了用笔和着墨的技法。

本单元的阅读训练要素是“运用多种方法理解难懂的句子”，这也是本课重点教学的内容，为了更有效地达成教学目标，袁老师在这三首诗的教学中没有平均用力，而是在《溪边》一诗中重点用墨，渗透方法，让学生学有所得。在教学中，教师预设“人影给溪水染绿了”“鱼儿和笑声在草地上蹦跳”这两个句子比较难懂，于是，通过引导学生想象画面、联系上下文、借助插图等方法读懂句子。然后，学以致用，用学到的方法读懂另外两首诗。学习过程由扶到放，学生的主体地位得到落实，阅读方法得到迁移和巩固。

二、以读为本，感受诗句意境。三首儿童诗描述的意境不同，但是每首诗的字里行间都流淌着童年的欢愉和幸福，充满了童真童趣。教语文讲究“文道合一”，我们既要借助诗文这个载体，引领学生学习阅读的方法，还要通过学习诗文让学生发现言语构建的密码，感受诗文的美好意境及传递的美好情感，对学生的品格有着美好的感染和熏陶。那么，如何做到这一点？唯有“读”尔！“读”是语文学习的不二法门。在教学中袁老师引导学生通过自由读、边读边想画面、指名读等各种形式的读贯穿在课堂中，书声琅琅不绝于耳，学生在读中有所感悟，有所体会，在读中感受到了童年的美好情趣，感受到了自然与人的和谐意境，感受到了语言带给人的丰富体验。在不断地品读中，学生不自觉地积累了语言，学习了语言，感受到了语言的魅力。

三、深度问题，训练高阶思维。深度学习，是当下的教育热词，在各大教育报刊中高频出现。简单讲，深度学习是一种主动的、寻求联系与理解、寻找模型与证据的包含高水平认知的学习方式；深度学习是一种学生积极参与和高效投入的学习过程。深度学习，在每一个学习阶段，每一个学习科目中都应得到体现。虽然《童年的水墨画》内容很浅显，意境很唯美、幽雅，同样需要深度学习，训练学生的高阶思维。本节课中袁老师的深度问题群，有效地避开了浅层思维，不断地把学生的思维引向深度：

1. 如果让你给这幅水墨画画上底色，你会画什么颜色？

2. 小朋友说说看，在水里玩耍的小朋友怎么就像“水葫芦”了呢？

3. “斗笠”出现了两次，那它的意思一样吗？

浅层问题只能让学生停留在表层认知，深度问题则能把学生引向“连接”“比较”“求同”“寻异”等更高阶层的思维。这些问题轻叩学生思维的大门，将学生的表层认知链接成一张网，让他们在思考中提取、比较、辨别，既训练了思维，也让学生真正领悟到语言背后的内涵。

执教：茌平区第二实验小学　袁文会

评析：茌平区第二实验小学　王　玲

# 在《好的故事》里遇见一堂好课

## ——《好的故事》教学实录及评析

### 一、梳理难词，整体感知

师：孩子们，今天我们一起学习鲁迅先生的散文诗，读——

生：（齐）好的故事。

师：请看大屏幕！哪位孩子来读一读“课后思考与练习一”？（出示，生朗读。）

课后思考与练习一：

本文写于现代文学的初创时期，语言表达与现在不完全一样，有些词语比较难懂。初读课文时，遇到难懂的词语可以先跳过去。再读课文时，试着联系上下文理解它们的意思。

师：读得非常流利、非常清楚！孩子们，打开课本，在初读课文的时候，你跳过了哪些词语？每人汇报一个。

生：伽蓝。

生：乌桕。

生：膝髁。

生：泼剌奔迸。

生：陡然起立。

生：皱蹙。

生：虹霓色。

师：好的，孩子们，其实你们刚才跳过的这些词语，有相当一部分就属于现代文学初创时期的词语。那么，有没有同学知道现代文学初创时期在什么时候？

（生沉默）

师：其实，根本不需要查资料。细心的同学在课文当中就能找到答案。看，有人举手了——

生：在一九二五年二月二十四日。

师：找到这个日期的请举手。

（生纷纷举手）

师：这个孩子很敏感，也很细心。他发现了这篇课文有一种非常特殊的格式，原来，这篇课文保留了作者的写作时间，读——（出示，生齐读。）

一九二五年二月二十四日。

师：这篇写于一九二五年二月二十四日的《好的故事》，距我们现在差不多有多少年了？是的，将近一百年，现代文学的初创时期就是一九二五年前后。我们一起来看看一百年前的这些词语。（出示）

初创：石油、鞭爆、膝髁、蒙胧、伽蓝、皱蹙、虹霓。

师：会读吗？一起读！

（生齐读词语）

师：真好！这些就是你们在初读的时候曾经跳过去的词语。而这些词语到了今天，到了现在，写法就不一样了。（出示）

现在：煤油、鞭炮、膝盖、蒙眬、寺庙、皱缩、彩虹。

师：以前的"石油"就是现在的——

生：（齐）煤油。

师：以前的"鞭爆"就是现在的——

生：（齐）鞭炮。

师：以前的"膝髁"就是现在的——

生：（齐）膝盖。

师：以前的"蒙胧"就是现在的——

生：（齐）蒙眬。

师：虽然写法不一样，但是意思完全一样，所谓"蒙胧"，就是人快要睡觉的时候眼睛半睁半闭的样子。

师：以前的"伽蓝"就是现在的——

生：（齐）寺庙。

师：以前的"皱蹙"就是现在的——

生：（齐）皱缩。

师：以前的"虹霓"就是现在的——

生：（齐）彩虹。

师：那么，既然一百年前的词语那样写，一百年以后的词语又这样写，我们可不可以换一换，把所有以前的老式的词语统统换成现在的词语？

生：我觉得不可以。因为文章中保存的这些老式词语，可以写出当时的感情。如果换成现在的词语，虽然更容易懂，但是就读不出那种感觉了。

师：说得好！是的，这些词语不能换。它们就像是一个个需要保护的文物，正是这些词语，提醒我们注意这篇文章是有年代感的。我想，你们一定不会忘记这篇文章写于——

生：（齐）一九二五年二月二十四日。

师：当然，并不是所有跳过去的词语都跟年代感有关。有些词语，主要还是因为含义比较难懂。对这些词语，“课后思考与练习一”告诉我们，可以通过联系上下文来帮助我们理解意思。比如——（出示）

**……都倒影在澄碧的小河中，随着每一打桨，各各夹带了闪烁的日光，并水里的萍藻游鱼，一同荡漾。**

师：一起读读带点的词语——

（生齐读）

师：“澄碧”是什么意思呢？假如你联系了“澄碧”前面的“倒影”，又联系了“澄碧”后面的“小河”，你大概能够猜出来，所谓“澄碧”，指的是河水——

生1：我觉得是指河水清澈见底。

生2：我觉得是指河水澄澈碧绿。

生3：我觉得是指河水很干净。

师：假如河水不干净，那么河中的倒影还能看清楚吗？

生：不能。

师：假如河水不澄澈，那么水中的萍藻、游鱼还能看得见吗？

生：不能。

师：好，通过联系上下文，我们大概猜出了“澄碧”的意思。我们再来看一看“荡漾”。你觉得要理解“荡漾”这个词，需要联系这一句话当中的哪些词语？看看谁对语言特别敏感，看看谁的眼力特别尖锐。

生：我觉得是“打桨”“闪烁”。

师：说说你的理解。

生：因为打桨会导致水波会有水纹。日光本来是照映在上面的，就会因为水纹闪烁起来。

师：孩子们，知道吗？“打桨”就是划桨。当船在划桨的时候，水面就会一起一伏；当船在划桨的时候，水波就会一圈一圈地漾开去，这就是——

生：（齐）荡漾。

师：明白了吗？正是通过联系上下文，我们读懂了“澄碧”，也读懂了“荡漾”。来，下面我们一起读一读这句话——

（生齐读此句）

师：“澄碧”也好，“荡漾”也好，都跟河水有关。其实它在告诉我们，这个“好的故事”主要是在哪里看见的？

生：在水里看见的。

师：是的，“好的故事”在水中。（板书：在水中）当然，联系上下文不一定局限在一句话里面。有的时候可以跨越一句话，甚至可以跨越一段话。我们继续看——（出示第 1 自然段文字，指名朗读）

**许多美的人和美的事，错综起来像一天云锦，而且万颗奔星似的飞动着，同时又展开去，以至于无穷。**

师：这里有一个比较难懂的词语，一起读——

生：（齐）错综。

师：要理解这个词语，光联系这段文字是不行的。你需要打开视野，跨入下一段，甚至下下段。我们继续看——（出示第 2 自然段文字，指名朗读）

**水中的青天的底子，一切事物统在上面交错，织成一篇，永是生动，永是展开，我看不见这一篇的结束。**

师：联系这一段文字，你大概能够猜出“错综”的意思了，谁猜出来了？

生：我觉得“错综”是融合的意思。

师：跟“融合”的意思有点接近，但不是“融合”的意思。注意！要联系第 2 自然段文字来理解，甚至可以找一找第 2 自然段文字中有没有“错综”的近义词。

生：我认为是好几样东西交错在一起。

师：是的！第 2 自然段文字中，有一句话的意思跟她讲的意思几乎完全一样。哪一句？读出来！

生：（齐）一切事物统在上面交错，织成一篇。

师：这就是——

生：（齐）错综。

师：“错综”就是织东西。横着织，竖着织，正着织，反着织，所有织的东西都交错在一起，这就叫——

生：（齐答）错综。

师：读懂了“错综”，也读懂了“交错”，这两段话的意思就容易理解了。我们一起读——

（生齐读以上两段文字）

师：这两段话，这两个词，“错综”和“交错”在告诉我们，这一篇“好的故事”就像是一天——

生：（齐）云锦。

师：有没有同学看到过云锦？

（极个别学生举手示意）

师：确实，云锦是很难看到的。看到过云锦的同学，那是非常幸运的。孩子们，想不想看一看云锦？

生：（齐）想。

师：一起看——（出示云锦图片及文字。生看到云锦图片，发出惊叹。）

借助资料，增长见识：

**云锦是中国传统的丝织工艺品，云锦是世界非物质文化遗产，云锦已有1600多年历史。**

**云锦色泽绚丽，云锦光彩夺目，云锦如同天上的云霞。**

**云锦用料精良，云锦织造精细，云锦图案精美，云锦格调精致，云锦达到了丝织工艺的巅峰，云锦被誉为“锦中之冠”。**

——选自孙晨的《美如云霞　寸锦寸金》（有删改）

师：来，我们一起来读一读介绍云锦的资料。云锦——

生：（接读）是中国传统的丝织工艺品。

师：云锦——

生：（接读）是世界非物质文化遗产。

师：云锦——

生：（接读）已有1600多年历史。

师：云锦——

生：（接读）色泽绚丽。

师：云锦——

生：（接读）光彩夺目。

师：云锦——

生：（接读）如同天上的云霞。

师：云锦——

生：（接读）用料精良。

师：云锦——

生：（接读）织造精细。

师：云锦——

生：（接读）图案精美。

师：云锦——

生：（接读）格调精致。

师：云锦——

生：（接读）达到了丝织工艺的巅峰。

师：云锦——

生：（接读）被誉为“锦中之冠”。

师：孩子们，借助这段资料，你对云锦有什么感受？

生：感觉云锦的历史有很多年，而且色彩明丽，很精致。

生：感觉以前人的思想和手都很灵巧。

师：是啊，这是国宝啊！孩子们，在《好的故事》中，作者说他梦到的这一切，就像是一天——

生：（齐）云锦。

**二、聚焦梦境，感受美妙**

师：（板书：像云锦）这就奇怪了，为什么“好的故事”会在水中？为什么“好的故事”像一天云锦？我们继续看大屏幕——（出示）

课后思考与练习二：

**“好的故事”其实是一个梦境。这故事的美丽、幽雅、有趣体现在哪里？结合课文内容说一说。**

师：谁来读一读“课后思考与练习二”？

（生朗读）

师：我们先不忙。说一说凭什么认为“好的故事”就是个梦境呢？需要找依据啊！来，孩子们，快速默读课文，找一找，画一画，课文的哪些地方让你认定“好的故事”其实是一个梦境？

（生默读课文并圈画，师巡视）

师：孩子们，当我们说“好的故事”其实是个梦境的时候，我们是需要寻找依据的。那么，依据一在哪里？

生：（朗读）“我闭了眼睛，向后一仰，靠在椅背上。”

师：“闭了眼睛”，说明后面看到的这一切都是在闭了眼睛之后。闭了眼睛看到的，当然只能是——

生：（齐）梦境。

师：这是依据一。好，依据二在哪里？

生：（朗读）“我在蒙胧中，看见一个好的故事。”

师：“蒙胧”就是快要睡着的时候，快要睡着突然看到这样的画面，当然只能是——

生：（齐）梦境。

师：这是依据二。依据三在哪里？

生：（朗读）“我仿佛记得曾坐小船经过山阴道。”

师：为什么说这也是依据？

生：他这里说是“仿佛记得”，就有一种做梦的感觉。

师：好像记得，好像又不记得，这种感觉只能在哪里产生？

生：（齐）梦境。

师：这是依据三。那么，依据四在哪里？

生：请大家看第 10 自然段。（朗读）“我正要凝视他们时，骤然一惊，睁开眼……”

师：依据在——

生：“睁开眼”。

师：睁开眼，说明前面一直是闭着眼，闭着眼看到的自然是——

生：（齐）梦境。

师：这是依据四。依据五在哪里？

生：请大家看第 10 自然段，倒数最后一句话。（朗读）“我无意识地赶忙捏住几乎坠地的《初学记》，眼前还剩着几点虹霓色的碎影。”这里的“无意识”也写出了他刚睡醒。

师：没错，这是依据五。依据六在哪里？

生：（朗读）“何尝有一丝碎影，只见昏暗的灯光，我不在小船里了。”

师：瞬间还在小船里，瞬间又不在小船里。变化如此神奇，这样的画面只能是——

生：（齐）梦境。

师：这是依据六。你们真的很厉害了！越往后，依据越难找。有人找到依据七了吗？

生：依据七在第12自然段。（朗读）“在昏沉的夜……。”

师：为什么？

生：因为他说“在昏沉的夜”，在晚上的话应该是睡着了，在梦境里。

师：这个依据，可以算是间接依据。有没有更直接的依据？依据七，我在期待——

生：大家看第11自然段。（朗读）“我真爱这一篇好的故事，趁碎影还在，我要追回他，完成他，留下他。”

师：为什么？

生：因为他说“趁碎影还在”，说明梦还没有完全消失。

师：“碎影”在提醒我们，之前的“好的故事”就是梦的记忆。所以这是依据七了。有没有依据八？挑战难度越来越大了！

生：请大家看第8自然段。（朗读）“青天上面，有无数美的人和美的事，我一一看见，一一知道。”

师：请说说你的依据。

生：青天上面，怎么会有无数美的人和美的事，而且作者说“一一看见”，这是不可能的事情。

师：现实生活中，这样的事儿绝对不可能。但是，在梦境中，这样的事儿却是绝对可能的。所以，这不可思议的事情，再一次说明这是——

生：（齐）梦境。

师：孩子们，如果继续追问下去，我想，一定还会有依据九、依据十，一定还会有更多的依据。够了，你们发现的这些依据，足以证明“好的故事”其实就是一个——

生：（齐）梦境。

师：这个梦境，鲁迅先生用了三个词语来形容它，第一个——

生：（齐）美丽。

师：第二个——

生：（齐）幽雅。

师：第三个——

生：（齐）有趣。

师：请把这三个词语画下来。（板书这三个词语）

师：来，让我们一起走进这个美丽、幽雅、有趣的梦境。（出示，背景音乐响起。）

我仿佛记得曾坐小船经过山阴道，两岸边的乌桕，新禾，野花，鸡，狗，丛树和枯树，茅屋，塔，伽蓝，农夫和村妇，村女，晒着的衣裳，和尚，蓑笠，天，云，竹，……都倒影在澄碧的小河中，随着每一打桨，各各夹带了闪烁的日光，并水里的萍藻游鱼，一同荡漾。

诸影诸物，无不解散，而且摇动，扩大，互相融和；刚一融和，却又退缩，复近于原形。边缘都参差如夏云头，镶着日光，发出水银色焰。凡是我所经过的河，都是如此。

师：（稍停）这么多的景物啊！明写的就有19种，如果算上省略号，那么，暗写的更是不计其数啊！你不觉得有点乱吗？

生：我不觉得乱。因为这是在梦中，梦里的景物就是给人一种变幻的感觉。

师：一种景物叠着一种景物，只有梦境才会显得如此神乎其神啊！

生：我不觉得乱。这些景物其实还是有规律的，一类是植物，一类是动物，一类是人物。

师：好像是可以这么分类。那么，如果把所有的植物排在一起，比如：乌桕，新禾，野花，丛树和枯树，竹。把所有的动物排在一起，比如：鸡，狗。把所有的人物排在一起，比如：农夫和村妇，村女，和尚。把剩下的景物也排在一起，是不是会更好呢？

生：我觉得这样反而不像梦境了，而且也显得不真实了。

师：说到真实，我想到古人说过的一句话：从山阴道上行，山川自相映发，使人应接不暇。什么意思？你在山阴道上行走，两边的美景相互映衬、数不胜数，让你都来不及看了。真实的山阴道尚且如此，何况是梦中的山阴道呢。看似纷乱的景物，既是真实的反映，更是梦境的特点啊！孩子们，读着这令人目不暇接的梦境，你的感觉是什么呢？

生1：非常美，美得令人向往。

生2：我有一种很舒服、很愉悦的感觉。

生3：我觉得很有诗意，就像一首诗。

生4：感觉梦里的一切都是美好的，世界很美好。

师：（结合板书）孩子们，正像鲁迅先生自己所写的这样，“好的故事”多么——

生：（齐）美丽。

师："好的故事"多么——

生：（齐）幽雅。

师："好的故事"多么——

生：（齐）有趣。

师：继续看，梦境在变化。（出示，背景音乐响起。）

**河边枯柳树下的几株瘦削的一丈红，该是村女种的罢。**

**大红花和斑红花，都在水里面浮动，忽而碎散，拉长了，如缕缕的胭脂水，然而没有晕。茅屋，狗，塔，村女，云，……也都浮动着。**

**大红花一朵朵全被拉长了，这时是泼刺奔迸的红锦带。带织入狗中，狗织入白云中，白云织入村女中……**

**在一瞬间，他们又将退缩了。但斑红花影也已碎散，伸长，就要织进塔，村女，狗，茅屋，云里去。**

生：（齐）河边枯柳树下的几株瘦削的一丈红，该是村女种的罢。

师：原来这个梦是有颜色的，这红色的梦境展开去，看——

生：（接读）大红花和斑红花，都在水里面浮动，忽而碎散，拉长了，如缕缕的胭脂水，然而没有晕。茅屋，狗，塔，村女，云，……也都浮动着。

师：梦境中的红色继续扩散着，一圈一圈荡漾着，于是——

生：（接读）大红花一朵朵全被拉长了，这时是泼刺奔迸的红锦带。带织入狗中，狗织入白云中，白云织入村女中……

师：光怪陆离，让人目不暇接。但是，梦境是说变就变的，只见——

生：（接读）在一瞬间，他们又将退缩了。但斑红花影也已碎散，伸长，就要织进塔，村女，狗，茅屋，云里去。

师：我们知道，一般的人做梦，只能做到黑白的梦，是没有颜色的。但是，这篇"好的故事"却是一个有颜色的梦。孩子们注意看，在这些文字当中，出现了那么多描写颜色的词语。我们一起来读一读——

生1：一丈红。

生2：大红花。

生3：斑红花。

生4：胭脂水。

生5：大红花。

生6：红锦带。

生7：斑红花影。

师：这么多的红啊！红艳艳，红彤彤，红灿灿。孩子们，这样的红带给你什么感觉？

生 1：这样的红带给我的感觉是非常有生机，生气勃勃。

生 2：感觉十分和谐，十分喜庆。

生 3：我感觉体现出了这个故事的美丽。

师：总之，在鲁迅先生的笔下，（结合板书）这个“好的故事”多么——

生：（齐）美丽。

师：多么——

生：（齐）幽雅。

师：多么——

生：（齐）有趣。

**三、借助资料，揭示象征**

师：人们常说，日有所思，夜有所梦。梦，常常跟人们的愿望、盼望和希望连在一起。那么，这个“好的故事”对鲁迅先生又意味着什么呢？我们一起来看一段资料。（出示，指名朗读）

借助资料，把握意图：

一个“昏沉的夜”里，作者于工作之余闭眼休息的刹那间，在蒙眬中看见一幅很美丽的生活的图画，其中“许多美的人和美的事，错综起来像一天云锦”。这一幅美丽的生活图画也绝不是模糊的，而是十分清楚和真实的，它像记忆中的江南农村的美丽景色那样实在，像河岸美景倒映在澄碧的河水中那样分明……作者希望着这样美丽的生活，是这篇作品的主要精神。

——选自冯雪峰的《论〈野草〉》

师：孩子们，读这份资料，我们需要学会抓关键信息。这么长的一段资料，你认为关键信息是哪句话？扫描，捕捉，锁定最关键的一句话。

生：我认为应该是最后一句话：“作者希望着这样美丽的生活，是这篇作品的主要精神。”

师：同意这一句的请举手。

（生纷纷举手）

师：借助资料，要学会捕捉关键信息。来，我们一起来读一读这最关键的一句话——

（生齐读最后一句）

师：好！锁定这句话，我们继续捕捉关键信息。你觉得这句话中，最关键的信息是哪个词语？考你的眼力，也考你的敏感。

生：我认为是“希望”这个词。

师：认为是“希望”的请举手。

（生纷纷举手）

师：把“希望”这个词写到题目的旁边。（板书：希望）

师：（结合板书）原来，这个“好的故事”，要表达的是鲁迅先生的——

生：（齐）希望。

师：原来，这个美丽、幽雅、有趣的梦境，要传递的是鲁迅先生的——

生：（齐）希望。

师：孩子们一定还记得，这篇“好的故事”写于——

生：（齐）一九二五年二月二十四日。

师：课前，我请你们的语文老师布置了一个预习作业，找一找“一九二五年前后的鲁迅先生”的资料。谁能简单地分享一下自己找到的资料？

生：一九二五年，刚好是鲁迅先生从事的新文化运动有一些回落的时候，作者这时候有些苦闷，又有一些迷茫。

师：很好，这个信息很重要！有点苦闷，有点迷茫。继续分享——

生：我记得鲁迅先生从一九二四年到一九二六年出过一部散文诗集，好像叫《野草》。

师：没错，这篇《好的故事》就选自鲁迅先生的《野草》。孩子们，我也找了一份资料，静静地看，默默地读。（出示）

借助资料，了解背景：

一九二五的中国，正处于半封建半殖民地社会。帝国主义在上海租界公然屠杀、拘捕数百名手无寸铁的革命群众，制造了震惊中外的“五卅惨案”，血雨腥风笼罩着中国大地。

新文化战线被分化，一部分青年斗志冷却，有的退隐，有的高升，有的甚至公开背叛革命，这使鲁迅感到信念动摇的极度苦闷。

黑暗而残酷的现实，让鲁迅感到求索的怅惘、战斗的孤独。他说：“我时时说起自己的事情，怎样地碰壁，怎样地在做蜗牛，好像全世界的苦恼，萃于一身，在替大众受罪似的。”

——选自王泽龙的《论鲁迅一九二五年前后的创作》（有删改）

（生默读资料）

师：孩子们，假如要你从这一段资料当中，找一个词语来形容一九二五年的鲁迅的心情，你会找哪个词语？

生：极度苦闷。

师：（板书：苦闷）苦闷。是的，血雨腥风笼罩着中国，他能不苦闷吗？

生：怅惘。

师：（板书：怅惘）怅惘。是的，新文化战线被分化，一部分青年斗志冷却，有的退隐，有的高升，有的甚至公开背叛了革命。那么，是继续战斗，还是放弃战斗，那个时候的鲁迅是怅惘的。

生：应该是孤独的。

师：（板书：孤独）孤独。没错，一方面，鲁迅先生在替大众受罪；但是，另一方面，大众却不理解他，这样的鲁迅怎能不孤独？孩子们，查找资料就要学会捕捉这样有价值的关键信息。那么问题来了，我们说日有所思，夜有所梦，既然一九二五年的鲁迅是苦闷的，那么，他梦到的应该是一个苦闷的梦啊！然而，他梦见的却是——（出示，生齐读）

**这故事很美丽，幽雅，有趣。许多美的人和美的事，错综起来像一天云锦，而且万颗奔星似的飞动着，同时又展开去，以至于无穷。**

师：你不觉得奇怪吗？按理说，日有所思，夜有所梦，一九二五年的鲁迅是怅惘的，那么，他梦到的应该是一个怅惘的梦啊！但是，我们看——（出示，生齐读）

**我所见的故事也如此。水中的青天的底子，一切事物统在上面交错，织成一篇，永是生动，永是展开，我看不见这一篇的结束。**

师：好像没有道理啊，要说日有所思，夜有所梦，一九二五的鲁迅是孤独的，那么，他应该看见的是一个孤独的梦境啊！但是——（出示，生齐读）

**我所见的故事清楚起来了，美丽，幽雅，有趣，而且分明。青天上面，有无数美的人和美的事，我一一看见，一一知道。**

师：为什么？为什么一个孤独的鲁迅，一个怅惘的鲁迅，一个苦闷的鲁迅，梦到的却是一个美丽的梦，一个幽雅的梦，一个有趣的梦？为什么呀？

生1：我觉得因为他希望世界是这样的。

生2：我认为虽然当时鲁迅是苦闷的，但是他的内心向往的世界是美好的。

生3：他有可能觉得以后的中国就是这样的。

生4：我认为是鲁迅先生想通过这篇文章寄托他的美好愿望。

师：你们的猜测有没有道理呢？我们再来看一段资料。（出示）

借助资料，验证想法：

作者憧憬于“美的人和美的事”，但现实是“昏沉的夜”，没有“美的人和美的事”，所以只能在梦中看见；醒来却“只见昏暗的灯光”“何尝有一丝碎影”，表现了作者的怅惘和失望，也表现了作者的理想和现实的矛盾。

但作者最后还是坚信他“见过这一篇好的故事”，虽然“在昏沉的夜”。在黑暗的现实中，他强烈地追求“无数美的人和美的事”，把美好的事物描绘得非常“美丽，幽雅，有趣，而且分明”。表面是在描写故乡的景物“错综起来像一天云锦”，实际是有所象征或寄托……

——选自李何林的《鲁迅〈野草〉注解》（有删改）

师：为什么梦境与现实完全相反、完全对立、完全矛盾？借助这段资料，你应该会有新的发现和理解吧？

生：因为现实非常黑暗，所以鲁迅先生才要在梦境中追求“无数美的人和美的事”。

生：我觉得这是一种对比。用梦境的美好来衬托现实的黑暗，反过来又用现实的黑暗来衬托梦境的美好，因为那是鲁迅先生的希望。

生：我知道了，鲁迅先生把这个梦境写得非常美丽、幽雅、有趣，实际上是有他的象征和寄托的。

师：原来，梦境不仅是一种理想和现实的矛盾的折射，更是一种理想的寄托、希望的象征啊！

**四、融入梦境，升华主题**

师：孩子们，刚才我们已经了解了一九二五年的鲁迅，前面我们也已经美美地品读了这样一个美好的梦境。联系现实与梦境，你觉得这个“好的故事”象征着什么？寄托着什么？请你以“在昏沉的夜，这一篇好的故事”开头，写一写你的体会和理解。（出示）

在昏沉的夜，这一篇好的故事：____________________。

（生独立完成小练笔，师巡视，发现优秀作业打星号）

师：孩子们，把笔放下。请所有打星号的同学起立！我们一起来听一听，这篇好的故事，象征着什么，又寄托着什么。

生：（朗读）在昏沉的夜，这一篇好的故事寄托着我对新中国美丽、幽雅、有趣的心愿，更象征着以后新中国的繁荣昌盛。这一篇好的故事是我心目中的世界，世界不是永远充满着战火硝烟的，也可以是美好的、和平的。这样的世界，这样的中国，才是我想看到的，未来的中国应该是美丽的、幽雅的、有趣的。

师：是的，这一篇好的故事从此成了鲁迅先生在黑夜中前行的灯塔。

生：（朗读）在昏沉的夜，这一篇好的故事是有象征的。它象征着鲁迅先生的憧憬和理想。这个好的故事是有寄托的，它寄托着鲁迅先生对美丽、幽雅、有趣的世界的向往和眷恋。

师：没错。这是在绝望当中看见的希望。

生：（朗读）在昏沉的夜，这一篇好的故事有小河潺潺地流着，发出好听的声音，像是在宣称世界美好、世界有趣。云朵、村女和茅屋都像是在显示着世界的和谐安静，还有生气勃勃，象征着许多美好事物在其中，是一个幽雅、美丽而有趣的世界。

师：这么多美好的细节都已经镌刻在你的脑海中，虽然它们稍纵即逝，但是鲁迅先生还是要把它们追回来，记下来。因为，那是对希望的寄托。

生：（朗读）在昏沉的夜，这一篇好的故事其实象征着作者美丽的期望。作者把自己对美好生活、世界和平的追求，寄托在了梦中，与“昏沉的夜”产生了矛盾。作者的结尾是他对中国的美好的想法，而昏沉的夜正是指战乱中的中国，是指昏沉的中国，作者想让中国变得和自己的梦一样，美丽、幽雅、有趣。

师：说得真好。昏沉的夜，那是现实；美好的梦，那是希望。人怎么可以失去希望呢？

生：（朗读）在昏沉的夜，这一篇好的故事象征着鲁迅先生对中国总有一天会强大起来，总有一天会走出昏沉的夜的希望，寄托着鲁迅先生对未来的向往，对美的人和美的事的希望和憧憬。鲁迅先生认为中国总有一天会走向美好的明天，这样一个美丽、幽雅、有趣的故事，一定会在未来的某一天实现。

师：任何时候，都不能失去希望；任何时候，都不能放弃美好。

生：（朗读）在昏沉的夜，这一篇好的故事如同一只自由鸽，喜悦欢快地在高空中翱翔；也如同一片美丽的云霞，挂在天边，让世上爱国的人看见。同时也寄托着对和平世界的希望，明亮而又光彩夺目的世界，是让人们都爱、都想要守护的世界，是和平，没有战争，一个美丽、幽雅、有趣的世界。

师：你用鸽子，你用云霞，诗一般地表达了自己的想法，就像好的故事是一首散文诗一样。孩子们，你们借由这个故事，不仅读懂了鲁迅先生的这个梦境，也读懂了一九二五年的鲁迅先生。孤独中憧憬着美丽，绝望中守望着希望。

师：我们知道，一九二五年的鲁迅是苦闷的。血雨腥风笼罩中国大地，但是，鲁迅先生总记得这一篇“好的故事”。（出示，生齐读）

**这故事很美丽，幽雅，有趣。许多美的人和美的事，错综起来像一天云锦，而且万颗奔星似的飞动着，同时又展开去，以至于无穷。**

师：一九二五年的鲁迅是怅惘的。新文化战线被分化，一部分青年斗志冷却，有的退隐，有的高升，有的甚至公开背叛革命。但是，鲁迅先生总记得这一篇“好的故事”——（出示，生齐读）

**我所见的故事也如此。水中的青天的底子，一切事物统在上面交错，织成一篇，永是生动，永是展开，我看不见这一篇的结束。**

师：一九二五年的鲁迅是孤独的。黑暗而残酷的现实，让鲁迅先生感到求索的怅惘、战斗的孤独。但是，鲁迅先生总记得这一篇“好的故事”——（出示，生齐读）

**我所见的故事清楚起来了，美丽，幽雅，有趣，而且分明。青天上面，有无数美的人和美的事，我一一看见，一一知道。**

师：这一篇“好的故事”，是黑暗中的灯塔，是失望中的希望，是孤独中的信念和力量，它永是生动，永是展开，鼓舞着鲁迅先生战斗不止、革命到底。无论现实多么苦闷，无论生活多么怅惘，无论自己多么孤独。（板书：三个“无论”）

师：孩子们，这就是我们今天学习的鲁迅先生的散文诗——

生：（齐）《好的故事》。

师：（结合板书）这个“好的故事”——

生：（齐）在水里。

师：这个“好的故事”——

生：（齐）像云锦。

师：这个“好的故事”多么——

生：（齐）美丽。

师：多么——

生：（齐）幽雅。

师：多么——

生：（齐）有趣。

师：我们终于知道，这个“好的故事”，写出了鲁迅先生的——

生：（齐）希望。

师：这个好的故事，也写出了鲁迅先生对未来中国的——

生：（齐）希望。

师：无论现实多么——

生：（齐）苦闷。

师：无论现实多么——

生：（齐）怅惘。

师：无论现实多么——

生：（齐）孤独。

师：其实，好的故事不仅仅是鲁迅先生的。我们每个人都有属于自己的——

生：（齐）好的故事。

师：那是因为，我们每个人都有属于自己的——

生：（齐答）希望。

师：无论苦闷，无论怅惘，无论孤独，孩子们，在未来的人生当中，让我们永远记住属于你自己的——

生：（齐答）好的故事。

附：板书

好的故事

在水里　像云锦

美丽　幽雅　有趣

那是

希望

无论　苦闷

无论　怅惘

无论　孤独

**教学评析：**

王崧舟老师向来好啃“硬骨头”，专挑难讲的课文来讲示范课，而《好的故事》算得上教材中“硬骨头”中最难啃的一课。100 年前的文学初创时期，文字表达与现在不尽相同，而且在那个特殊的时代，鲁迅先生善于用象征的手法揭示社会、表达情感。1925 年，离我们那么远！黑暗的时代，离我们那么远！鲁迅，离我们那么远！怎么让学生读懂文本、读懂背景、读懂情感？想来这篇文章会让每一个语文教师望而却步。可是王老师却轻而易举地化难为易，引领学生寻找支点，撬动文本，从文字走进梦境，从梦境归于现实，从现实照见希望，从希望透视鲁迅，穿越百年让学生与鲁迅亲切对话，一切那么自然、妥帖、水到渠成，让人叹为观止！语文大师的风采展现得淋漓尽致！

一、寻找支点，穿越时代

阿基米德说，假如给我一个支点，我就可以撬起整个地球。教学《好的故事》也有一个支点，它就在课文中。这个支点就是这篇课文结尾的时间点——1925年，这个时间点就是打开鲁迅这个梦境唯一的钥匙。王老师在这堂课中一共呈现了10次，1925年提醒着学生文学初创时期的文字表达与现在不同；1925年是旧中国最黑暗的时代；1925年前后鲁迅是孤独的、彷徨的……这把钥匙打开了学生的穿越之门，让他们穿越时空与鲁迅在好的梦境中相遇、相知。

教学这篇课文还有一个具体的抓手，那就是课后习题。王老师首先运用课后思考与练习巧妙导入，初读课文："本文写于现代文学的初创时期，语言表达与现在不完全一样，有些词语比较难懂。"初读课文时，遇到难懂的词语可以先跳过去。再读课文时，试着联系上下文理解它们的意思。然后利用课后思考与练习二："'好的故事'其实是一个梦境。这故事的美丽、幽雅、有趣体现在哪里？结合课文内容说一说。"引导学生一步步走进鲁迅的梦境，完成对文本初步的解读。教材的课后思考与练习是单元语文要素的具体落实，用好课后题能帮助我们破解文本解读和教学设计的难题。王崧舟老师就巧妙地以课后题为抓手架构起整篇文章的教学设计。

二、触摸词语，读懂文本

这篇课文之所以难懂，很重要的原因是文学初创时期词语表达方式与现代文的表达不尽相同。这些陌生化的表达学生读起来晦涩难懂，加大了文本理解的难度，破解了这些词语就能破解文本的基本含义。王老师在引导学生理解词语的时候主要运用了两种方式：

1. 今昔对照。"将近一百年，现代文学的初创时间就是一九二五年的前后，我们一起来看看一百年前的这些词语。""这些就是你们在初读的时候曾经跳过去的词语。而这些词语到了今天，到了现在，写法就不一样了。以前的'石油'就是现在的……"

陌生化的词语，要想解其意，其实不难。王老师将词语的"前世"和"今生"进行牵手，避免了词语逐个汇报的拖沓，一目了然，简单高效。

2. 联系上下文。"'澄碧'是什么意思？假如你联系了'澄碧'前面的'倒影'，又联系了'澄碧'后面的'小河'，你大概能够猜出来，所谓'澄碧'，指的是河水——""联系上下文不一定局限在一句话里面，有的时候可以跨越一句话，甚至可以跨越一段话。"

联系上下文理解词语，作为六年级的学生再熟悉不过，但，如何联系？联系什么？平心而论，学生是雾里看花的。王老师清晰地给学生指明了方向：可以联系词语的前面和后面，可以联系句子中的其他词语，还可以跨越句子联系理解……于是，“错综”“交错”等词的理解就水到渠成了。

教学中有些词语无须故弄玄虚，直接解答更加高效，有些词语则需要培养学生运用联系上下文的方法来理解。语文教学贵在方法指导，重在习惯养成，长期的指导与训练学生的语文素养才能真正得到提升。

三、借助背景，走进鲁迅

要想读懂《好的故事》，首先必须读懂鲁迅。这位近代白话文的领军人物，新文化运动的重要参与者、中国现代文学的奠基人，“文化战线上的民族英雄”对学生来讲是何等的遥不可及！这是教学本课最大的难点。王老师利用“1925年的鲁迅”这个支点，通过材料的补充，背景的介绍，轻松借力撬动了这一难题，点燃了学生思维的火花：“为什么？为什么一个孤独的鲁迅，一个怅惘的鲁迅，一个苦闷的鲁迅，梦到的却是一个美丽的梦，一个幽雅的梦，一个有趣的梦？为什么呀？”学生先是猜测：“我认为虽然当时鲁迅是苦闷的，但是他内心向往的世界是美好的。”然后，王老师又补充了李何林的《鲁迅〈野草〉注解》，对学生的猜测进行了验证。“我觉得这是一种对比。用梦境的美好来衬托现实的黑暗，反过来又用现实的黑暗来衬托梦境的美好，因为那是鲁迅先生的希望。”王老师将师生搜集的1925年鲁迅的资料有序、恰当地穿插在教学环节中，加之他睿智的理答、音乐熏染下的反复诵读，不断激起学生与鲁迅情感的共鸣，跨越时空走进那个黑暗的时代，理解鲁迅内心的孤独、彷徨、苦闷，能从文本细腻生动的描写中感受他对美好社会的追求与希望。文章象征的意向，表达的主旨都水到渠成地在学生心中清晰、了然，一切难题都迎刃而解。

四、文道合一，成长生命

王崧舟老师说：“语文课的最高境界乃是生命与语文的合一。”在这堂课上，有很多精彩的片段，但是最触动人心的是最后一个环节，学生读着自己对《好的故事》的体悟，王老师做着精彩的理答。一步步将鲁迅对希望的憧憬与坚守，升华到“好的故事不仅仅是鲁迅先生的。我们每个人都有属于自己的——好的故事。那是因为，我们每个人都有属于自己的——（齐答）希望。无论苦闷，无论怅惘，无论孤独，孩子们，在未来的人生当中，让我们永远记住属于你自己的——（齐答）好的故事”。这样的引导真是让人叹为观止，拍案叫绝！至此，“好的故事”不再只属于鲁迅先生，不再只属于那个黑暗的年代。王老师在课堂理答、师生对话中，总是行云流水一般不断唤醒、不断点拨“好的故事”的当代意义和现世价值。他试图借助课堂上饱满的场景、鲜活的语言以及无处不在的诗意的浸润与流淌，让“好的故事”转化为学生精神的营养、希望的种子。

学生不仅读懂了那个时代的鲁迅，更感悟到了生命的意义！所谓文道合一，所谓语文生命的教育，便是如此吧！

这是王老师的课留给我们的回味和力量。从某种意义上说，王老师和鲁迅也是相通的，因为热爱，一直在路上，一直在跋涉，一直充满着希望。

整个课堂，静与动，疏与密，精彩与平缓，亢奋与克制，山重水复与柳暗花明，尽在其中。王老师并不是在上课，也并不是在讲语文，他就是语文；他不是在聆听学生，也并不是在感觉一点点兴奋、一点点矜持，一点点任性、一点点嚣张，他就是兴奋，就是矜持，就是任性，就是嚣张。

王崧舟老师把语文上成一束光，把自己上成一束光。

语文课，本该如此吧！

执教：杭州师范大学　王崧舟

评析：茌平区第二实验小学　王　玲

## 巧用预测，开启新书旅程

### ——《宝葫芦的秘密》推介课教学实录

**一、谈话导入，与书初见**

师：同学们，准备好了吗？我们开始上课吧。听说咱们班的孩子都特别喜欢读书，哪个小朋友愿意给大家分享分享你最近都读了哪些书？

生 1：我读了《中华上下五千年》。

师：你肯定对我国悠久的历史有了更多了解。

生 2：我最近读了《格林童话》。

师：你是一个爱读童话的孩子。

生 3：我读了《西游记》。

师：小小年纪就在读中国古典四大名著了，真了不起！

生4：我读了《父与子》。

师：哦，一部特别有趣的漫画书，很多同学都喜欢读。

师：把掌声送给爱读书的自己。每天都能浸润书香，畅游书海，真是一件让人特别幸福的事儿。今天，老师就要给大家的幸福加点料，我也要为大家推荐一本有意思的书。伸出小手，和老师一起写写它的名字。（师板书：宝葫芦的秘密）

师：同学们一起读读它的名字。

生：《宝葫芦的秘密》。

## 二、观察封面，了解信息

师：你们看，它来了——

（课件出示：不同年代不同版本的《宝葫芦的秘密》图片）

师：《宝葫芦的秘密》是20世纪中国儿童童话世界的精灵，1958年一经问世，就深受小朋友们的喜欢，到现在已经经过60多年的时间，还有很多出版社争相再版。这部陪伴了几代人的作品，滋养了一代又一代中国人，2020年4月，《宝葫芦的秘密》还被列入《教育部基础教育课程教材发展中心中小学生阅读指导目录（2020年版）》，这就是经典的魅力。那这样一本经典的童话书，同学们想不想读？

生：想！

师：在众多版本中老师给大家推荐最受小朋友喜欢的这一版本。（课件出示图片）都说读书读皮，看报看题，现在就请同学们睁大眼睛，仔细读读封面上都有哪些信息？

生1：我发现封面插图有一个小男孩，还有一个葫芦。

师：你有一双会发现的眼睛，那你猜一猜这本书讲的是谁和谁的故事？

生1：这个小男孩和宝葫芦的故事。

师：真聪明，你已经认识了书中两位最主要的角色。

生2：我看到了这本书的作者是张天翼。

师：眼睛真亮，这么快就发现了这么重要的信息。那你对张天翼了解吗？有没有读过他的作品？

生2：没有。

师：没关系，老师搜集了关于张天翼爷爷的资料，我们一起来看一看。（课件出示张天翼介绍）

张天翼是我国著名的现代小说家和儿童文学作家，他的童话在儿童文学史上占有重要位置。著名童话大王郑渊洁曾经这样评价他：在我眼中，张天翼是比安徒生更伟大的童话作家。除了《宝葫芦的秘密》，他还有很多优秀的作品，比如《秃秃大王》《大林和小林》就被誉为继叶圣陶的《稻草人》之后中国童话史上的第二个里程碑。同学们，现在认识张天翼爷爷了吧？

生：认识了。

生 3：我还发现了出版社。

师：你观察得可真仔细。

生 4：我看到了这本书是曹文轩推荐的。

师：曹文轩是我国著名的儿童作家，而且还是国际安徒生奖获得者，他推荐的书值得我们去读。

师：同学们，我们刚刚通过观察封面，再次感受到了这本书的魅力。封面是一本书的名片，我们读一本书就可以从观察封面，读懂封面开始。（板书：观察封面）

师：这个读书小方法，大家学会了吗？

生：学会了。

**三、巧设预测，走进故事**

1.初识王葆，预设故事

师：刚才那位女生说，这本书讲的是小男孩和宝葫芦的故事，那故事究竟是怎么发生的呢？这还要从一场奇遇开始，我们先来认识故事的主人公。（播放课件录音：王葆的自我介绍）

师：故事的主人公叫什么？

生：王葆。

师：（板书：王葆）那听了王葆的介绍，你觉得他是一个怎样的男孩？

生 1：喜欢听故事的男孩。

师：你喜欢听故事吗？

生 1：喜欢。

生 2：王葆是一个在学校经常挨批评，还想要出人头地的男孩。

师：对了，就是这样一位爱听故事爱幻想的男孩，有一天去河边钓鱼了。（课件出示：王葆钓鱼的片段）请同学给大家读一读。

师：王葆去钓鱼，可是一条也没钓到，又气恼又不甘心，接下来你猜猜会发生什么呢？我们在第四单元学习《总也倒不了的老屋》和《胡萝卜先生的胡子》时就学会了预测故事情节。（板书：预测情节）现在就请同学们也来预测一下，接下来，会发生什么故事呢？

生 1：我猜王葆可能会钓到一条特别大的鱼。

师：功夫不负有心人，有可能哦。

生 2：我觉得王葆可能会钓到一条特别小的鱼，然后这条小鱼会吐出一块小石头，小石头会变成一个宝葫芦。

师：你的想象力简直太丰富了。

生 3：我猜测王葆会直接钓上一个宝葫芦。

师：你真有当作家的潜力，竟和张天翼爷爷想得一模一样。

（课件出示图片）

师：你们看，王葆还真钓上了一个宝葫芦。同学们猜一猜，宝葫芦究竟会干什么？

生 1：它会变成大葫芦还会变成小葫芦。

师：像孙悟空的金箍棒一样，很神奇。

生 2：会变出各种各样稀奇的宝贝。

生 3：会给王葆讲很多很多故事。

师：对了，王葆最喜欢听故事了。我们一起来看看书中是怎么描写宝葫芦的。（课件出示相关段落）

师：请女生读读第一段。（生读）这个宝葫芦真不简单，会什么？

生：会说话。

师：再请男生读读第二段。（生读）这个宝葫芦真神奇，还会？

生：会魔法。

师：全班一起读读最后一段。（生读）这个宝葫芦不得了，还会什么？

生：会读心术。

师：哇，宝葫芦还懂人心呢，真是一个神奇的宝贝。这样神奇的宝贝大家想不想要？

生：想！

师：那如果你有了一个这么神奇的宝葫芦，你最想实现的愿望是什么？

生 1：我想让宝葫芦变出一屋子的钱。

师：你想变得特别富有。

生 2：我想让宝葫芦给我开通所有电视的 VIP。

师：看来你特别喜欢看电视，想解锁所有 VIP。

生 3：我想变出很多很多书。

师：真是一个爱读书的孩子。

生 4：我想让爸爸妈妈不再批评我。

师：哎哟，在家经常挨批评吗，那我们可要好好表现了。

生 5：我想换个爸爸妈妈。

师：为什么有这样的想法呢？

生 5：因为他们对我太严格啦！

师：回家后这个问题可以和爸爸妈妈好好聊聊。

生 6：我想让宝葫芦变出金山银山，分给穷苦的人，让他们也过上好的生活。

师：富有爱心的孩子，让我们把掌声送给他。

师：大家继续猜一猜，此时正在河边钓鱼的王葆，最想实现的愿望会是什么呢？

生：变出好多好多鱼。

师：大家越来越会预测了，和张天翼爷爷想到一块去了。2007 年中国电影集团公司拍摄了与《宝葫芦的秘密》同名的彩色动画片。我们通过一个片段来看一看。

（播放电影片段。）

师：怎么样，神奇吧？还有更神奇的，大家接着看另一个片段。

生：太厉害了！

师：如果你有了这么一个宝葫芦，你的心情会是什么样的？能不能用一个词或者一句话来形容一下。

生 1：心花怒放。

师：简直太开心了！

生 2：我开心得都笑成了一朵花。

师：脸上都绽开了一朵花，太美了！

师：（课件出示相关片段）我们一起读一读，看看王葆的心情是不是和大家一样开心。

（生读出示片段）

师：王葆此时的心情怎么样？

生：特别开心？

师：你从哪看出来的？

生："我又有满肚子的高兴，关也关不住地要迸出来。"

师：对啊，那你能不能带着这份高兴，再来给大家读一读这段话？

师：同学们，老师在这里有个疑问。文中写王葆打了一个滚，又打了一个滚，第三段写又打了两个滚。这里是不是写得太重复了，你有什么不同意见吗？

生：这样写更能表现出王葆的高兴，我觉得不重复。

师：是啊，孩子们，快乐是可以传递的，现在你就是拥有宝葫芦的王葆，一起再读读这段话，把快乐传递给在场的所有老师和同学们吧。

（生读片段）

师：同学们看，作者通过生动形象的描写，将一个高兴得不知如何是好的王葆活灵活现地展现在我们面前，这就是作者语言的传神之处。这本书还有很多值得细细品味的语言，大家静下心来，仔细读一读，更能体会作者语言的精彩。（板书：品味语言）

2. 观影猜想，设置悬念

师：我们都这么喜欢这个宝贝，如果你真成了宝葫芦的主人，你会怎么对待它？

生 1：我会给它专门收拾一个漂亮的小房间。

生 2：我会给它洗澡，穿好看的衣服。

生 3：我会像伺候皇帝一样伺候它。

师：那王葆一定也是格外疼爱宝葫芦吧，捧在手里怕掉了，含在嘴里怕化了。真的是这样吗？

（出示视频片段：王葆扔掉了宝葫芦）

师：看完这个片段，你的葫芦肚儿里肯定有很多疑问，想知道什么？

生 1：王葆那么喜欢宝葫芦，为什么他要抛弃它？

生 2：宝葫芦这么神奇，为什么还要丢掉它呢？

师：老师猜肯定是宝葫芦给王葆带来了很多麻烦，王葆才这样对待它的。到底是什么呢？我们接着读书里的故事就知道了。

（课件出示王葆和同学下棋的段落，生自由读）

师：谁来说说王葆想要干什么？

生：他想赢，想吃掉对手的"马"。

（课件出示插图）

师：同学们仔细观察插图，看看下棋过程中又发生了什么故事。

生 1：我发现王葆的脸气得通红。

生 2：王葆应该把“马”那颗棋子吞进嘴里了，你看他的脸都鼓起来了。

师：这件好事儿是谁干的？

生：宝葫芦，它以为小主人想“吃”掉“马”，是把“马”吃进嘴里呢。

师：是呀，现在的王葆多尴尬啊，还不能向好朋友解释。故事还在继续，王葆的嘴里变得空荡荡的了，你们猜棋子又去哪里了？在这里，老师给大家留个悬念，自己去书中找一找，再与我分享好吗？

生：好！

师：你们看，通过欣赏插图，我们也能读懂下文（板书：欣赏插图），老师还给大家准备了一幅图片，快来看看又发生什么了。

生 1：王葆把所有奖状、锦旗都扔了。

生 2：王葆看着很生气。

师：孩子们，我们得到奖状都会开心得不得了，还会好好保存，王葆怎么这么对待这些荣誉呢？

生：因为这不是王葆通过自己努力得来的，所以他并不喜欢。

师：（课件出示相关片段）老师给大家读读插图背后的故事。同学们，读着读着，我们发现，故事和我们开始预测的不太一样了，宝葫芦在给王葆带来欢乐的同时，还给他增添了很多烦恼，这就是经典童话的魅力。

在欣赏有趣的情节时还能不知不觉引发我们的思考，书中像这样奇妙的故事还有很多。（课件出示目录）大家可以通过浏览目录，快速了解书中还写了哪些有意思的故事。（板书：浏览目录）

师：看看目录，你还想阅读哪一章，想知道哪些问题？

生 1：我想看《宝葫芦的解释》这一章，想知道宝葫芦解释了什么。

生 2：我想看《真相大白》这一章，想知道真相到底是什么。

师：现在同学们肯定有满肚子的疑问，要想弄清楚真相，我们还得去书中寻找答案。希望大家好好读书，期待我们两周之后能有一场别开生面的读书交流会。

**四、梳理方法，激发期待**

师：今天我们认识了一本经典有趣的童话书《宝葫芦的秘密》，还知道了王葆和宝葫芦的故事。学会了读一本新书的小方法：观察封面、预测情节、品味语言、欣赏插图、浏览目录。希望这些读书方法能为你的阅读插上翅膀，带你去认识更多有趣的人物，读懂更多有意思的故事。那我们今天的课就上到这里，下课！

**总评：**

阅读推荐课是整本书阅读交流课的三种基本课型之一，上好阅读推荐课，它将是开启一本新书之旅的金钥匙。因为新书推荐课承担着点燃读书热情、领悟读书方法、学习阅读策略、感受读书乐趣的重要任务。在设计整本书阅读推荐课时，教师的角色仿佛是一个“媒婆”，把新书介绍给学生，引领他们“初见”并“相恋”。尉老师这节课构思精巧、妙趣横生，让学生与新书有了一个非常愉快的初见，一节课后，学生已经深深恋上了《宝葫芦的秘密》。这归根于尉老师的教学小妙招：

一、寻找趣点，以趣激趣

《宝葫芦的秘密》本身就是一个趣味性很强的故事，尉老师又很善于寻找里面的趣点，把它们呈现给学生。比如：播放王葆自我介绍的录音，让学生听到王葆的声音，就像王葆来到自己身边一样；播放王葆钓到宝葫芦之后，宝葫芦为王葆变出好多千奇百怪的鱼的电影片段及宝葫芦帮助王葆下棋等这些有趣的场景，让学生看到这些有趣好玩的情节，一下子被吸引住。这一个个充满趣味的片段，一次次激发了学生的阅读期待，让他们欲罢不能。

二、巧用预测，妙趣横生

预测，是一种非常重要的阅读策略。统编语文教材三年级上册的阅读策略单元就如何“预测”进行了专门的指导和训练。《宝葫芦的秘密》故事跌宕起伏，妙趣横生，更适合学生进行预测。这节课尉老师安排了四次预设：1. 王葆去钓鱼，可是一条也没钓到，又气恼又不甘心，接下来你猜猜会发生什么呢？2. 王葆还真钓上了一个宝葫芦。同学们猜一猜，宝葫芦究竟会干什么？3. 大家继续猜一猜，此时正在河边钓鱼的王葆，最想实现的愿望会是什么呢？4. 王葆的嘴里变得空荡荡的了，你们猜棋子又去哪里了？

预设，是一种猜测，既然是猜测就会有对、有错，在前三个预设问题中，学生的猜测都很贴近故事的内容，在得到老师的肯定后，学生热情高涨，兴趣盎然；第四个预设问题，老师并没有揭示书中故事的答案，而是设置了一个悬念，让学生自己去书中寻找答案，再一次激发了学生的阅读期待；后来，老师出示一组图片，并为学生读了插图背后的故事，并提醒学生：读着读着，我们发现，故事的发展和我们开始预测的不太一样了，作者为什么这样写呢？他究竟想告诉我们什么呢？

每一个预设问题都像一颗小石子，在学生的心海掀起阵阵波澜，荡起圈圈涟漪，扬起阵阵欢乐。在老师的指引下，学生的阅读思维不断向更深处漫溯，触及故事的本质。

三、渗透方法，辅助阅读

阅读推荐课的目的，不仅仅是推荐新书，还要渗透阅读方法，给予必要的指导。在这堂课上尉老师通过引领学生观察封面、预设情节、欣赏插图、浏览目录等一步步走进故事，爱上故事，这些阅读策略和方法不是靠说教，而是巧妙地融在教学的环节中，润物无声地让学生领悟、实践。学生读有所乐、读有所得。

总之，上好读书推荐课需要教师潜心地研读著作，推荐给学生的不仅仅是曲折跌宕的故事情节，阅读的策略、方法，还有字里行间渗透的韵味、思想和情感，甚至，还要解密作者文本表达的秘法。然后，根据学情需要，进一步明晰教学目标，巧妙地设计教学环节，让推荐课上得有情有趣，才能让学生享受阅读的乐趣，点燃阅读激情，开启一本新书之旅。

执教：茌平区第二实验小学　尉洪伟

评析：茌平区第二实验小学　王　玲

## 在苦难中，汲取成长的力量

### ——《〈童年〉读书交流课》教学实录及评析

**一、播放歌曲，情景导入**

师：我们先来听一首歌（师播放《童年》），这是大家熟悉的歌曲《童年》，会唱的同学一起跟着唱。

师：从大家的歌声和表情里看得出，你们的童年洋溢着幸福和快乐。著名儿童作家冰心忆起童年时说：“童年，是真中的梦，梦中的真，是回忆时含泪的微笑。”印度著名诗人泰戈尔也曾将童年比喻成“美丽的金色花”。今天我们继续走进高尔基的《童年》，他的童年一定会带给你不同的感受。

**二、走进人物，揣摩形象**

师：《童年》是一篇长篇小说，谁还记得小说的三要素是什么？

生：人物、情节和环境。

师：是的，关注这三个要素，你就能读好小说。（师板书：人物、情节、环境）

师：这本书你读了几遍？要想真正读懂一本小说至少应该要读三遍，第一遍了解故事情节，第二遍揣摩人物形象，第三遍关注小说的环境描写，感受作家的写作风格，探究小说隐含的主题思想。

师：在小说这三个要素中，你对哪一个更感兴趣？

生：人物。

师：今天我们不妨从“人物”这个简单的要素为入口，再次走进这部小说。小说中的主人公是一个比你们还小的孩子，让我们一起说出他的名字——阿廖沙。阿廖沙是这本小说的作者高尔基的乳名，《童年》讲述的就是高尔基三岁到十岁这一时期的童年生活。阿廖沙的童年里出现了这些人，我们都为他们建立了人物档案卡，（师出示学生做的档案卡）下面我们来欣赏一部分同学做的档案卡。

读完这本书，你觉得主人公阿廖沙是一个怎样的孩子？可以结合具体事例来体现，抢答开始：

生 1：阿廖沙看到别人遇到困难，会主动帮忙，他是个善良的孩子。

生 2：阿廖沙能在短时间内学会很多新的知识。面对生活中的困难也从来不低头，他是个聪明坚强的孩子。

生 3：阿廖沙是个冲动幼稚的孩子，为了给外婆报仇，他将酒店老板娘锁在了地窖里。

生 4：阿廖沙经常利用课余时间去捡废品换钱，但是从来不抱怨这种生活，还经常和捡废品的小伙伴们一起高兴地玩游戏。他是个乐观坚强的孩子。

师：每个同学都读出了自己心中的阿廖沙。同学们，你认为童年应该是什么样子的？

生：自由快乐、无忧无虑、幸福自在……

师：都是些美好的词语。你还能想到哪些关于童年的诗句呢？

生 1：牧童骑黄牛，歌声振林樾。

生 2：稚子金盆脱晓冰，彩丝穿取当银钲。

生 3：儿童急走追黄蝶，飞入菜花无处寻。

生 4：儿童散学归来早，忙趁东风放纸鸢。

生 5：蓬头稚子学垂纶，侧坐莓苔草映身。

师：大家心中的童年是如此美好，阿廖沙的童年又是怎样的呢？

生：悲惨的、不幸的、痛苦的。

师：可怜的阿廖沙从小就失去父亲，不得不跟母亲回到外祖父、外祖母家中生活。阿廖沙生活在这个家里，他快乐吗？

生：不快乐。

师：谁又加剧了阿廖沙的悲惨？

生：外祖父。

师：接下来，我们聊一聊外祖父这个人物。他是怎么对待阿廖沙的？我们一起来看这个片段：

出示片段1：

**外祖父扑过来，一把将外祖母推倒在地，把我抓过来要扔到长凳上。我在他的手里奋力挣扎，揪他的红胡子，一口咬住了他的手指。他大叫着，抓牢我，最终还是把我扔到了长凳上，磕破了我的脸。我一直记得他粗暴的喊声："绑起来！打死！"外祖父一直把我抽到昏了过去才住手，导致我一连病了好几天……"**

师：还记得阿廖沙为什么挨打吗？

生：阿廖沙出于好奇，在别人的怂恿下，把一块白色桌布染成了蓝色，就遭受外祖父的毒打。

师：这个外祖父不仅毒打阿廖沙，对外祖母的家暴更是家常便饭，这样的外祖父让阿廖沙产生了怎样的心理？

生：害怕、怨恨、恐慌、不安。

师：外祖父一直这样对待阿廖沙的吗？你从哪儿发现的呢？

生：我从这一段话中：

**外祖父摇动着那头花白的头发，两只明亮的眼睛巡视着房子四周。他把口袋里的糖和一些葡萄干掏出来放在我的枕头上。他躬下身子，亲了亲我的额头，用他那焦黄的手抚摸着我说："好孩子，不要生气了，我给你带了礼物，我当时是对你太过分了……"**

外祖父给"我"带来了礼物，亲"我"的额头，还用手摸"我"，这说明外祖父还是爱"我"的，他让"我"感受到了一丝温暖。

师：有道理，其他同学还有补充吗？

生：这段话也能看出来外祖父其实很关心"我"："外祖父突然拿出了一本新书，用手拍了拍。他精神抖擞地叫着我：'嘿，你这个自以为是的小东西，坐到这里来，我们看看这是什么字，跟我念……'"外祖父教"我"识字，让我们看到一个温和而又慈祥的外祖父。

师：通过这样前后联系着读，我们就能读出外祖父既有残暴的一面又有温和的一面，是一个有着双重性格的人，这就是小说刻画人物的妙处所在。你觉得是什么原因导致外祖父有着这样双重的性格？

生 1：生活所迫。

生 2：当时的社会环境决定了他的性格。

师：能有这样的认识和感受很难得，掌声送给他。当时沙皇统治下黑暗的社会、沧桑的生活扭曲了外祖父的心理，使他的性格具有两面性。而外祖父这个人物形象正是当时众多小市民中的一位典型代表。

在这个不和谐的家庭之中，除了外祖父，还有谁也给阿廖沙的童年布满了浓浓乌云？

生：两个舅舅和他的继父。

师：他们是怎样的人？

生：贪婪、冷漠、无情、心狠手辣……

师：有这样的人存在，外公的家变成了一个怎样的家？

生：到处都是吵闹、算计、争斗和毒打。

生：阴云密布，暗无天日。

师：是啊，简直不能被称为“家”，而应该被称为“人间地狱”，如果你的童年是彩色的，那么阿廖沙的童年是什么颜色的？

生：（齐）黑色的。

师：处在这样黑暗丑陋的社会，我们不得不担心阿廖沙的心灵会不会也被玷污，但幸好这世界也不只有丑陋不堪的一面，在阿廖沙的身边还有善良正直的人存在，他们给了阿廖沙关怀和爱护，给了阿廖沙信心和力量，使他看到了光明和希望。这些善良的人都有谁呢？他们对阿廖沙的人生有怎样的影响呢？

生：仁慈博爱的外祖母明辨是非，像一支蜡烛，照亮了阿廖沙的人生之路。

师：还有谁给阿廖沙送去了温暖？

生：阿廖沙的母亲，她教会了阿廖沙勇敢、坚强。

生：还有开朗善良的茨冈。

生：正直的格里高里。

生：乐观的知识分子“好事情”。

师：他们的出现让阿廖沙的生活丰富起来，多彩起来。读着读着我们就把小说中这么多的人物形象读懂了。小说中的主要人物形象，我们称为“典型人物”（板书），典型人物是作者对现实生活中的不同人物原型提炼加工而成的，他不同于真人真事，而是“杂取种种，合成一个”。通过这样典型的人物形象反映生活，更具有代表性。

### 三、关注情节，读懂故事

刚刚我们在分析人物形象时结合了一个又一个事例，这些事情连起来就构成了小说中的故事情节。这是大家所做的情节思维导图，我们一起来欣赏。

小说情节发展一般包括：开端、发展、高潮、结局四个部分。在一段情节中，如果一直都是平淡无奇，读者就会觉得索然无味，那么要想让情节跌宕起伏，关键的地方就要“突转”（板书），也就是当小说中的矛盾冲突越来越集中，所有读者都认为情节会往A方向发展之际，小说安排了一个意料不到的结果。

接下来就请同学们结合书本和自己做的情节思维导图，说说这本小说中哪个情节在你意料之外或让你感触最深。小组之间互相分享，一会咱们找同学代表发言。

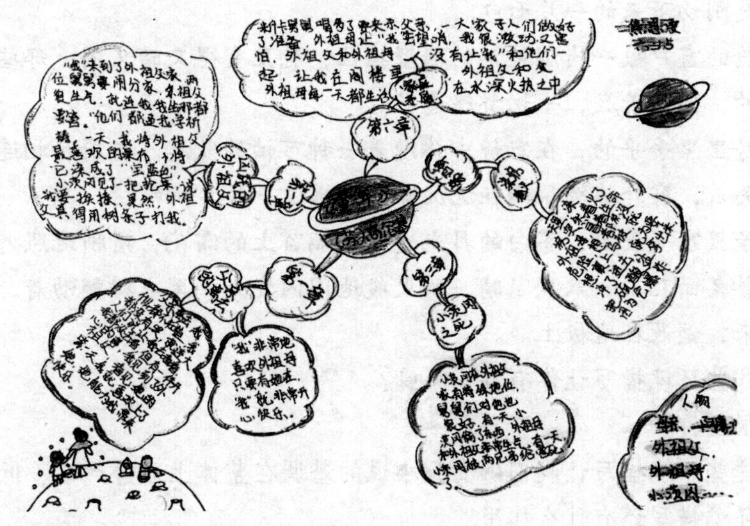

（小组合作交流）

师：哪位同学想分享？

生1：小茨冈被害是我意料不到的，我没想到米哈尔和雅科夫会这么自私、心狠手辣。

生2：格里高里从小就跟外公一起干活，而在一场火灾之后，格里高里失明了，并没有得到善待，反而被外公赶出家门。

生3：凶狠的外祖父毒打阿廖沙之后，竟然会带着糖果等零食去跟阿廖沙道歉，这不符合他的性格呀。

生4：让我印象最深的是染坊着火后，外祖母镇定自若，加紧救火，外祖父却吓得不敢冲进去。

……

评价：正是这些让人出乎意料的情节，让故事跌宕起伏，更有可看性，这就是名著的魅力。

### 四、品读环境，透视社会

小说中除了人物、情节之外，还有一个要素——环境描写。在《童年》这本书中，也有不少环境描写。老师找了几处，我们一起来读读：

1. 水面上雾气腾腾的，远处时不时地从雾中显出一块黑色的土地来，不过立即就消失了。

2. 窗外，一片黑乎乎的土地在雾气中慢慢地移动着，黑暗而陡峭的河岸雾气腾腾，像是刚切下来的一片面包。

3. 船舱的窗户被一堵湿漉漉的墙壁挡住，舱里变得又暗又闷，那些包裹好像膨胀了似的，挤压着我，一切都糟透了。

4. 厨房里黑乎乎的，在寂静中弥漫着一种可怕的气息。与厨房相连的房门全都紧紧地关着，窗外绵绵秋雨在沉沉雾霭中拂过一片片树叶。

5. 院子里寒气袭人，苍白的月光透过玻璃窗上的霜花，清晰地照着她那长着大鼻子的善良面孔，一双黑眼睛，磷火般地闪闪发光，黑衣裙颤动着，从肩膀上滑落了下来，铺散在地板上。

师：这些环境描写让你有什么感受？

生：很压抑。

师：这些环境描写让我们感受到小说的基调在整体上显得严肃、低沉。

师：环境描写还有什么作用？

生：借景抒情、寓情于景。

师：这是我们特别熟悉的环境描写的作用。同学们，环境描写的作用不仅只有这一个，我们来看（出示PPT）。

环境描写的作用：

1. 交代事情发生的地点或背景增加事情的真实性。

2. 渲染气氛，烘托人物的心情。

3. 寄托人物的思想感情。

4. 反映人物的性格或品质。

5. 推动情节的发展。

6. 深化作品主题。

师：结合这几点，你对《童年》这本书中环境描写的作用有没有更深刻的认识？

生 1：这些环境描写更加烘托了当时社会的黑暗。

生 2：这些环境描写更加让我感受到小说的主人公阿廖沙生活很悲惨。

师：是啊，透过这些环境描写，我们更能感受到当时俄国沙皇时期的黑暗和残暴，也更加让我们感受到高尔基童年生活的悲惨不幸。我们以后在写作时也要学会适当添加一些独具特色的环境描写，来更好地表现人物、反映生活。与阿廖沙相比，你觉得自己幸福在哪？

生 1：阿廖沙经常遭受毒打，而我有全家人的疼爱，衣食无忧。

生 2：阿廖沙必须靠捡垃圾才能交得起学费，而现在我们正坐在宽敞明亮的教室里学习，享受着国家免费的义务教育。

生 3：阿廖沙的家庭关系复杂，整天勾心斗角，痛苦不堪，我的家庭非常和谐幸福，充满了温情。

师：是啊，我们生在新中国，长在红旗下，与阿廖沙的苦难成长相比，简直就是生活在蜜罐里。社会环境不同，便直接决定了童年幸福指数的不同。

**五、预测经历，推荐阅读**

后来，阿廖沙的外祖父与外祖母分家，母亲又去世，加重了这个家庭的不幸。外祖父的性格变得更加不安和暴躁。小说的最后一句话："于是，我就到人间去了。"你怎么理解这句话？

生：阿廖沙提前结束童年，步入社会，进一步经受磨炼。

师：阿廖沙离开了外祖父，他又过上了一种怎样的生活呢？我们来预测一下。

生 1：他可能天天去捡垃圾，以天为被，以地为床。

生 2：他可能去偷抢东西，被人逮住，差点被活活打死。

生 3：他后来可能遇到了好事情，两个人一起搞科学研究，发了财，过上了幸福生活。

师：阿廖沙是否就是按照大家所想的这样生活的呢？一起来看。（出示：PPT）

**阿廖沙靠与外祖母一起摘野果出去卖糊口，他当过绘图师的学徒，在一艘船**

上干过洗碗工，还做过圣像作坊徒工。在人生的道路上，他历尽坎坷，与社会底层形形色色的人们打交道，但一有机会就阅读大量的书籍。生活的阅历和大量的阅读扩展了阿廖沙的视野，他决心“要做一个坚强的人，不要为环境所屈服。”怀着这样的坚定信念，他离开家乡奔赴喀山。（阿廖沙在他的第二部自传体小说《在人间》中讲述了这个详细的经历，还有第三部《我的大学》，他后来成了给人类留下宝贵精神财富的文学巨匠，他就是高尔基。）

师：你觉得他能这样走过自己的一生，获得这样的成就，最根本的原因是什么？

（小组讨论、交流）

生 1：周围那些善良正直的人给了他正能量。

生 2：小时候的磨难锻炼了他，变得意志刚强，做事坚持不懈。

师：是啊，哪怕全世界都放弃了你，你也不要放弃自己，一直努力，就会有奇迹。

同学们，高尔基曾说过：“世界上最快而又最慢，最长而又最短，最平凡而又最珍贵，最容易被人忽视而又最令人后悔的就是时间。”愿大家在有限的时间里活出精彩的自己！努力，是为了年华老去时，我们能不后悔地说一句：还好，我没有蹉跎！只要你愿意，一切都可以重新开始，只要你努力，一切还不算太迟！这节课就交流到这里，下课！

**评析：**

《童年》是苏联作家高尔基的自传体小说，作品讲述了阿廖沙（高尔基的乳名）三岁到十岁这一时期的童年生活，生动地再现了19世纪七八十年代沙俄下层人民的生活状况，写出了高尔基对苦难的认识，对社会人生的见解，字里行间涌动着生生不息的热望与坚强。《童年》滋养了几代青少年的成长，语文教材六年级上册的《快乐读书吧》特别推荐了这本书。我们也把它作为了六年级的共读书目。

马聪老师的这节读书分享交流课设计巧妙，学生交流有深度、有宽度、有温度，特别有以下几点值得老师们吸纳借鉴：

一、关注小说要素，挖掘文本内涵

整节课围绕小说的“人物、情节、环境”三个要素，从学生最感兴趣的人物形象入手开启对话，无论是对主人公阿廖沙，还是对外婆形象的畅聊，特别是对外祖父这个人物的全面分析：“外祖父是怎样对待阿廖沙的？”“外祖父一直这样对待阿廖沙的吗？”“还有哪些人温暖了阿廖沙的童年？”通过问题的层层深入，学生的对话也渐渐有深度，把一个个鲜活的人物形象呈现在学生面前。而在交流“情节”这部分的时候，老师并没有过多交流每一个故事的情节，而是直接指向“哪个情节在你意料之外或让你感触最深？”这样把学生的关注点直接引向小说写作最突出的特点上，引导学生去揣摩文本的表达方式，这便落实了课标对高年级学段阅读的基本要求。

学生往往会忽视对环境描写的品味，需要老师去引领，马老师出示了描写环境的语段让学生去品味、感悟，然后过渡到造成阿廖沙苦难童年的根源——社会环境，深度挖掘了文本内涵，让学生真正读懂、读透这本书。

二、聚焦成长话题，引发深度阅读

《童年》这本书说到底终究是关于“成长”的故事，阿廖沙历经苦难，却依然坚韧不屈，保持高洁的品质。研究他成长背后的故事便显得很有价值。“处在这样黑暗丑陋的社会，我们不得不担心阿廖沙的心灵会不会也被玷污，但幸好在阿廖沙的身边还有善良正直的人，他们给了阿廖沙关怀和爱护，给了阿廖沙信心和力量，使他看到了光明和希望。这些善良的人都有谁呢？他们对阿廖沙的人生有怎样的影响呢？”这一问题的提出引起学生的深度思考，不仅是思考对阿廖沙有良性影响的那些人、那些事，更重要的是思考我们如何面对生命中的苦难，如何在苦难中保持向善向美的人生姿态，激发学生的思考，将阅读推向更深层次，引发情感共鸣。

三、渗透方法策略，滋养阅读素养

整本书分享交流课不仅要分享、交流读书感悟，更重要的是在交流的过程中习得阅读的方法、策略，让文意兼得，工具性与人文性得到双向发展。马老师展示了学生做的“人物档案卡”“思维导图”“读书手抄报”“读书笔记”阅读批注等，都是在暗示学生，这些阅读工具或好的阅读习惯，都会辅助他们更好地阅读。马老师在引导学生交流的时候还有意识地做了这样的提醒：“通过这样前后联系着读，我们就能读出外祖父既有残暴的一面又有温和的一面，是一个有着双重性格的人，这就是小说刻画人物的妙处所在。”“透过这些环境描写，我们更能感受到当时俄国沙皇的黑暗和残暴，也更加让我们感受到高尔基童年生活的悲惨。”在交流中不断地提醒、引领，学生就会慢慢地感知、领悟阅读的方法，形成策略，从而不断地提升阅读素养。

执教：茌平区第二实验小学　马　聪

评析：茌平区第二实验小学　王　玲

# 后　记

这本书集结了我从教二十多年来对小学语文教学的研究、思索和实践，虽算不上呕心沥血之作，但的确是倾注了大量的心血和精力。书稿即将完成，回首二十多年的成长之路，我心中溢满了感恩，借此机会聊表谢意。

感谢尹立业校长、韩相军校长、侯文明校长，三位校长是我成长之路的贵人，从第一次参加县级优质课评选到成为齐鲁名师，是他们一路指引、帮扶和提携，对我严格要求、寄予厚望，为我铺路搭台，提供机遇，推着我不断向前。所以，多年来我未曾停息过、懈怠过，一直在语文教学之路上不断研究，阔步向前。特别感谢我的导师侯文明校长，在他时任茌平县小学教研室语文教研员期间，几十次深入课堂为我听课指导，每一课的文本解读，每一个教学环节的设计，每一处问题的提出都师传身授，悉心指导，每一堂好课的精彩呈现都凝聚着他的学识和智慧。教育之路有恩师栽培，何其幸哉！

感谢我的同事，特别是我的搭档们：辛霞老师、郑秀芳老师、李圣平老师、李青老师……在我最忙碌的时刻，他们主动承担了更多的班级管理事务，从无抱怨和指责，鼓励我安心备课，专心研究，毫无顾虑地去参赛。有他们真好！

感谢我的家人们，感谢父母的培养和教育，他们总能给予我最大的鼓励和默默的支持；感谢公公婆婆，我工作忙碌，是他们帮我带大两个孩子，免除了我的后顾之忧；感谢我的丈夫，平时我经常加班加点，他总能予以我最大的包容和理解，担当了更多的家庭责任。我把青春嫁于教育，是亲人们给了我最温暖的港湾、最坚实的臂膀和最强大的后盾。

感谢时光的恩赐，幸好在这二十多年里，我没有蹉跎岁月，没有虚度光阴，尚许能留些成长的痕迹，能为下一个二十年的教育时光提供些可借鉴、参考的有价值东西，让未来的二十年不至于迷惘彷徨，没有方向。

感谢亲爱的自己。一个从农村走来的害羞腼腆的丫头，一路向着阳光努力生长。从不期待突如其来的好运，只愿付出的努力都有回报；从不奢望从天而降的幸福，愿每一个逐梦奋斗的现在，都有一个水到渠成的未来。

还要感谢语文。小时候喜欢语文课，长大后喜欢教语文。遇见语文，在文字的馨香里感受生活的美好；研读语文，在每一段教学中目睹生命的蓬勃；享受语文，在语文生活里品味成长的愉悦。

最后，感谢亲爱的读者们，愿这本书能抛砖引玉，带给你们，特别是小学语文教师们更多的思索、启迪、研究或者借鉴。

感恩贵人，有义，人生灼灼其华。

感恩亲人，有爱，生活四季如春。

感恩友人，有情，生命温润多彩。

感恩语文，馨香，灵魂芳醇四溢。

感恩有你，从此，余生和煦如初。

王 玲

2022 年 3 月 16 日